Regimes de historicidade
Presentismo e experiências do tempo

Coleção
HISTÓRIA & HISTORIOGRAFIA

Coordenação
Eliana de Freitas Dutra

François Hartog

Regimes de historicidade
Presentismo e experiências do tempo

5ª reimpressão

Tradução
Andréa Souza de Menezes
Bruna Beffart
Camila Rocha de Moraes
Maria Cristina de Alencar Silva
Maria Helena Martins

autêntica

Copyright © Paris, Éditions du Seuil, col. "La Librarie du XXIe siècle", sous la direction de Maurice Olender, 2003

Título original: *Régimes d'historicité: presentisme et expériences du temps*

Todos os direitos reservados pela Autêntica Editora Ltda. Nenhuma parte desta publicação poderá ser reproduzida, seja por meios mecânicos, eletrônicos, seja via cópia xerográfica, sem a autorização prévia da Editora.

COORDENADORA DA COLEÇÃO HISTÓRIA E HISTORIOGRAFIA
Eliana de Freitas Dutra

EDITORA RESPONSÁVEL
Rejane Dias

REVISÃO TÉCNICA E DE TRADUÇÃO
Patrícia C. R. Reuillard
Vera Chacham

REVISÃO
Lizete Mercadante Machado

REVISÃO GERAL
Temístocles Cezar

CAPA
Teco de Souza
(Sobre foto de Eric Windisch/Stock.xchng.)

DIAGRAMAÇÃO
Conrado Esteves

Dados Internacionais de Catalogação na Publicação (CIP)
(Câmara Brasileira do Livro, SP, Brasil)

Hartog, François
    Regimes de historicidade : presentismo e experiências do tempo / François Hartog. -- 1. ed.; 5. reimp. -- Belo Horizonte : Autêntica, 2023. -- (Coleção História e Historiografia)

    Título original: Régimes d'historicité : presentisme et expériences du temps.

    Vários tradutores.

    ISBN 978-85-65381-46-8

    1. História - Filosofia 2. Historicidade 3. Tempo 4. Historiografia I. Título. II. Série.

12-12017   CDD-901

Índices para catálogo sistemático:
1. História : Filosofia 901

Belo Horizonte
Rua Carlos Turner, 420
Silveira . 31140-520
Belo Horizonte . MG
Tel.: (55 31) 3465 4500

São Paulo
Av. Paulista, 2.073, Conjunto Nacional
Horsa I . Sala 309 . Bela Vista
01311-940 São Paulo . SP
Tel.: (55 11) 3034 4468

www.grupoautentica.com.br
SAC: atendimentoleitor@grupoautentica.com.br

A Jipe, na luz de Samzun

"– no Tempo."

Marcel Proust

SUMÁRIO

Prefácio – Presentismo pleno ou padrão?.............................	9
Introdução – Ordens do tempo, regimes de historicidade........	17
As brechas..	19
Do Pacífico a Berlim...	26
Histórias universais..	31
Regimes de historicidade..	37
Ordem do tempo 1..	43
Capítulo 1 – Ilhas de história...	43
O regime heroico...	49
Do mito ao acontecimento...	54
O trabalho do mal-entendido: do acontecimento ao mito.....................................	56
Antropologia e formas de temporalidade.........................	61
Capítulo 2 – Ulisses e Santo Agostinho: das lágrimas à meditação.............................	65
Cada dia é um recomeço..	65
As lágrimas de Ulisses..	72
As sereias e o esquecimento......................................	80
Ulisses não leu Santo Agostinho..................................	83
Capítulo 3 – Chateaubriand: entre o antigo e o novo regime de historicidade....................	93
A viagem do jovem Chateaubriand...............................	94
" Historia magistra vitae"	102
A mala norte-americana..	108
A experiência do tempo...	110

Tempo da viagem e tempo na obra "Viagem"..................... 113

As ruínas.. 122

Ordem do tempo 2 131

Capítulo 4 – Memória, história, presente............................. 133

As crises do regime moderno..................................... 136

A ascensão do presentismo...................................... 140

As fendas do presente... 149

Memória e história... 157

Histórias nacionais.. 170

Comemorar... 182

O momento dos "Lieux de mémoire"............................. 185

Capítulo 5 – Patrimônio e presente................................... 193

História de uma noção... 195

Os Antigos.. 201

Roma.. 209

A Revolução Francesa.. 220

Rumo à universalização.. 231

O tempo do meio ambiente....................................... 238

Conclusão – A dupla dívida ou o presentismo do presente...... 247

O autor.. 261

Índice remissivo.. 263

PREFÁCIO

Presentismo pleno ou padrão?[1]

Publicada em 2003, esta obra falava de "crise" do tempo, mas evidentemente não da crise em que estamos mergulhados desde 2008. Longe de mim a ideia de me atribuir uma capacidade profética (mesmo retrospectiva)! Mas, entre a crise, primeiramente financeira, que se alastrou a partir dos Estados Unidos, e um mundo em que, reinando absoluto, o presente se impõe como único horizonte, não é difícil perceber algumas correlações. Que palavras ouvimos desde 2008? "Crise", "recessão", "depressão", mas também "mutação (profunda)" e até "mudança de época". "Nada mais será como antes", alguns proclamaram rapidamente. "Porém, as coisas retomarão (subentendido, como antes!), proclamaram os outros (ou os mesmos) com igual vigor; percebem-se algumas recuperações, a retomada está próxima, já se vê uma saída, não, a recessão ainda não terminou ou está recomeçando, mais ameaçadora ainda e, de todo modo, o desemprego deve (ainda) aumentar, e os únicos planos possíveis são os de demissões coletivas". Na Europa, culpam-se agora os déficits públicos, ao passo que a especulação financeira segue seu rumo (o

---

[1] O título original deste prefácio é "Présentisme plein ou par défaut?". Se "*plein*" é evidente – pleno, "*par défaut*" não o é: "padrão" serve, aqui, como adjetivo que é muito usado em linguagem da informática (*by default*), ou seja, na ausência de outro regime o presentismo funcionaria como o "padrão". Agradecemos aos colegas Matheus Pereira (UFOP), José Otávio Nogueira (UnB), Fernando Nicolazzi (UFRGS), Marcos Veneu (Casa Rui Barbosa) e, principalmente, a Eliane Misiak (FURG), que sugeriu a fórmula que apresentamos para o título do novo prefácio e que foi ratificada por François Hartog, bem como nos auxiliou em várias outras questões ao longo do texto. (Nota do revisor geral)

que haveria de mais presentista do que essa especulação?). Ao imediatismo do tempo dos mercados não podem se ajustar nem o tempo da economia nem mesmo o tempo político ou, antes, os tempos políticos. Aquele, imperioso, dos calendários eleitorais; aquele, conhecido desde a noite dos tempos, que consiste em "ganhar tempo" (decidindo adiar a decisão); aquele, recém-chegado, mas não menos exigente, da comunicação política (que tem por unidade de cálculo o tempo midiático), em virtude do qual os dirigentes políticos devem "salvar", por exemplo, o euro ou o sistema financeiro – digamos, a cada dois meses – ou pelo menos proclamá-lo. E, mais profundamente ainda, as velhas democracias representativas descobrem que elas não sabem muito bem como ajustar os modos e os ritmos da tomada de decisão a esta tirania do instante, sem arriscar comprometer aquilo que, justamente, constituiu as democracias.

Encheram nossos ouvidos com o mau capitalismo financeiro (de visão curta), em oposição ao bom capitalismo industrial dos administradores de outrora ou de pouco tempo atrás. Contudo, desde que os historiadores se debruçaram sobre a história do capitalismo, eles têm reconhecido sua plasticidade. Se há uma certa unidade do capitalismo, da Itália do século XIII até o Ocidente de hoje, ela deve ser creditada, em primeira instância, à sua plasticidade a toda prova, concluía Fernand Braudel: à sua capacidade de transformação e de adaptação. Para ele, que distinguia economia de mercado e capitalismo, este vai sempre onde está o maior lucro: "Ele representa a zona do alto lucro". Considerando a história do capitalismo desde a Idade Média, o historiador belga Henri Pirenne se espantara com a "regularidade realmente surpreendente das fases de liberdade econômica e das fases de regulamentação". Marc Bloch acrescentava, em uma conferência de 1937, que, desde a abolição das dívidas na Atenas de Sólon (no século VI a.C.), "o progresso econômico consistia em uma sequência de bancarrotas".

Sem querer transformar este prefácio em uma exposição sobre a crise atual, constatamos que, uma vez superada às pressas a crise financeira de 2008, reinou e reina por toda parte uma extrema dificuldade para enxergar além. Mais se reage do que se age. Razão do valor tranquilizador de uma fórmula como "a retomada" (retomar significa, de fato, repartir de onde se estava), diretamente ligada à nossa incapacidade coletiva de escapar ao que agora é usual chamar, na França, de "*court-termisme*", ou seja, a busca do ganho imediato, e que eu prefiro denominar "presentismo". O presente único: o da tirania do instante e da estagnação de um presente perpétuo.

O que o historiador pode propor? A "retomada" não faz evidentemente parte de seus atributos. Todavia, ele pode convidar a um desprendimento do presente, graças à prática do olhar distanciado. Isto é, a um distanciamento. O instrumento do regime de historicidade auxilia a criar distância para, ao término da operação, melhor ver o próximo. Este era, em todo caso, o projeto e o desafio de minha proposta.[2]

A hipótese (o presentismo) e o instrumento (o regime de historicidade) são solidários, completam-se mutuamente. O regime de historicidade permite formular a hipótese e a hipótese leva a elaborar a noção. Pelo menos de início, um não anda sem o outro. "Por que, perguntaram-me, preferir o termo regime ao de forma (de historicidade)"? E por que "regime de historicidade" em vez de "regime de temporalidade"? Regime: a palavra remete ao regime alimentar (*regimen*, em latim, *diaita*, em grego), ao regime político (*politeia*), ao regime dos ventos e ao regime de um motor. São metáforas que evocam áreas bem diferentes, mas que compartilham, pelo menos, o fato de se organizarem em torno das noções de mais e de menos, de grau, de mescla, de composto e de equilíbrio sempre provisório ou instável. Assim, um regime de historicidade é apenas uma maneira de engrenar passado, presente e futuro ou de compor um misto das três categorias, justamente como se falava, na teoria política grega, de constituição mista (misturando aristocracia, oligarquia e democracia, sendo dominante de fato um dos três componentes).

---

[2] Ver HARTOG, François. Sur la notion de régime d'historicité. Entretien avec F. Hartog. In: DELACROIX, Christian; DOSSE, François; GARCIA, Patrick (Dir.). *Historicités*. Paris: La Découverte, 2009. p. 133-151.

"Historicidade", por quê? De Hegel a Ricœur, passando por Dilthey e Heidegger, o termo remete a uma longa e pesada história filosófica. Pode-se enfatizar seja a presença do homem para si mesmo enquanto história, seja sua finitude, seja sua abertura para o futuro (como *ser-para-a-morte* em Heidegger). Retenhamos aqui que o termo expressa a forma da condição histórica, a maneira como um indivíduo ou uma coletividade se instaura e se desenvolve no tempo. É legítimo, observarão, falar de historicidade antes da formação do conceito moderno de história, entre o fim do século XVIII e o início do século XIX? Sim, se por "historicidade" se entender esta experiência primeira de *estrangement*, de distância de si para si mesmo que, justamente, as categorias de passado, presente e futuro permitem apreender e dizer, ordenando-a e dando-lhe sentido. Assim, remontando bastante, até Homero, é a experiência que Ulisses faz diante do bardo dos feácios cantando suas façanhas: ele se encontra repentinamente confrontado com a incapacidade de unir o Ulisses glorioso que ele era (aquele que tomou Troia) ao náufrago que perdeu tudo, até seu nome, que ele é agora. Falta-lhe justamente a categoria de passado, que permitiria reconhecer-se neste outro que é, no entanto, ele mesmo. É também, no início do século V, a experiência (diferente) relatada por Santo Agostinho. Lançado em sua grande meditação sobre o tempo, no livro XI das *Confissões*, ele se encontra inicialmente incapaz de dizer, não um tempo abstrato, mas esse tempo que é ele, sob esses três modos: a memória (presente do passado), a atenção (presente do presente) e a expectativa (presente do futuro). Podemos nos servir da noção de regimes de historicidade antes ou independentemente da formulação posterior do conceito moderno de história, tal como a delineou bem o historiador alemão Reinhart Koselleck.

Falar de (regimes de) temporalidade em vez de historicidade teria o inconveniente de convocar o padrão de um tempo exterior, como em Fernand Braudel, cujas diferentes durações se medem todas em relação a um tempo "exógeno", o tempo matemático, o da astronomia (que ele também chama de "tempo imperioso do mundo").

Definamos o que é e o que não é o regime de historicidade. Ele não é uma realidade dada. Nem diretamente observável nem registrado nos almanaques dos contemporâneos; é construído pelo historiador. Não deve ser assimilado às instâncias de outrora: um regime que venha suceder mecanicamente a outro, independentemente de onde venha. Não coincide com as épocas (no sentido de Bossuet ou de Condorcet) e não se calca absolutamente nestas grandes entidades incertas e vagas que são as civilizações. Ele é um artefato que valida sua capacidade heurística. Noção, categoria formal, aproxima-se do tipo-ideal weberiano. Conforme domine a categoria do passado, do futuro ou do presente, a ordem do tempo resultante não será evidentemente a mesma. Por essa razão, certos comportamentos, certas ações, certas formas de historiografia são mais possíveis do que outras, mais harmônicas ou defasadas do que outras, desatualizadas ou malogradas. Como categoria (sem conteúdo), que pode tornar mais inteligíveis as experiências do tempo, nada o confina apenas ao mundo europeu ou ocidental. Ao contrário, sua vocação é ser um instrumento comparatista: assim o é por construção.

O uso que proponho do regime de historicidade pode ser tanto amplo, como restrito: macro ou micro-histórico. Ele pode ser um artefato para esclarecer a biografia de um personagem histórico (tal como Napoleão, que se encontrou entre o regime moderno, trazido pela Revolução, e o regime antigo, simbolizado pela escolha do Império e pelo casamento com Maria-Luisa de Áustria), ou a de um homem comum; com ele, pode-se atravessar uma grande obra (literária ou outra), tal como as *Mémoires d'outre-tombe* de Chateaubriand (onde ele se apresenta como o "nadador que mergulhou entre as duas margens do rio do tempo"); pode-se questionar a arquitetura de uma cidade, ontem e hoje, ou então comparar as grandes escansões da relação com o tempo de diferentes sociedades, próximas ou distantes. E, a cada vez, por meio da atenção muito particular dada aos momentos de crise do tempo e às suas expressões, visa-se a produzir mais inteligibilidade.

Resta dissipar, na medida do possível, alguns mal-entendidos; em primeiro lugar, não se deve confundir presentismo e presente. A proposta da hipótese do presentismo não provém *ipso facto* de um inimigo ou de um denegridor do presente. Não estamos nem no registro da nostalgia (de um regime melhor) nem naquele da denúncia. Tampouco no de uma mera aquiescência à ordem presente do tempo. Falar de um presente onipresente não dispensa, pelo contrário, de se interrogar sobre possíveis saídas do presentismo. Em um mundo dominado pelo presentismo, o historiador tem um lugar ao lado daqueles que Charles Péguy chamava de "sentinelas do presente"; mais do que nunca.

A construção do neologismo "presentismo" deu-se, de início, em relação à categoria de futurismo (o futuro comandava). Para mim, arriscar a denominação presentismo era primeiramente uma hipótese. Nosso modo de articular passado, presente e futuro não tinha algo de específico, agora, hoje, que faria com que nosso presente diferisse de outros presentes do passado? E minha resposta foi sim, parece-me que há algo específico. O que levou à pergunta seguinte, que eu ainda não formulava nestes termos no livro: estamos lidando com um presentismo *pleno* ou *padrão*? Será somente um momento de pausa, de estase, seguido de um futuro mais ou menos "glorioso", de tipo futurista – já que as probabilidades de voltar a um regime de tipo "passadista" (no qual o passado comanda) são limitadas? –, ou esse presente onipresente (como se diz onívoro) no qual nos encontramos é um presentismo pleno? Em outras palavras, será um modo inédito de experiência do tempo e o delineamento de um novo regime de historicidade, sobretudo para um mundo ocidental, que, durante dois séculos, caminhou e fez os outros caminharem para o futuro? Ainda não sabemos. Longe de ser uniforme e unívoco, este presente presentista é vivenciado de forma muito diferente conforme o lugar ocupado na sociedade. De um lado, um tempo dos fluxos, da aceleração e uma mobilidade valorizada e valorizante; do outro, aquilo que Robert Castel chamou de *précariat*[3], isto é, a permanência do transitório, um presente em plena desaceleração, sem passado – senão de um modo complicado (mais ainda para os imigrantes, os exilados, os deslocados) –, e sem futuro real tampouco (o tempo do projeto não está aberto para eles). O presentismo pode, assim, ser um ho-

---

[3] "*Précariat*", na obra de Castel, tem o sentido de trabalhador precarizado. Agradeço ao colega Henrique Nardi, do Instituto de Psicologia da UFRGS, e ex-orientando do professor Castel, a explicação precisa. (Nota do revisor geral)

rizonte aberto ou fechado: aberto para cada vez mais aceleração e mobilidade, fechado para uma sobrevivência diária e um presente estagnante. A isso, deve-se ainda acrescentar outra dimensão de nosso presente: a do futuro percebido não mais como promessa, mas como ameaça; sob a forma de catástrofes, de um tempo de catástrofes que nós mesmos provocamos.

Deste modo, a crise na qual estamos nos debatendo, hesitantes, demanda aprofundar a reflexão. Certamente o presentismo não basta para dar conta dela (e não pretende isso), mas talvez ele venha ressaltar os riscos e as consequências de um presente onipresente, onipotente, que se impõe como único horizonte possível e que valoriza só o imediatismo. Longe de toda nostalgia e das afirmações peremptórias, minha ambição ontem, assim como hoje, era dedicar-me, juntamente com outros e com algumas questões de historiador, a entender a conjuntura. Para passar, segundo a bela fórmula de Michel de Certeau, da "estranheza do que se passa hoje" à "discursividade da compreensão".

Enfim, aquele que quiser fazer uma experiência presentista basta abrir os olhos, percorrendo estas grandes cidades no mundo para as quais o arquiteto holandês Rem Koolhaas propõe o conceito de "Cidade genérica", associado ao de *Junkspace*. Nelas, o presentismo é rei, corroendo o espaço e reduzindo o tempo, ou o expulsando. Liberada da servidão ao centro, a cidade genérica não tem história, mesmo que busque com afinco se dotar de um bairro-álibi, onde a história é resgatada como uma apresentação, com trenzinhos ou caleches. E se, apesar de tudo, ainda existir um centro, ele deve ser, "na qualidade de lugar mais importante" simultaneamente "o mais novo e o mais antigo", "o mais fixo e o mais dinâmico". Produto "do encontro da escada rolante e da refrigeração, concebido em uma incubadora de placas de gesso", o *Junkspace* ignora o envelhecimento: só conhece a autodestruição e a renovação local, ou então uma precariedade habitacional ultrarrápida. Os aeroportos se tornaram os bairros-modelo da Cidade genérica, senão *work* sempre *in progress* de sua realização ("Pedimos desculpas pelos transtornos momentaneamente ocasionados..."). Bairros sempre em movimento, em transformação, inventando percursos cada vez mais complicados para seus habitantes temporários. Os aeroportos são os grandes produtores de *junkspace* sob a forma de bolhas de espaços em expansão e transformáveis. E desse espaço não poderíamos nos lembrar, pois "sua recusa em se cristalizar lhe garante uma amnésia instantânea".[4] Mas pode-se viver em uma cidade presentista?

Setembro de 2011

---

[4] KOOLHAAS, Rem. *Junkspace: repenser radicalement l'espace urbain*. Paris: Payot, 2011. p. 49, 82, 86, 95.

INTRODUÇÃO

Ordens do tempo, regimes de historicidade

Ninguém duvida de que haja uma ordem do tempo, mais precisamente, ordens que variaram de acordo com os lugares e as épocas. Ordens tão imperiosas, em todo caso, que nos submetemos a elas sem nem mesmo perceber: sem querer ou até não querendo, sem saber ou sabendo, tanto elas são naturais. Ordens com as quais entramos em choque, caso nos esforcemos para contradizê-las. As relações que uma sociedade estabelece com o tempo parecem ser, de fato, pouco discutíveis ou quase nada negociáveis. Na palavra *ordem*, compreende-se imediatamente a sucessão e o comando: os tempos, no plural, *querem* ou *não querem*; eles *se vingam* também, *restabelecem* uma ordem que foi perturbada, *fazem às vezes de justiça*. *Ordem do tempo* vem assim de imediato esclarecer uma expressão, talvez de início um tanto enigmática, *regimes de historicidade*.

No início do século V a.C., o filósofo grego Anaximandro já empregava essa expressão, justamente para indicar que "as coisas que são [...] se fazem justiça e reparam suas injustiças conforme a ordem do tempo".[5] Para Heródoto, a história era, no fundo, o intervalo – contado em gerações – que fazia passar de uma injustiça à sua vingança ou à sua reparação. Investigando, de alguma forma, os momentos da vingança divina, o historiador é aquele que, graças a seu saber, pode reunir e desvendar as duas extremidades da cadeia.

---

[5] Anaximandro, Fragmento, B.1, "Pois donde a geração é para os seres, é para onde também a corrupção se gera segundo o necessário; pois concedem eles mesmos justiça e deferência uns aos outros pela injustiça, segundo a ordenação do tempo" (SOUZA, José Cavalcante [Sel.]. *Os pré-socráticos*. São Paulo: Abril Cultural, 1985. [Os Pensadores]. p. 16).

Esse é realmente o sentido da história do rei Creso que, ao passar da felicidade à infelicidade, paga, na quarta geração, o erro de seu ancestral Giges.[6] Aqui não exploraremos essa via, a da história e da justiça.

Em seguida, *a ordem do tempo* lembra *A ordem do discurso*, de Michel Foucault, breve texto programático que leva à aula inaugural ministrada por ele no Collège de France, em 1971, e que se revela um convite à reflexão, à continuidade do trabalho, fora dali, de outra forma, com outras questões.[7] Fazer com o tempo o que Foucault havia feito anteriormente com o discurso, nisso buscando pelo menos uma inspiração. Por fim, *A Ordem do tempo* é o próprio título do livro substancial que o historiador Krzysztof Pomian dedicou ao tempo: uma história do "próprio tempo", precisava o autor, "abordado em uma perspectiva enciclopédica", ou ainda uma história "filosófica" do tempo.[8]

O tempo passou a ser o centro das preocupações não faz muito. Livros, revistas, colóquios, onde quer que seja, são testemunhos; a literatura também trata do assunto, à sua maneira. "Crise do tempo", diagnosticaram imediatamente nossos generalistas do pensamento! É claro que sim, mas e então? O rótulo significa no máximo: "Atenção, problema!".[9] O trabalho de Paul Ricœur, iniciado com a obra *Tempo e*

---

[6] DARBO-PESCHANSKI, Catherine. *O discurso do particular: ensaio sobre a investigação de Heródoto.* Brasília: Editora da Universidade de Brasília, 1998. Sobre o caso de Creso, ver HARTOG, François. Myth into logos: the case of Croesus. In: BUXTON, Richard. *From myth to reason: studies in the development of greek thought.* Oxford: Oxford University Press, 1999. p. 185-195.

[7] FOUCAULT, Michel. *A ordem do discurso.* São Paulo: Loyola, 2005.

[8] POMIAN, Krzysztof. *L'Ordre du temps.* Paris: Gallimard, 1984. p. XII. Ver também, do mesmo autor, "La crise de l'avenir", em *Le Débat*, n. 7, 1980, p. 5-17, retomado em *Sur l'histoire.* Paris: Gallimard, 1999. p. 233-262.

[9] A partir de múltiplas reflexões, realizadas em diversos campos disciplinares, no entanto preocupadas com uma abrangência geral, elaborou-se: ver, por exemplo, SUE, Roger. *Temps et ordre social.* Paris: PUF, 1994; ELIAS, Norbert. *Du temps* [1987]. Tradução de M. Hulin, Paris: Fayard, 1996; as reflexões de Paul Virilio, ao longo de vários livros há mais de quinze anos; GÜNTHER, Horst. *Le temps de l'histoire.* Tradução de O. Mannonu. Paris: Maison des Sciences de L'Homme, 1995; CHESNEAUX, Jean. *Habiter le temps: passé, présent, futur: esquisse d'un dialogue possible.* Paris: Bayard, 1996; LEDUC, Jean. *Les historiens et le temps: conceptions, problématiques, écriture.* Paris: Seuil, 1999; LAÏDI, Zaki. *Le sacre du présent.* Paris: Flammarion, 2000; JEANNENEY, Jean-Noël. *L'Histoire va-t-elle plus vite? Variations sur un vertige.* Paris: Gallimard, 2001; BAIER, Lothar. *Pas le temps: traité sur l'accélération.* Tradução de M. H. Desart e P. Krauss. Arles: Actes Sud, 2002; KLEIN, Étienne. *Les tactiques de Chronos.* Paris: Flammarion, 2003: após ter mostrado que se fala do tempo "praticamente da mesma maneira que antes de Galileu" e demonstrado que a física moderna e o tempo são cúmplices. É. Klein encerra seu livro com uma nota mais epicurista, ou seja, com um convite "a confiar na ocasião do momento, no *kairos*".

narrativa (1983[10]) e concluído com *A memória, a história, o esquecimento* (2000), pode enquadrar comodamente o período, mostrando um filósofo, que sempre se quis contemporâneo de seus contemporâneos, primeiramente levado a meditar sobre as aporias da experiência do tempo, antes de se mostrar preocupado com "uma política da justa memória". Colocando "em contato direto a experiência temporal e a operação narrativa", *Tempo e narrativa*, frisa Ricœur, "não leva em conta a memória". Era exatamente essa lacuna que ele pretendia preencher com esse segundo livro, explorando "os níveis médios" entre tempo e narrativa[11]. Da questão da verdade da história à da fidelidade da memória, sem renunciar a nenhuma delas.

Antes disso, Michel de Certeau já lembrara com uma frase, *en passant*, que "sem dúvida a objetivação do passado, nos últimos três séculos, fizera do tempo o elemento impensado de uma disciplina que não deixava de utilizá-lo como um instrumento taxinômico"[12]. A observação convidava à reflexão. Estas páginas servem para me experimentar nesse campo, partindo de uma interrogação sobre nosso presente.

As brechas

O próprio curso da história recente, marcado pela queda do muro de Berlim em 1989 e pela derrocada do ideal comunista trazido pelo futuro da Revolução, assim como a escalada de múltiplos fundamentalismos, abalaram, de uma maneira brutal e duradoura, nossas relações com o tempo[13]. A ordem do tempo foi posta em questão, tanto no Oriente quanto no Ocidente. Como mistos de arcaísmo e de modernidade, os fenômenos fundamentalistas são influenciados, em parte, por uma crise do futuro, enquanto

---

[10] Publicação no Brasil: RICŒUR, Paul. *Tempo e narrativa.* Campinas: Papirus, 1993-1995. 3 t.; RICŒUR, Paul. *A memória, a história, o esquecimento.* Campinas: Unicamp, 2007.

[11] RICŒUR, Paul. *La mémoire, l'histoire, l'oubli.* Paris: Seuil, 2000. p. 1; RICŒUR, Paul. Mémoire: approches historiennes, approche philosophique. *Le Débat*, n. 122, 2002, p. 42-44.

[12] CERTEAU, Michel de. *Histoire et psycanalyse entre science et fiction.* Paris: Gallimard, 1987. p. 89. Ver LEDUC. *Les historiens et le temps*, 1999.

[13] POMIAN. La crise de l'avenir, p. 233-262; GAUCHET, Marcel. *La démocratie contre elle-même*, Paris, Gallimard, 2002, p. 345-359.

as tradições, às quais se voltam para responder às infelicidades do presente, são, na impossibilidade de traçarem uma perspectiva do porvir, amplamente "inventadas"[14]. Como articular, nessas condições, o passado, o presente e o futuro? A história, escrevia François Furet em 1995, voltou a ser "esse túnel no qual o homem entra na escuridão, sem saber aonde suas ações o conduzirão, incerto de seu destino, desprovido da segurança ilusória de uma ciência do que ele faz. Privado de Deus, o indivíduo democrático vê tremer em suas bases, no fim do século XX, a divindade história: angústia que ele vai ter de conjurar. A essa ameaça da incerteza se une, no seu espírito, o escândalo de um futuro fechado"[15].

Do lado europeu, todavia, fendas profundas se tinham aberto muito antes: logo após a Primeira Guerra Mundial, também após 1945, mas de maneira diferente. Paul Valéry era um bom sismógrafo das primeiras, ele que, em 1919, evocava "o Hamlet europeu", olhando "de um imenso balcão de Elsinore", "milhões de espectros": "Ele pensa no tédio de recomeçar o passado, na loucura de querer inovar sempre. Ele oscila entre os dois abismos". Ou quando delimitava, em uma conferência de 1935, de maneira mais precisa ainda, essa experiência de ruptura de continuidade, dando a "todo homem" o sentimento de pertencer "a duas eras". "De um lado", prosseguia, "um passado que não está abolido nem esquecido, mas um passado do qual nós não podemos tirar quase nada que nos oriente no presente e nos possibilite imaginar o futuro. De outro lado, um futuro de que não fazemos a menor ideia"[16]. Um tempo desorientado, portanto, situado entre dois *abismos* ou entre duas *eras*, o qual o autor de *Regards sur le monde actuel* experienciara e continuava retomando. Franz Rosenzweig, Walter Benjamin e Gershom Sholem também poderiam evocar uma experiência análoga na

---

[14] No sentido entendido em HOBSBAWM, Eric; RANGER, Terence. *The invention of tradition.* Cambridge: Cambridge University Press, 1983.

[15] FURET, François. *Le passé d'une illusion: essai sur l'idée communiste au XXe siècle.* Paris: Robert Laffont; Calmann-Lévy, 1995. p. 808.

[16] VALÉRY, Paul. Essais quasi politiques. In: *Œuvres.* Paris, Gallimard, 1957. (Bibliothèque de la Pléiade). t. 1. p. 993 (carta primeiramente em inglês em 1919) e p. 1063 (conferência na universidade dos *Annales*, 1935). Em 1932, ele retomava em uma conferência dada na mesma esfera seu diagnóstico de 1919 sobre a confusão do Hamlet europeu.

Alemanha dos anos 1920, eles que procuram uma nova visão da história, repudiando a continuidade e o progresso em proveito das descontinuidades e rupturas[17].

Em *Le Monde d'hier* [*O Mundo de ontem*], redigido antes de seu suicídio, em 1942, Stefan Zweig queria testemunhar, ele também, rupturas: "[...] entre nosso hoje, nosso ontem e nosso anteontem, todas as pontes estão rompidas"[18]. Mas já em 1946, por meio de um editorial com título sugestivo, "Face ao Vento", Lucien Febvre convidava todos os leitores dos *Annales* a "fazer história", sabendo que se entrara a partir de então em um mundo "em estado de instabilidade definitiva", onde as ruínas eram imensas; mas no qual havia "muito mais do que ruínas, e mais grave ainda: esta prodigiosa aceleração da velocidade que, fazendo colidirem os continentes, abolindo os oceanos, suprimindo os desertos, coloca em contato brusco grupos humanos carregados de eletricidades contrárias". A urgência, sob pena de não se compreender mais nada do mundo mundializado de amanhã, já de hoje, era olhar, não para trás, em direção ao que acabava de acontecer, mas diante de si, para frente. "Acabou o mundo de ontem. Acabou para sempre. Se nós, franceses, temos uma chance de sair disso – é compreendendo, mais rápido e melhor do que outros, essa verdade óbvia. À deriva, abandonando o navio, eu lhes digo, nadem com vontade". Explicar "o mundo ao mundo", responder as questões do homem de hoje, tal é, pois, a tarefa do historiador que enfrenta o vento. Não se trata de fazer do passado tábula rasa, mas de "compreender bem em que ele se diferencia do presente"[19]. Em que ele é passado. Conteúdo, tom, ritmo, tudo nas poucas páginas desse manifesto sugere ao leitor que o tempo urge e que o presente manda[20].

Desde os anos 1950, Hannah Arendt se mostrara uma perspicaz observadora das rachaduras do tempo, mas não era isso que chamava

---

[17] MOSÈS, Stéphane. *L'ange de l'histoire: Rosenzweig, Benjamin, Scholem*. Paris: Seuil, 1992.

[18] ZWEIG, Stefan. *Le monde d'hier: souvenirs d'un Européen*. Tradução de S. Niémetz. Paris: Belfond, 1993. p. 9.

[19] FEBVRE, Lucien. Face au Vent, Manifeste des *Annales* Nouvelles. In: *Combats pour l'histoire*. Paris: Armand Colin, 1992. p. 35, 40 e 41.

[20] FEBVRE, Lucien. Vers une autre histoire (publicado em 1949, retomado em *Combats pour l'histoire*, p. 437-438): "A história, que é um meio de organizar o passado para impedir o peso demasiado sobre os ombros dos homens [...]. Organizar o passado em função do presente: é o que se poderia denominar de função social da história".

mais atenção em seu trabalho naquela época. "Nossa herança não é precedida de nenhum *testamento*", havia escrito René Char em *Folhetos d'Hypnos*, antologia de 1946[21]. Por meio desse aforismo ele procurava dar conta da estranha experiência da Resistência, tomando-a como um tempo de entremeio, no qual um "tesouro" fora descoberto e, por um instante, estivera entre as mãos, mas que ninguém sabia nomear ou transmitir. No vocabulário de Arendt, esse tesouro era a capacidade de instaurar "um mundo comum[22]". Embora a libertação da Europa estivesse acontecendo, os membros da Resistência não haviam conseguido redigir um "testamento" no qual seriam consignadas as maneiras de preservar e, se possível, de estender esse espaço público que eles haviam começado a criar e no qual "a liberdade podia surgir". Ora, do ponto de vista do tempo, o testamento, na medida em que diz "ao herdeiro o que será legitimamente seu, atribui um passado ao futuro"[23].

Fazendo justamente dessa fórmula de Char a frase de abertura de *Between Past and Future* (título mais preciso que sua tradução francesa, *La Crise de la culture*[24]), Arendt introduzia o conceito de "brecha (*gap*) entre o passado e o futuro" em torno do qual se organizava o livro, como "estranho entremeio no tempo histórico, onde se toma consciência de um intervalo no tempo inteiramente determinado por coisas que não são mais e por coisas que não são ainda"[25]. O tempo histórico parecia então suspenso. Por outro lado, seu estudo pioneiro sobre *As origens do totalitarismo* a havia levado a concluir que "a estrutura íntima da cultura ocidental, com suas crenças, havia desmoronado sobre nossas cabeças", em

---

[21] CHAR, René. *Feuillets d'Hypnos*. In: *Œuvres complètes*. Paris: Gallimard, 1983. (Bibliothèque de la Pléiade). p. 190. Essas anotações, escritas entre 1943 e 1944, são dedicadas a Albert Camus.

[22] TASSIN, Étienne. *Le trésor perdu: Hannah Arendt, l'intelligence de l'action politique*. Paris, Payot-Rivages, 1999. p. 32.

[23] ARENDT, Hannah. *La crise de la culture*. Paris: Gallimard, 1972. p. 13 e 14.

[24] Em português, o título francês corresponderia a "A crise da cultura". No Brasil, a obra se chama *Entre o passado e o futuro* (mais próxima do original em inglês: *Between Past and Future*) (5. ed. São Paulo: Perspectiva, 2000). (Nota do revisor geral)

[25] ARENDT. *La crise de la culture*, p. 19.

particular o conceito moderno de história, fundado na noção de processo[26]. Mais uma vez, uma experiência de tempo desorientado.

Em 1968, o mundo ocidental e ocidentalizado era atravessado por um espasmo que, entre outras coisas, questionava o progresso do capitalismo, ou seja, duvidava do tempo, ele próprio como um progresso, como um vetor em si de um progresso prestes a abalar o presente. Para marcar esse momento, as palavras *fenda* e *brecha* vêm sob a pena dos observadores, mesmo que eles não deixem de observar que são onipresentes as imagens tomadas das gloriosas revoluções do passado[27]. Nascidos, em sua maioria, após 1940, os jovens revoltados de então podiam, pelo menos na França, voltar-se para as grandes figuras da Resistência e, ao mesmo tempo, para os ensinamentos do *Livro vermelho* do presidente Mao, assim como para as lições dos comunistas vietnamitas, que derrotaram a ex-potência colonial em Dien Bien Phu e, algum tempo depois, venceram os Estados Unidos da América. Em seu último romance, Olivier Rolin dá voz a seu narrador, que fala de si mesmo à sua jovem interlocutora: "É de lá, [dos anos 1940-1945], desse desastre que você vem, meu caro: sem ter estado lá. Sua geração nasceu de um acontecimento que ela não viveu[28]." Por um momento, a crise dos anos 1970 (inicialmente petrolífera) pareceu reforçar esses questionamentos. Alguns até se vangloriavam do "crescimento zero"! Acabava-se de sair dos "Trinta Gloriosos" do pós-guerra: anos de reconstrução, de modernização rápida, da corrida ao progresso entre o Leste e o Oeste, tendo como pano de fundo a Guerra Fria e a implementação do desarmamento nuclear.

O tema dos "retornos a" (até tornar-se uma fórmula *pronta-para-pensar* e *para-vender*) ia logo fazer sucesso. Após a subversão dos retornos a Freud e a Marx, vieram os retornos a Kant ou a Deus, e muitos outros retornos relâmpagos que se consumiam em suas próprias proclamações. Os progressos (tecnológicos), no entanto,

---

[26] ARENDT, Hannah. *Les origines du totalitarisme*. Paris: Gallimard, 2002. (Quarto). p. 867.

[27] MORIN, Edgar; LEFORT, Claude; COUDRAY, J.-Marc. *Mai 1968: La Brèche*. Paris: Fayard, 1968.

[28] ROLIN, Olivier. *Tigre de papier*. Paris: Seuil, 2002. p. 36.

continuavam a galope enquanto a sociedade de consumo não parava de crescer, exatamente como a categoria do presente, da qual fazia seu alvo e que constituía, de alguma maneira, sua razão social. Apareciam na vida pública os primeiros passos da revolução informática, exaltando a sociedade da informação, mas também os programas das biotecnologias. Logo viria o tempo, imperioso, se assim se pode dizer, da globalização: da *World Economy*, preconizando mobilidade crescente e apelando cada vez mais ao *tempo real*; mas também, simultaneamente, da *World Heritage*, sistematizada pela Unesco, tal como a convenção de 1972, "pela proteção do patrimônio mundial cultural e natural".

De fato, os anos 1980 viram o desabrochar de uma grande onda: a da memória. Com seu *alter ego*, mais visível e tangível, o patrimônio: a ser protegido, repertoriado, valorizado, mas também repensado. Construíram-se *memoriais*, fez-se a renovação e a multiplicação de museus, grandes e pequenos. Um público comum, preocupado ou curioso pelas genealogias, pôs-se a frequentar os arquivos. As pessoas passaram a interessar-se pela memória dos lugares, e um historiador, Pierre Nora, propôs em 1984 o "lugar de memória". Organizadora do grande empreendimento editorial dos *Lieux de mémoire* [*Lugares de memória*], a noção resultava inicialmente de um diagnóstico baseado no presente da França.

Ao mesmo tempo, era lançado oficialmente *Shoah* (1985) de Claude Lanzmann, filme extraordinariamente forte sobre o testemunho e os "não-lugares" da memória. Pondo diante dos olhos do espectador "homens que se colocam na condição de testemunha"[29], o filme visava, de fato, a abolir a distância entre o passado e o presente: fazer surgir o passado do presente. Já em 1982, o historiador Yosef Yerushalmi publicara seu livro *Zakhor*, logo célebre nos dois lados do Atlântico. Com ele, abriam-se os debates sobre história e memória. "Por que, perguntava-se, enquanto o judaísmo através dos tempos foi sempre fortemente impregnado pelo sentido da história, a historiografia teve no máximo um papel ancilar para os judeus, e mais frequentemente, não desempenhou papel algum? Frente às

---

[29] DEGUY, Michel. *Au sujet de "Shoah", le film de Claude Lanzmann*. Paris: Belin, 1990. p. 40.

provações por que os judeus passaram, a memória do passado foi sempre essencial, mas por que os historiadores nunca foram seus primeiros depositários[30]?"

Aqui, um pouco mais cedo, lá, um pouco mais tarde, essa vaga atingiu praticamente todas as costas do mundo, senão todos os grupos sociais: a velha Europa primeiro, mas também e muito os Estados Unidos, a América do Sul após as ditaduras, a Rússia da *glasnost* e os ex-países de Leste europeu, a África do Sul após o *Apartheid*, salvo o restante da África, Ásia e Oriente Médio (com notável exceção da sociedade israelense). Tendo culminado em meados dos anos 1990, o fenômeno seguiu diversos caminhos, variando em diferentes contextos. Mas não há dúvida de que os crimes do século XX, seus assassinatos em massa e sua monstruosa indústria da morte são as tempestades de onde partiram essas ondas memoriais, que acabaram unindo e agitando intensamente as sociedades contemporâneas. O passado não havia "passado" e, na segunda ou terceira geração, ele estava sendo questionado. Outras ondas, mais "recentes", como a das memórias comunistas, vão avançar por muito tempo ainda, seguindo passos diferentes e ritmos defasados[31].

Memória tornou-se, em todo caso, o termo mais abrangente: uma categoria meta-histórica, por vezes teológica. Pretendeu-se fazer memória de tudo e, no duelo entre a memória e a história, deu-se rapidamente vantagem à primeira, representada por este personagem, que se tornou central em nosso espaço público: a testemunha[32]. Interrogou-se sobre o esquecimento, fez-se valer e invocou-se o

---

[30] YERUSHALMI, Yosef Hayim. *Zakhor: histoire juive et mémoire juive.* Tradução de E. Vigne. Paris: La Découverte, 1984. p. 12; GOLDBERG, Sylvie Anne. *La clepsydre: essai sur la pluralité des temps dans le judaïsme.* Paris: Albin Michel, 2000. p. 52-55.

[31] MAIER, Charles. Mémoire chaude, mémoire froide. Mémoire du fascisme, mémoire du communisme. *Le Débat,* n. 122, 2002, p. 109-117. LOSONCSY, Anne-Marie. Le patrimoine de l'oubli, Le parc-musée des statues de Budapest. *Ethnologie Française,* n. 3, 1999, p. 445-451, no qual o autor apresenta esse museu a céu aberto, um pouco distante e não realmente acabado, reunindo as estátuas da era comunista. Conservar para apagar.

[32] DULONG, Renaud. *Le témoin oculaire: les conditions sociales de l'attestation personnelle.* Paris: École des Hautes Études en Sciences Sociales, 1998; WIEVIORKA, Annette. *L'ère du témoin.* Paris: Plon, 1998; HARTOG, François. A testemunha e o historiador. In: *Evidência da história: o que os historiadores veem.* Belo Horizonte: Autêntica, 2011. p. 203-228.

"dever de memória" e por vezes, também, começou-se a estigmatizar abusos da memória ou do patrimônio[33].

Do Pacífico a Berlim

Em meu trabalho, não estudei diretamente esses eventos de massa. Não sendo nem historiador do contemporâneo nem analista da atualidade, levei minhas pesquisas para outros caminhos. Tampouco são diretamente aqueles da teoria da história, mas me esforço, cada vez que o posso, por refletir sobre a história fazendo história. Não se trata então de propor depois de outros, melhor que outros, uma explicação geral ou mais geral desses fenômenos históricos contemporâneos. Meu enfoque é diferente, outro meu propósito. Esses fenômenos, eu os apreendo obliquamente, ao me interrogar sobre as temporalidades que os estruturam ou os ordenam. Por que ordem do tempo eles são sustentados? De que ordem são portadores ou sintomas? De que "crise" do tempo, os indícios?

Para fazer isso, convém encontrar alguns pontos de entrada. Historiador da história, entendida como uma forma de história intelectual, pouco a pouco fiz minha a constatação de Michel de Certeau. O tempo tornou-se a tal ponto habitual para o historiador que ele o naturalizou ou o instrumentalizou. O tempo é impensado, não porque seria impensável, mas porque não o pensamos ou, mais simplesmente, não pensamos nele. Historiador que se esforça para ficar atento ao seu tempo, observei ainda, como muitos outros, o crescimento rápido da categoria do presente até que se imponha a evidência de um presente onipresente[34]. O que nomeio aqui "presentismo".

---

[33] KLEIN, Kerwin. On the emergence of memory in historical discourse. *Representations*, n. 69, 2000, p. 127-150; *Politiques de l'Oubli: Le Genre Humain*, n. 18, 1988. Sobre o historiador como, simultaneamente, "perturbação-memória" e "salva-memória", ver LABORIE, Pierre. *Les Français des années troublés*. Paris: Desclée de Brouwer, 2001. p. 53-71; ROBIN, Régine. *La mémoire saturée*. Paris: Stock, 2003.

[34] HARTOG, François. Temps et histoire: comment écrire l'histoire de France? *Annales*, n. 1, 1995, p. 1223-1227. Zaki Laïdi descreve um "presente autárquico" (LAÏDI. *Le sacre du présent*, p. 102-129). A partir de uma experiência dupla de medievalista e de observador do movimento zapatista, Jérôme Baschet fala de "presente perpétuo", em "L'histoire face au présent perpétuel, quelques remarques sur la relation passé/futur" (HARTOG, François; REVEL, Jacques (Dir.). *Les usages politiques du passé*. Paris: École des Hautes Études En Sciences Sociales, 2001. p. 55-74).

Pode-se delimitar melhor esse fenômeno? Qual é seu alcance? Que sentido atribuir a ele? Por exemplo, no âmbito da história profissional francesa, o surgimento de uma história que se reivindica, a partir dos anos 1980, "História do tempo presente" acompanhou esse movimento. Para René Rémond, um de seus defensores mais constantes, "a história do tempo presente é uma boa medicação contra a racionalização *a posteriori*, contra as ilusões de ótica que a distância e o afastamento podem induzir[35]". Ao historiador foi solicitado, algumas vezes exigido, que respondesse às demandas múltiplas da história contemporânea ou muito contemporânea. Presente em diferentes frentes, essa história encontrou-se, em particular, sob os holofotes da atualidade judiciária, durante processos por crimes contra a humanidade, que têm por característica primeira lidar com a temporalidade inédita do imprescritível[36].

Para fazer esta investigação, a noção de regime de historicidade me pareceu operatória. Eu falara nela uma primeira vez em 1983, para dar conta de um aspecto – o mais interessante de meu ponto de vista – das propostas do antropólogo americano Marshall Sahlins, mas naquele momento ela não chamou muita atenção: a minha pouco mais que a dos outros[37]. Seriam necessários outros tempos! Recomeçando das reflexões de Claude Lévi-Strauss sobre as sociedades "quentes" e as sociedades "frias", Sahlins buscava efetivamente delimitar a forma de história que fora própria às ilhas do Pacífico.

AUGÉ, Marc. *Le temps en ruines*. Paris: Galilée, 2003, em que ele insiste sobre o presente perpétuo de "nosso mundo violento, cujos destroços não têm tempo de se tornarem ruínas" (p. 10). Ao que ele opõe um tempo de ruínas, espécie de "tempo *puro*, não datado, ausente de nosso mundo de imagens, de simulacros, de reconstituições" (p. 10). O sentido que dou ao presentismo é mais amplo do que aquele, quase técnico, que conferiu George W. Stocking ao termo, em seu ensaio "On the limits of 'Presentism' and 'Historicism' in the Historiography of Behavioral Sciences" (retomado em *Race, culture and evolution: essays in the history of Anthropology*. Chicago: The University of Chicago Press, 1982. p. 2-12). A abordagem presentista é aquela que considera o passado tendo em vista o presente, enquanto o historicista enxerga o passado por ele mesmo.

[35] RÉMOND, René. *Écrire l'histoire du temps présent: en hommage à François Bédarida*. Paris: CNRS, 1993. p. 33. ROUSSO, Henry. Pour une histoire du temps présent. In: *La hantise du passé: entretien avec Philippe Petit*. Paris: Textuel, 2001. p. 50-84.

[36] Ver DUMOULIN, Olivier. *Le rôle social de l'historien: de la chaire au prétoire*. Paris: Albin Michel, 2003. p. 11-61.

[37] HARTOG, François. Marshall Sahlins et l'anthropologie de l'histoire. *Annales ESC*, n. 6, 1983, p. 1256-1263.

Tendo deixado, por assim dizer, a expressão de lado, sem elaborá-la muito, eu a reencontrei dessa vez não mais com os Selvagens e no passado, mas no presente e aqui; mais exatamente, depois de 1989, ela impôs-se quase por si mesma como uma das maneiras de interrogar uma conjuntura, em que a questão do tempo tornava-se pregnante, um problema: uma obsessão às vezes.

No intervalo, familiarizei-me com as categorias meta-históricas da "experiência" e da "expectativa", como as trabalhara o historiador alemão Reinhart Koselleck, com a intenção de elaborar uma semântica dos tempos históricos. Interrogando as experiências temporais da história, ele de fato buscava "como, em cada presente, as dimensões temporais do passado e do futuro haviam sido correlacionadas[38]". Exatamente isso era interessante investigar, levando em conta as tensões existentes entre campo de experiência e horizonte de expectativa e estando atento aos modos de articulação do presente, do passado e do futuro. A noção de regime de historicidade podia assim beneficiar-se do estabelecimento de um diálogo (nem que fosse por meu intermédio) entre Sahlins e Koselleck: entre a antropologia e a história.

Um colóquio, concebido pelo helenista Marcel Detienne, comparatista mais que decidido, foi a oportunidade de retomá-la e trabalhá-la juntamente com um antropólogo, Gérard Lenclud. Era uma maneira de prosseguir, modificando um pouco, o diálogo intermitente, mas recorrente, fatigante às vezes, mas nunca abandonado, entre antropologia e história que Claude Lévi-Strauss havia aberto em 1949. "Regime de historicidade", escrevíamos então, podia ser compreendido de dois modos. Em uma acepção restrita, como uma sociedade trata seu passado e trata do seu passado. Em uma acepção mais ampla, regime de historicidade serviria para designar "a modalidade de consciência de si de uma comunidade humana[39]". Como, retomando os termos de Lévi-Strauss (aos quais

---

[38] KOSELLECK, Reinhart. *Le futur passé*. Tradução de J. Hoock e M.-Cl. Hoock. Paris: École des Hautes Études en Sciences Sociales, 1990. p. 307-329.

[39] Publicado nos documentos preparatórios ao colóquio, o texto foi retomado em INSTITUT FRANÇAIS DE BUCAREST. *L'État des lieux en sciences sociales*. Textos reunidos por A. Dutu e

retornarei), ela "reage" a um "grau de historicidade" idêntico para todas as sociedades. Mais precisamente, a noção devia poder fornecer um instrumento para comparar tipos de história diferentes, mas também e mesmo primeiramente, eu acrescentaria agora, para colocar em foco modos de relação com o tempo: formas da experiência do tempo, aqui e lá, hoje e ontem. Maneiras de ser no tempo. Se, do lado da filosofia, a historicidade, cuja trajetória Paul Ricœur reconstituiu de Hegel até Heidegger, designa "a condição de ser histórico[40]", ou ainda "o homem presente a si mesmo enquanto história[41]" aqui, estaremos atentos à diversidade dos regimes de historicidade.

Enfim, em 1994, ela me acompanhou em uma estadia em Berlim, no *Wissenschaftskolleg*, quando os vestígios do Muro ainda não haviam desaparecido e o centro da cidade resumia-se a obras e reformas, em andamento ou vindouras, quando se discutia a reconstrução ou não do *Stadtschloss*, o castelo real, e que as grandes fachadas dos prédios do Leste, destruídas e marcadas por projéteis, tornavam visível um tempo que, ali, escoara de outro modo. Seria evidentemente falso dizer que ele se paralisara. Com seus grandes espaços vazios, suas obras e suas "sombras", Berlim parecia para mim uma cidade para historiadores, onde, mais do que em outros lugares, podia aflorar o impensado do tempo (não somente o esquecimento, o recalcado, o denegado).

Mais do que em nenhuma outra cidade da Europa, talvez do mundo, Berlim deu trabalho, ao longo dos anos 1990, a milhares de pessoas, do operário imigrante aos grandes arquitetos internacionais. Chance dos urbanistas e dos jornalistas, a cidade tornou-se um ponto de passagem obrigatório, até mesmo uma moda, um "bom tema", um laboratório, um lugar de "reflexão". Ela suscitou inúmeros comentários e múltiplas controvérsias; produziu massas de imagens,

---

N. Dodille. Paris: L'Harmattan, 1993. p. 29. Ver a apresentação do dossiê por DETIENNE, Marcel. *Comparer l'incomparable*. Paris: Seuil, 2000. p. 61-80.

[40] RICŒUR. *La mémoire, l'histoire, l'oubli*, p. 480-498, e RICŒUR. Mémoire: approches historiennes, approche philosophique, p. 60-61.

[41] LYOTARD, Jean-François. Les Indiens ne cueillent pas de fleurs. *Annales*, n. 20, 1965, p. 65 (artigo de *La pensée sauvage*, de Claude Lévi-Strauss).

de falas e de textos, provavelmente alguns grandes livros também[42]. Sem esquecer os sofrimentos e as desilusões provocadas por essas mudanças, pois, lá mais do que em outros lugares, o tempo era um problema, visível, tangível, ineludível. Que relações manter com o passado, os passados certamente, mas também, e muito, com o futuro? Sem esquecer o presente ou, inversamente, correndo o risco de nada ver além dele: como, no sentido próprio da palavra, habitá-lo? O que destruir, o que conservar, o que reconstruir, o que construir, e como? Decisões e ações que implicam uma relação explícita com o tempo, que salta aos olhos a ponto de não se querer ver?

De ambos os lados de um muro, que se tornaria pouco a pouco um muro de tempo, tentou-se de início apagar o passado. A declaração de Hans Scharoun – "Não se pode querer construir uma nova sociedade e ao mesmo tempo reconstruir os prédios antigos" – podia, na verdade, valer para os dois lados[43]. Arquiteto renomado, Scharoun, que presidira a comissão de urbanismo e arquitetura imediatamente após a Guerra, construiu sobretudo o auditório da *Berliner Philharmoniker*. Cidade emblemática, lugar de memória para uma Europa apreendida como um todo, entre amnésia e dever de memória. Esta é a Berlim no limiar do século XXI. Nela, aos olhos do *flâneur*-historiador, ainda se veem fragmentos, vestígios, marcas de ordens de tempo diferentes, como as ordens da arquitetura.

Assim, formada às margens das ilhas do Grande Pacífico, a noção aportou, ao final, em Berlim, no coração da história europeia moderna. Foi nessa cidade que, retrabalhada, ela tomou finalmente forma para mim. Com o título *Ordens do tempo 1*, vamos das ilhas Fidji à Esquéria, ou do Pacífico estudado por Sahlins ao mar das travessias de Ulisses, o herói de Homero. Será um duplo exercício de "olhar distanciado" e um primeiro ensaio da noção. Antes que

---

[42] Por exemplo, GRASS, Günther. *Toute une histoire*. Tradução de C. Porcell e B. Lortholary. Paris: Seuil, 1997; NOOTEBOOM, Cees. *Le jour des morts*. Tradução de Ph. Noble. Arles: Actes Sud, 2001. Em um regime diferente, TERRAY, Emmanuel. *Ombres berlinoises: voyage dans un autre Allemagne*. Paris: Odile Jacob, 1996; ROBIN, Régine. *Berlin chantiers*. Paris: Stock, 2001.

[43] FRANÇOIS, Étienne. Reconstrucyion allemande. In: LE GOFF, Jacques (Dir.). *Patrimoine et passions identitaires*. Paris: Fayard, 1998. p. 313 (citação de Scharoun); e DOLFF-BONEKÄMPER, Gabi. Les monuments de l'histoire contemporaine à Berlin: rupture, contradictions et cicatrices. In: DEBRAY, Régis (Dir.). *L'abus monumental*. Paris: Fayard, 1999. p. 363-370.

uma grande travessia nos faça chegar quase diretamente ao fim do século XVIII europeu, uma pequena escala, intitulada "Ulisses não leu Santo Agostinho", permitirá abrir um espaço à experiência cristã do tempo, a uma ordem cristã do tempo e, talvez, a um regime cristão de historicidade.

Em seguida, para este momento tão forte de crise do tempo na Europa, início e fim da Revolução Francesa, Chateaubriand será nosso guia principal. Ele nos levará do Velho ao Novo Mundo, da França à América e de volta. Viajante incansável, "nadador", como escreverá ao final das *Mémoires d'outre-tombe*, que se encontrou "na confluência de dois rios", oscila entre duas ordens do tempo e entre dois regimes de historicidade: o antigo e o novo, o regime moderno. De fato, sua escrita jamais deixou de partir dessa mudança de regime e de voltar a esta brecha do tempo, aberta por 1789.

Com *Ordem do tempo 2*, é nossa contemporaneidade que interrogamos em segundo lugar, desta vez diretamente, a partir destas duas palavras mestras: memória e patrimônio. Muito solicitadas, abundantemente glosadas e declinadas de múltiplas maneiras, essas palavras-chave não serão desdobradas aqui por si mesmas, mas tratadas unicamente como indícios, também sintomas de nossa relação com o tempo – modos diversos de traduzir, refratar, seguir, contrariar a ordem do tempo: como testemunhas das incertezas ou de uma "crise" da ordem presente do tempo. Uma questão nos acompanhará: estaria em formulação um novo regime de historicidade, centrado no presente?[44]

Histórias universais

Não faltaram ao longo da história as grandes "cronosofias", misto de profecias e de periodizações, seguidas dos discursos sobre a história universal – de Bossuet a Marx, passando por Voltaire, Hegel e Comte, sem esquecer Spengler ou Toynbee[45]. Engendradas

---

[44] Ver, a partir de um questionamento filosófico, as reflexões paralelas de BINOCHE, Bertrand. Après l'histoire, l'événement. *Actuels Marx*, n. 32, 2002, p. 139-155.

[45] POMIAN, *L'Ordre du temps*, p.101-163; LÖWITH, Karl. *Histoire et salut: Les présupposés théologiques de la philosophie de l'histoire* [1953]. Tradução de J.-F. Kervégan. Paris: Gallimard, 2002.

por interrogações sobre o futuro, essas construções, tão diferentes quanto possam ter sido os pressupostos que as fundamentavam (quer tenham privilegiado uma perspectiva cíclica ou linear), buscaram fundamentalmente compreender as relações entre o passado e o futuro. Descobri-las e fixá-las: dominá-las, para compreender e prever. Na entrada dessa longa galeria, em ruínas há muito tempo, pode-se inicialmente parar por um momento em frente à estátua que apareceu no sonho de Nabucodonosor, o rei da Babilônia.

Era uma estátua imensa, aponta a descrição, "cuja cabeça era de ouro fino, o peito e os braços, de prata; o ventre e as coxas, de bronze; / as pernas, de ferro; os pés, parte ferro e parte argila". Eis que uma pedra caiu não se sabe de onde e acabou pulverizando a estátua da cabeça aos pés. Recebido pelo rei, o profeta Daniel, único capaz de interpretar o sonho, começa declarando: "Há um Deus nos céus que revela os mistérios e mostrou ao rei Nabucodonosor o que acontecerá nos próximos dias". Cada metal e cada parte, explica ele, corresponde a uma monarquia: a uma primeira monarquia se sucederá uma segunda, depois uma terceira e uma quarta, antes que surja, por fim, a quinta, que será o reino de Deus para toda a eternidade[46]. Tal é o significado da visão.

Datado de 164 a.C.-163 a.C., o livro de Daniel tem em vista as realezas babilônica, meda, persa e macedônica, com Alexandre e seus sucessores. Os autores do livro combinam de maneira única um esquema metálico com aquele que trata da sucessão dos impérios, já presente nos historiadores gregos desde Heródoto. Mas desse misto eles fazem algo completamente diferente, inscrevendo-o em uma perspectiva apocalíptica[47]. Mais tarde, a identificação das monarquias sofreu variações, o povo medo desapareceu e os romanos fecharam o ciclo por muito tempo, mas o valor profético do esquema geral continuava incólume.

Uma outra estrutura, igualmente de grande alcance, foi a das idades do mundo. No século V, Santo Agostinho retomou e ilustrou

---

[46] Daniel 2, 28-45. As referências bíblicas são da edição da Pléiade, publicada sob orientação de Édouard Dhorme.

[47] MOMIGLIANO, Arnaldo. Daniel et la théorie grecque de la succession des empires. In: *Contributions à l'histoire du judaïsme*. Tradução de P. Farazzi. Nîmes: Editora Éclat, 2002. p. 65-71.

por muito tempo o modelo das sete idades do mundo, que servia ainda de arcabouço ao *Discours sur l'histoire universelle* [*Discurso sobre a história universal*] de Bossuet no final do século XVII. Colocando diante dos olhos do Delfim "a ordem dos tempos", o autor retoma "essa famosa divisão que fazem os cronologistas da duração do mundo[48]". Adão inaugurava a primeira idade enquanto Jesus, a sexta. Ela correspondia ao sexto dia, idade também da velhice, e devia durar até o fim do mundo[49]. Mas esse "tempo intermediário" era ao mesmo tempo velhice e renovação à espera do sabá do sétimo dia, que traria o repouso eterno na visão de Deus.

Nessas tramas (à das idades e da sucessão dos impérios somou-se mais tarde o conceito de transferência (*translatio*) do império), por muito tempo presentes e eficientes na história ocidental, operou-se inicialmente com o humanismo uma divisão em Tempos Antigos, Idade Média (*Media Aetas*) e Tempos Modernos. Depois a abertura do futuro e do progresso se dissociou progressivamente e cada vez mais da esperança do fim. Por temporalização do ideal da perfeição[50]. Passou-se então da perfeição à perfectibilidade e ao progresso. Chegando a desvalorizar, em nome do futuro, o passado, ultrapassado, mas também o presente. Não sendo nada mais do que a véspera do futuro, melhor senão "radiante", ele podia, até devia ser sacrificado.

O evolucionismo do século XIX naturalizou o tempo, enquanto o passado do homem se prolongava cada vez mais. Os seis mil anos da Gênese não passavam de um conto infantil. Teve-se assim, como operadores, os progressos da razão, os estágios da evolução ou a sucessão dos modos de produção, e todo o arsenal da filosofia da história. Foi também a idade de ouro das grandes filosofias da história, às quais se sucederam, nos anos 1920, as diversas meditações sobre a decadência e a morte das civilizações. *A Decadência do Ocidente: esboço de uma morfologia da história universal*, de Spengler, mas também Valéry, já citado, "desesperando-se" com a história e registrando o caráter mortal das

---

[48] BOSSUET, Jacques-Bénigne. *Discours sur l'histoire universelle*. Paris: Garnier-Flammarion, 1966. p. 142.

[49] AUGUSTIN. *La cité de Dieu*, 22, 30, 5. LUNEAU, Auguste. *L'Histoire du salut chez les Pères de l'Église*. Paris: Beauchesne, 1964. p. 285-331.

[50] KOSELLECK. *Le futur passé*, em especial p. 315-320.

civilizações[51]. A história universal conquistadora e otimista parecia ter chegado ao fim. A entropia estava ganhando e acabaria por vencer.

Nesses mesmos anos, a história, ao menos aquela que ambicionava tornar-se uma ciência social, buscava seriamente outras temporalidades, mais profundas, mais lentas, mais efetivas. Em busca dos ciclos, atenta às fases e às crises, ela se fez história dos preços[52]. Foi o primeiro programa de uma história econômica e social, como ele se formulou, na França, em torno dos primeiros *Annales*. Após a Segunda Guerra Mundial, três linhas aparecem quanto ao tempo. A arqueologia e a antropologia física não param de mover e de fazer recuar no tempo o surgimento dos primeiros hominídeos. Conta-se agora em milhões de anos. A "revolução neolítica", finalmente, passou-se ontem, a Revolução Industrial então! Entre os historiadores, Fernand Braudel propõe a todos os praticantes das ciências sociais a longa duração e convida a assumir a responsabilidade pela "pluralidade do tempo social"[53]. Atenta às estruturas, preocupada com os níveis e os registros, cada um com suas temporalidades próprias, a história se dá, por sua vez, como "dialética da duração". Não há mais tempo único e, se o tempo é ator, é um ator multiforme, proteiforme, anônimo também, se é verdade que a longa duração é esta "enorme superfície de água quase estagnada" que, irresistivelmente, "leva tudo consigo".

A terceira linha, enfim, a mais importante para a nossa proposta, é o reconhecimento da diversidade de culturas. A obra *Raça e história,* de Claude Lévy-Strauss, financiada e publicada pela Unesco, em 1952, é o texto de referência[54]. Nessas páginas, ele começa por criticar o "falso evolucionismo", denunciado como atitude que consiste para o viajante ocidental em crer "reencontrar", por exemplo, a idade da pedra nos indígenas da Austrália ou de Papua.

---

[51] VALÉRY, Paul. Regards sur le monde actuel. In: *Œuvres.* Paris: Gallimard, 1960. (Bibliothèque de la Pléiade). t. II, p. 921.

[52] LABROUSSE, Ernest. *Esquisse du mouvement des prix et des revenus en France au 18e siècle.* Paris: Dalloz, 1933.

[53] BRAUDEL, Fernand. Histoire et sciences sociales: la longue durée. *Annales ESC,* n.4, 1958, p. 725-753.

[54] LÉVI-STRAUSS, Claude. *Race et histoire.* Unesco, 1952 (La Question Raciale Devant la Science Moderne), retomado em *Anthropologie structurale deux.* Paris: Plon, 1973. p. 377-431.

O progresso, em seguida, é fortemente colocado em perspectiva. As formas de civilização que éramos levados a imaginar *"como escalonadas no tempo"* devem, preferencialmente, ser vistas como *"desdobradas no espaço"*. Assim, a humanidade "em progresso não lembra muito um personagem galgando uma escada, acrescentando, com cada um de seus movimentos, um degrau novo em comparação a todos aqueles cuja conquista está adquirida; ela evoca, antes, um jogador cuja sorte é repartida em vários dados. [...] É apenas de um tempo a outro que a história é cumulativa, ou seja, que as contas se adicionam para formar uma combinação favorável"[55].

A essa primeira relativização, de princípio, precisa-se ainda somar uma segunda, ligada à própria posição do observador. Para se fazer compreender, Lévi-Strauss apela então para os rudimentos da teoria da relatividade: "A fim de mostrar que o tamanho e a velocidade do deslocamento dos corpos não são valores absolutos, mas que dependem da posição de observador, lembra-se que, para um viajante sentado à janela de um trem, a velocidade e o tamanho de outros trens variam conforme estes se desloquem no mesmo sentido ou em sentido oposto. Ora, todo membro de uma cultura é tão estreitamente solidário dela quanto esse viajante ideal o é de seu trem[56]".

O último argumento, enfim, que poderia parecer contradizer o precedente: não existe sociedade cumulativa "em si e por si": uma cultura isolada não poderia ser cumulativa. As formas de história mais cumulativas, com efeito, foram alcançadas por sociedades "combinando seus jogos respectivos", voluntária ou involuntariamente. De onde a tese final do livro, o mais importante é *a distância diferencial* entre culturas. É ali que reside sua "verdadeira contribuição" cultural a uma história milenar, e não na "lista de suas invenções particulares"[57]. Assim, agora que estamos inseridos em uma civilização mundial, a diversidade deveria ser preservada, mas com a condição de percebê-la menos como conteúdo do que como forma: conta sobretudo o

---

[55] LÉVI-STRAUSS. *Race et histoire*, p. 393-394.
[56] LÉVI-STRAUSS. *Race et histoire*, p. 397.
[57] LÉVI-STRAUSS. *Race et histoire*, p. 417.

próprio "fato" da diversidade e menos "o conteúdo histórico que cada época lhe deu[58]". Por meio de suas convenções e suas cartas, a Unesco entendeu (ao menos parcialmente) a mensagem, tendo em vista que está em elaboração uma convenção internacional sobre a diversidade cultural. Tais são os principais pontos de um texto, saudado, em um dado momento, como "o último dos grandes discursos sobre a história universal[59]".

Porém, justamente em 1989, o gênero subitamente reencontrou uma ampla audiência com "O Fim da História e o Último Homem" de Francis Fukuyama. Como que para uma nova, mas também última floração? A princípio apresentada sob a forma de um artigo que deu a volta ao mundo, a tese, retomada em seguida em livro, pretendia sugerir que a democracia liberal poderia bem constituir "a forma final de todo governo humano" e, então, nesse sentido, "o fim da História"."O aparecimento de forças democráticas em partes do mundo onde sua presença não era esperada, a instabilidade das formas autoritárias de governo e a completa ausência de alternativas *teóricas* (coerentes) à democracia liberal nos forçam, assim, a refazer a antiga questão: será que existe, de um ponto de vista muito mais 'cosmopolita' do que era possível no tempo de Kant, uma história universal do homem?"[60]. Para Fukuyama, a resposta é sim, mas ele acrescenta imediatamente: ela está terminada[61].

---

[58] LÉVI-STRAUSS. *Race et histoire*, p. 421.

[59] POMIAN. *L'Ordre du temps*, p. 151.

[60] FUKUYAMA, Francis. *La fin de l'histoire et le dernier homme*. Paris: Flammarion, 1992. p. 11 e 96. *Spectres de Marx*, de Jacques Derrida (Paris: Galilée, 1993), é, particularmente, uma longa crítica à tese de Fukuyama.

[61] Robert Bonnaud, que não esperou nem um pouco por 1989 para acreditar, ou acreditar novamente, em uma história universal, tampouco pensa que ela esteja finalizada. Beneficiando-se, contudo, das interrogações presentes sobre o tempo, suas pesquisas receberam mais atenção por parte da mídia e do público. Explorador dos mecanismos temporais desde sua juventude, ele procura, com efeito, situar o que nomeia como "viradas históricas mundiais", documentando sincronismos (por exemplo, o de −221, valendo para o mundo mediterrâneo e o mundo chinês). Tendo publicado, em 1989, *Le Système de l'histoire* (Paris: Fayard), não parou, desde então, de afinar e precisar suas análises, convencido de que a história não sofre de um "excesso de datas, mas de um defeito de cronologia racional" (BONNAUD, Robert. *Tournants et périodes*. Paris: Kimé, 2000, p. 13). Suas pesquisas devem permitir que se tracem séries de "curvas planetárias" e reivindicam um alcance previsível. Ver também as reflexões de Jean Baechler, que propõe um *Esquisse d'une histoire universelle* (Paris: Fayard, 2002).

Regimes de historicidade

Onde situar a noção de regime de historicidade nessa galeria de grandes referências percorrida rapidamente? Sua pretensão é infinitamente mais modesta e seu alcance, se houver um, bem mais limitado! Simples ferramenta, o regime de historicidade não pretende falar da história do mundo passado, e menos ainda do que está por vir. Nem cronosofia, nem discurso sobre a história, tampouco serve para denunciar o tempo presente, ou para deplorá-lo, mas para melhor esclarecê-lo. O historiador agora aprendeu a não reivindicar nenhum ponto de vista predominante. O que não o obriga de forma alguma a viver com a cabeça enterrada na areia, ou unicamente nos arquivos e enclausurado em *seu* período. Tampouco busca reativar uma história transformada por um tempo único, regulado ele mesmo por um único *staccato* do acontecimento ou, ao contrário, pela lentidão da longa ou bem longa duração. Não é o caso de se privar de todos os recursos de inteligibilidade aportados pelo reconhecimento da pluralidade do tempo social. De todos esses tempos folheados, imbricados, desencontrados, cada um com seu ritmo próprio, dos quais Fernand Braudel, seguido por muito outros, foi o descobridor apaixonado. Eles enriqueceram consideravelmente o questionário das ciências sociais, tornando-o mais complexo e refinando-o.

Formulada a partir de nossa contemporaneidade, a hipótese do regime de historicidade deveria permitir o desdobramento de um questionamento historiador sobre nossas relações com o tempo. Historiador, por lidar com vários tempos, instaurando um vaivém entre o presente e o passado, ou melhor, passados, eventualmente bem distanciados, tanto no tempo quanto no espaço. Este movimento é sua única especificidade. Partindo de diversas experiências do tempo, o regime de historicidade se pretenderia uma ferramenta heurística, ajudando a melhor apreender, não o tempo, todos os tempos ou a totalidade do tempo, mas principalmente momentos de crise do tempo, aqui e lá, quando vêm justamente perder sua evidência as articulações do passado, do presente e do futuro. Isso não é inicialmente uma "crise" do tempo? Seria, dessa maneira, uma forma de esclarecer, quase do cerne, as interrogações de hoje sobre o tempo, marcado pela equivocidade das categorias: há relação entre um passado esquecido ou demasiadamente lembrado, entre um futuro que quase desapareceu do horizonte ou entre um porvir ameaçador, um presente continuamente consumado no imediatismo ou quase estático ou interminável, senão eterno? Seria também uma maneira de lançar uma luz sobre os debates múltiplos, aqui e lá, sobre a memória e a história, a memória contra a história, sobre o jamais suficiente ou o já em excesso de patrimônio.

Operatória no espaço de interrogação assim produzido, a noção valeria por e para esses movimentos de ida e retorno. Se desde sempre cada ser tem do tempo uma experiência, não visamos aqui considerá-la integralmente, indo do mais vivenciado ao mais elaborado, do mais íntimo ao mais compartilhado, do mais orgânico ao mais abstrato[62]. A atenção, é preciso repetir, incide inicialmente e, sobretudo, sobre as categorias que organizam essas experiências e permitem revelá-las, mais precisamente ainda, sobre as formas ou os modos de articulação dessas categorias ou formas universais, que são o passado, o presente e o futuro[63]. Como, conforme os lugares, os tempos e as sociedades, essas categorias, de pensamento e ação ao mesmo tempo, são operacionalizadas e vêm tornar possível e perceptível o deslocamento de uma ordem do tempo? De que presente, visando qual passado e qual futuro, trata-se aqui ou lá, ontem ou

---

[62] Sobre a noção de experiência, ver KOSELLECK, Reinhart. *L'Expérience de l'histoire*. Tradução de A. Escudier. Paris: Gallimard; Seuil, 1997. (Hautes Études), principalmente p. 201-204.

[63] Em "Le langage et l'expérience humaine", Émile Benveniste propunha distinguir o "tempo linguístico" e o "tempo crônico". O primeiro é o "tempo da língua", pelo qual "se manifesta a experiência humana do tempo", enquanto o segundo é "o fundamento da vida das sociedades" (BENVENISTE, Émile. *Problèmes du langage*. Paris: Gallimard, 1966. p. 3-13). O regime de historicidade participaria de um e de outro. Pode-se se reportar igualmente às reflexões de Norbert Elias sobre a noção de passado, presente e futuro: "Os conceitos de passado, presente e futuro exprimem a relação que se estabelece entre uma série de mudanças e a experiência que disso faz uma pessoa ou um grupo. Um instante determinado no interior de um fluxo contínuo apenas dá aparência de um presente em relação a um humano que vive, enquanto outros dão aparência de um passado ou de um futuro. Na sua qualidade de simbolizações de períodos vividos, essas três expressões representam não somente uma sucessão, como o ano ou a dupla 'causa e efeito', mas também a presença simultânea dessas três dimensões do tempo na experiência humana. Poder-se-ia dizer que passado, presente e futuro constituem, ainda que se trate de três palavras diferentes, um único conceito" (ELIAS. *Du temps*, p. 86).

hoje? A análise focaliza-se assim em um aquém da história (como gênero ou disciplina), mas toda história, seja qual for finalmente seu modo de expressão, pressupõe, remete a, traduz, trai, enaltece ou contradiz uma ou mais experiências do tempo. Com o regime de historicidade, tocamos, dessa forma, em uma das condições de possibilidade da produção de histórias: de acordo com as relações respectivas do presente, do passado e do futuro, determinados tipos de história são possíveis e outros não.

O tempo histórico, se seguirmos Reinhart Koselleck, é produzido pela distância criada entre o campo da experiência, de um lado, e o horizonte da expectativa, de outro: ele é gerado pela tensão entre os dois lados[64]. É essa tensão que o regime de historicidade propõe-se a esclarecer, e é dessa distância que essas páginas se ocupam. Mais precisamente ainda, dos tipos de distância e modos de tensão. Para Koselleck, a estrutura temporal dos tempos modernos, marcada pela abertura do futuro e pelo progresso, caracteriza-se pela assimetria entre a experiência e a expectativa. A partir do final do século XVIII, essa história pode esquematizar-se como a de um desequilíbrio que não parou de crescer entre essas duas, sob o efeito da aceleração. De modo que a máxima "quanto menor a experiência, maior a expectativa" poderia resumir essa evolução. Ainda em 1975, Koselleck interrogava-se sobre o que poderia ser um "fim" ou uma saída dos tempos modernos. Isso não se revelaria por uma máxima do gênero: "Quanto maior a experiência, mais prudente e aberta é a expectativa"[65]?

Ora, não foi uma configuração suficientemente diferente que se impôs desde então? Aquela, pelo contrário, de uma distância que se tornou máxima entre o campo da experiência e o horizonte da expectativa, até o limite da ruptura. De modo que a produção do tempo histórico parece estar suspensa. Daí talvez essa experiência contemporânea de um presente perpétuo, inacessível e quase imóvel que busca, apesar de tudo, produzir para si mesmo o seu próprio tempo histórico. Tudo se passa como se não houvesse nada mais do

---

[64] KOSELLECK. *Le futur passé*, p. 314.
[65] KOSELLECK. *Le futur passé*, p. 326-327.

que o presente, espécie de vasta extensão de água agitada por um incessante marulho. É conveniente então falar de fim ou de saída dos tempos modernos, isto é, dessa estrutura temporal particular ou do regime moderno de historicidade? Ainda não sabemos. De crise, certamente. É esse momento e essa experiência contemporânea do tempo que designo presentismo.

Nem discurso sobre a história universal, nem história do tempo, nem mesmo tratado sobre a noção de regime de historicidade: estas páginas atêm-se então a momentos de história e em algumas palavras do momento, elegem alguns personagens famosos e leem ou releem vários textos, questionando todos do ponto de vista das formas da experiência do tempo que os constituem ou os habitam, sem que eles se deem conta às vezes. A investigação não busca enumerar todos os regimes de historicidade que puderam ocorrer na longa história das sociedades humanas. Produzida pela conjuntura presente, a reflexão não para de colocá-la a distância, recuando no tempo, esforçando-se por voltar a ela de maneira mais satisfatória, mas sem jamais ceder à ilusão de dominá-la. Mais uma vez, por convicção intelectual e por gosto, optei pelo "movimento que desloca as linhas", que privilegia os limites e os limiares, os momentos de inflexão ou de reviravolta e as divergências.

Essa já era a dinâmica organizadora do meu livro *O espelho de Heródoto*. Colocado no limite da História ocidental, de qual lado do limiar estava então Heródoto? Aquém ou além? Ainda não ou já historiador? Pai da história ou mentiroso? Pode-se dizer o mesmo quando, no espaço mais reduzido e também mais contido da historiografia francesa, eu me deparei com Fustel de Coulanges. Com ele, percorri um século de história. Nascido em 1830 e falecido no ano do centenário da Revolução Francesa, ele foi historiador, certamente, quase em excesso, mas sem deixar de se encontrar em *porte à faux*[66]: em relação a uma história-ciência da qual foi, no entanto, um dos mais austeros promotores, no que concerne a uma nova Sorbonne que criou para ele a primeira cátedra de História medieval; e é essa

---

[66] *Être en porte à faux*: encontrar-se em uma posição instável, desequilibrada, ou entre posições contraditórias. (Nota do revisor geral)

condição de *porte à faux*, que durou para além da sua morte, que me autorizou a constituir o *caso* Fustel. Quanto a Ulisses, aquele de *Mémoire d'Ulysse* [*Memória de Ulisses*], livro de questionamentos sobre a fronteira cultural no mundo antigo, é para mim emblemático dessa perspectiva. Como viajante inaugural e homem-fronteira, ele é o que não cessa de colocar fronteiras e de atravessá-las, com o risco de se perder. Com o grupo formado pelos que o seguiram, viajantes por uma razão ou outra, no espaço da cultura grega, ele traça os contornos de uma identidade grega. Com eles, construíram-se, no espaço e na longa duração de uma cultura, esses *itinerários* gregos, atentos aos momentos de crise no qual as percepções enevoam-se, infletem-se, reformulam-se.

Hoje, com os regimes de historicidade, o objeto é outro, a conjuntura também. Trata-se de um novo *itinerário*, agora entre experiências do tempo e histórias, desenvolvendo-se em um momento de crise do tempo. A perspectiva ampliou-se, o presente está mais diretamente presente, mas perdura a maneira de ver e de fazer, de avançar: o que se tornou minha maneira de trabalhar.

★ ★ ★

Meus agradecimentos vão para Jean-Pierre Vernant, que me encorajou a escrever este livro e foi seu primeiro leitor. Obrigado a Maurice Olender, que me propôs fazê-lo, assim como a Gérard Lenclud, Éric Michaud, Jacques Revel e Michael Werner. Obrigado, finalmente, aos ouvintes do meu seminário, que toleraram esses "regimes".

ORDEM DO TEMPO 1

CAPÍTULO 1

Ilhas de história

Em uma conferência, significativamente intitulada "Outras épocas, outros costumes: a antropologia da história", Marshall Sahlins estimava, fazendo eco a uma interrogação de Jean-Paul Sartre, que "chegara o dia de constituir uma antropologia estrutural, histórica". Ou seja, "explodir o conceito de história a partir da experiência antropológica da cultura"[67]. Por essa razão, começaremos por tal experiência, tomando Sahlins por guia, cuja conferência buscava constituir esse "dia" ou, pelo menos, sua aurora e promessas. É essa *explosão,* anunciada ou buscada, que me interessa e, ao mesmo tempo, a confirmação de que "as histórias até então obscuras" dessas ilhas "merecem um lugar junto à autocontemplação do passado europeu"[68]. Não apenas como histórias próximas, mas também como contribuição concomitante a uma reflexão sobre a história e o tempo histórico.

Estávamos então em 1982: outro tempo, senão outros costumes! De que se tratava então? Essa proposta de *antropologia histórica* fora elaborada por Sahlins a partir das ilhas longínquas do Pacífico, das quais se tornou o etnólogo e historiador e, mesmo, arquivista paciente. Ao longo dos anos, das investigações e das análises de

---

[67] SAHLINS, Marshall. *Des îles dans l'histoire.* Tradução sob a orientação de J. Revel. Paris: Gallimard; Seuil, 1989. (Hautes Études). p. 78. A conferência tinha sido inicialmente proferida em dezembro de 1982, na American Anthropological Association. A expressão de Sartre consta do prefácio a *Questions de méthode* (1976).

[68] SAHLINS. *Des îles dans l'histoire.*

arquivos, ele fez dessas ilhas – do Havaí em particular (dominado pela figura emblemática do capitão Cook, cuja dupla apoteose foi descrita por Sahlins) – um ponto de passagem obrigatório da reflexão sobre antropologia e história e, em primeiro lugar, sobre as formas de história[69]. A partir disso, o Sherlock Holmes do Pacífico Sul mais de uma vez interpelou seus colegas, antropólogos e historiadores[70]. A tal ponto que de *Suplemento* em *Suplemento à Viagem de Cook,* ele acabou por redigir um artigo após outro, um *Suplemento* ao *Pensamento selvagem* de Claude Lévi-Strauss que foi, no início, um de seus principais inspiradores[71]. Este é o primeiro traço deste outro tempo, um estruturalismo revisitado à luz das contribuições da pragmática da linguagem, com o objetivo de realizar finalmente o casamento da história e do método estrutural, começando por sair das falsas oposições binárias que ele fizera florescer. Aquela, em particular, do acontecimento e da estrutura, ele propõe substituir pela noção de "estrutura da conjuntura[72]".

De onde ele partia? Em 1960, Lévi-Strauss lançara a distinção, que logo ficou famosa, calorosamente disputada e até hoje mal compreendida, entre sociedades "frias" e sociedades "quentes"[73]. As primeiras, observava ele, estão próximas do "zero da temperatura histórica" e parecem inspiradas pela "preocupação predominante de persistir no seu estado", enquanto as segundas têm uma temperatura mais alta ou, mais exatamente, "vivenciam as variações entre as temperaturas internas do sistema" de onde extraem "devir e energia". São sociedades que "interiorizam, por assim dizer, a história para dela

---

[69] SAHLINS, Marshall. L'Apothéose du capitaine Cook. In: IZARD, Michel; SMITH, Pierre (Sel.). *La fonction symbolique: essais d'anthropologie.* Paris: Gallimard, 1979. p. 307-339.

[70] SAHLINS. *Des îles dans l'histoire,* p. 13: "Pode-se, de forma relativamente segura, fornecer uma solução estrutural ao mistério que se apresenta de longa data: quem é o autor do crime? A identidade do agressor de Cook é deduzida, à maneira de Sherlock Holmes, das categorias elementares"; ver também p. 114-141 e, mais amplamente, o conjunto do livro. Ver, primeiramente, SAHLINS. L'Apothéose du capitaine Cook, p. 307-339.

[71] LÉVI-STRAUSS, Claude. *La pensée sauvage.* Paris: Plon, 1962.

[72] Se a conjuntura é uma "situação que resulta de um encontro de circunstância", a estrutura da conjuntura é "a realização de fato das categorias culturais em um contexto cultural particular" (SAHLINS. *Des îles dans l'histoire,* p. 14).

[73] LÉVI-STRAUSS, Claude. Le champ de l'anthropologie (1960), retomado em *Anthropologie structurale deux,* p. 39-42; CHARBONNIER, Georges. *Entretiens avec Claude Lévi-Strauss.* Paris: Plon; Julliard, 1961. p. 43-46; LÉVI-STRAUSS, Claude. Histoire et ethnologie. *Annales ESC,* n. 6, 1983, p. 1217-1231.

fazer o motor de seu desenvolvimento"[74]: as sociedades europeias, em primeiro lugar. A metáfora inspiradora era claramente a da máquina a vapor e do motor à explosão, mesmo que, para Lévi-Strauss, como já vimos, o primeiro momento de aquecimento tenha sido provocado pela revolução neolítica, da qual a revolução industrial, no final de contas, era apenas um avatar recente.

Mais de vinte anos depois, ao retomar sua distinção, ele esclarecia que era preciso tomá-la pelo que era: um modelo. Apresentando dois estados que, assim como o estado de natureza de Rousseau, "não existem, não existiram, jamais existirão, e dos quais é necessário contudo ter noções justas", a intenção era de fato, primeira e essencialmente, "heurística". Todas as sociedades, acrescentava, são históricas da mesma maneira, mas algumas o admitem abertamente, ao passo que outras se opõem a isso e preferem ignorá-lo. Se podemos então, de forma justa, dispor as sociedades em uma escala ideal em função não do *grau de historicidade*, semelhante para todas, mas do modo como elas o experimentam, importa assinalar e analisar os casos-limite: em que condições e sob que formas o pensamento coletivo e os indivíduos abrem-se à história? Quando e de que modo, em vez de considerá-la como uma desordem e uma ameaça, veem nela um instrumento para agir sobre o presente e transformá-lo[75]? Embora, retomando os próprios termos de Lévi-Strauss, o grau de historicidade das sociedades seja o mesmo, já "a imagem subjetiva que elas têm de si mesmas" e "a maneira como sentem" essa historicidade variam. A consciência que têm e o uso que dela fazem não são idênticos. Ou, em outras palavras, de uma sociedade a outra, os vários modos de historicidade diferem, isto é, as maneiras de viver e de pensar essa historicidade e de servir-se dela, os modos de articular passado, presente e futuro: seus regimes de historicidade.

Finalmente, em 1998, ele julgou necessário repetir mais uma vez sua posição, ainda mal compreendida. Trata-se apenas de atitudes "subjetivas", disse novamente, que as sociedades adotam em face da história. Como "essa história não é nossa, não a compreendemos".

---

[74] CHARBONNIER. *Entretiens avec Claude Lévi-Strauss*, p. 44.

[75] LÉVI-STRAUSS. Histoire et ethnologie, p. 1218. Grifos nossos.

Em seguida, prossegue com uma anotação nova, reflexo direto dos anos 1990: "Eu me perguntei se, no final deste século, nossas próprias sociedades não davam sinais perceptíveis de resfriamento". E justifica: "Às nossas sociedades responsáveis ou vítimas de tragédias horríveis, aterrorizadas pelos efeitos da explosão demográfica, das guerras e de outras calamidades, um apego renovado ao patrimônio, o esforço que elas fazem para retomar o contato com suas raízes [...] dariam a ilusão, assim como a outras civilizações ameaçadas, de que elas podem – é evidente, de forma simbólica – contrariar o curso da história e suspender o tempo"[76]. No modelo lévi-straussiano, o resfriamento seria um outro nome para a crise do futuro.

O autor de *O pensamento selvagem* nem sempre fez tais declarações sobre a história, na forma de esboço comparativo (de forma subjetiva) das historicidades. Assim, em sua primeira intervenção sobre etnologia e história, em 1949, começara o debate em outra direção: a das modalidades de relação com o objeto, na medida em que aquilo que diferenciava, segundo ele, as duas disciplinas não era nem o objeto, nem o fim, nem o método, mas as perspectivas: já que a história "organiza seus dados em relação às expressões conscientes e a etnologia, em relação às condições inconscientes da vida social[77]". A questão da historicidade, mais exatamente dos seus modos, não constituía o eixo principal de sua reflexão.

Em 1952, em compensação, quando escrevia *Raça e história* para a Unesco, Lévi-Strauss não podia evitá-la, mas reforçava um outro aspecto. Preocupado, como já vimos, em estabelecer o conceito de diversidade das culturas, introduzira as noções de história estacionária e história cumulativa, não sem logo acrescentar que os processos de acumulação não eram nem contínuos, nem privilégio de uma única civilização. Ainda mais, a diferença entre história "estacionária" e história "cumulativa" não poderia ser dissociada do ponto de vista do observador. De fato, tende a ser julgado *cumulativo* o que avança no

---

[76] LÉVI-STRAUSS, Claude. Retours en arrière. *Les Temps Modernes*, n. 598, 1998, p. 66-69. A frase que explica o resfriamento contemporâneo é uma citação que ele tira de outro artigo seu, publicado em *L'Homme*, n. 126-128, 1983, p. 9-10.

[77] LÉVI-STRAUSS, Claude. *Anthropologie structurale*. Paris: Plon, 1958. p. 25. O texto fora publicado, primeiramente, na *Revue de Métaphysique et de Morale*, n. 3-4, 1949, com o título "Histoire et ethnologie".

mesmo sentido que a civilização do observador e *estacionário* o que não pode ser medido por suas coordenadas. Do reconhecimento e da consideração acerca "da perspectiva etnocêntrica na qual sempre nos colocamos para avaliar uma cultura diferente" resultava que "a historicidade, ou mais precisamente, a *riqueza em acontecimentos* de uma cultura" era "função, não de suas propriedades intrínsecas, mas da situação em que nos encontramos em relação a ela, da quantidade e da diversidade dos nossos interesses depositados nesses acontecimentos"[78]. Ou, em outra formulação, "a oposição entre culturas progressivas e culturas inertes parecia resultar, primeiramente, de uma diferença de focalização[79]".

Concluindo, essa é a razão de seu apelo à formulação de uma teoria da relatividade generalizada, isto é, que valha ao mesmo tempo para as ciências físicas e para as ciências sociais. Ampla reflexão sobre a diversidade das culturas, reiterando o próprio "fato" da diversidade, quando nos encontrávamos pela primeira vez em uma civilização mundial, esse texto não devia tratar naturalmente das formas ou dos regimes de historicidade específicos às diferentes culturas: tudo o que Lévi-Strauss denomina, recorrendo a noções pouco adequadas, de "sua riqueza em acontecimentos" em função de suas "propriedades intrínsecas". Esse vocabulário um tanto hesitante ou aproximativo pode ser compreendido retrospectivamente como o indício de uma dificuldade em delimitar o que ele queria designar. Parece que termos mais precisos não estavam disponíveis: os historiadores certamente não tinham nada melhor a propor. Mas, com essa obra, Lévi-Strauss determinava um espaço, ou melhor, balizava uma abordagem inspirada na relatividade[80]. Estávamos então na época das descolonizações.

No mesmo ano e na mesma busca da historicidade, as reflexões de Claude Lefort estabeleceram igualmente uma referência, talvez não muito notada. De fato, ele publica em 1952, com o título "Sociedade 'sem história' e historicidade", um artigo que, retomando

---

[78] LÉVI-STRAUSS. *Race et histoire*, p. 395 e 396. Grifos nossos.
[79] LÉVI-STRAUSS. *Race et histoire*, p. 396.
[80] LÉVI-STRAUSS. *Anthropologie structurale deux*, p. 23: os fatos sociais que a antropologia estuda "manifestam-se nas sociedades em que cada uma é *um ser total, concreto e interligado*" (grifos do autor).

Hegel e sua grande divisão entre sociedades com e sem história, esforçava-se para escapar disso, situando ao centro a questão da historicidade[81]. "O próprio de uma sociedade *histórica*", afirmava ele, "é que ela contém o princípio do acontecimento e tem o poder de convertê-lo em momento de uma experiência, de modo que ele figura um elemento de um debate que se processa entre os homens[82]." Quando escreve "acontecimento", Lefort imagina visivelmente um acontecimento do tipo da Revolução Francesa, ao passo que Lévi-Strauss, que considerava a emergência de sociedades quentes, tinha em vista primeiramente a revolução neolítica. As escalas temporais de referência não são evidentemente as mesmas, o frio e o quente, tampouco! Em face da sociedade "histórica" e do que Lefort denomina seu "princípio do acontecimento", há a sociedade "primitiva", cujo "princípio" se deveria delimitar. De fato, no lugar de opô-las ou separá-las, ele visava, ao contrário, tornar possível sua comparação, exatamente "distinguindo dois modos de historicidade". Propondo as noções de "princípio" (o princípio do acontecimento) e de "modos de historicidade", o filósofo oferecia um modo de sair da imprecisão das categorias históricas habituais e de propor melhor o problema das formas de historicidade.

Essa é a razão da sua pergunta: "Como a sociedade primitiva se fecha para o futuro, evolui, a sem ter consciência de se transformar e, por assim dizer, se constitui em função de sua reprodução?" Em suma, qual é seu princípio histórico, a "que gênero de *historicidade*" obedece, "designando por esse conceito a relação geral que os homens mantêm com o passado e com o futuro"[83]? Essa já é uma definição de historicidade que nos convém, somente falta uma consideração explícita do presente. Embora Lefort refletisse como filósofo, na verdade, como leitor dos etnólogos, preocupado em preservar a diferença sem fazer

---

[81] LEFORT, Claude. *Les formes de l'histoire*. Paris: Gallimard, 2000. (Folio). p. 46-47. O artigo foi publicado, primeiramente, em *Cahiers internationaux de sociologie*, n. 12, 1952, p. 3-25. Pode-se ressaltar, aliás, que um texto de Lévi-Strauss sobre "La notion d'archaïsme en ethnologie" abria esse mesmo número.

[82] LEFORT. *Les formes de l'histoire*, p. 62.

[83] LEFORT. *Les formes de l'histoire*, p. 65.

disso uma falta, sem reativar a grande divisão hegeliana das sociedades com e sem história, não lhe vinha à mente examinar – em campo – esse "gênero de historicidade".

É exatamente neste ponto que se encaixa a contribuição de Marshall Sahlins. Com esta precisão: embora a questão central (a do gênero de historicidade) permanecesse, os termos com os quais se discutia essa questão não eram mais os mesmos. O estruturalismo tinha passado por ali. Depois dos antropólogos, era a vez dos historiadores[84]. Referiam-se ao estruturalismo para aderir a ele, contestá-lo ou corrigi-lo. O campo das ciências humanas se sobrecarregara, em todo caso, de toda uma série de oposições binárias, a começar pela do mito e da história e aquela logo muito discutida do acontecimento e da estrutura. Desde então o debate continuou avançando com os diversos abandonos do estruturalismo. Mas vejamos o objeto, a maneira e o momento da intervenção de Sahlins.

O regime heroico

Ao conduzir seu leitor primeiramente às Ilhas Fidji, Sahlins desenvolve uma série de microanálises que visam caracterizar a história dessas ilhas, ou melhor, seu modo de ser histórico: maneira de viver, de agir, de narrar sua história. Um breve preâmbulo lembra que a história ocidental tem, ela mesma, uma história e que suas formas modernas, preocupadas com números, ciclos e estruturas, não são separáveis das formas de nossa modernidade. Mas, imediatamente, essa primeira exposição panorâmica, hoje muito evidente, é substituída ou relativizada por outra. Não foi preciso esperar a economia de mercado e as democracias modernas para ver uma história em que conta o número e em que pesam os valores coletivos. No momento em que a pólis grega se afirmava (e Sahlins remete às *Origens do pensamento grego* de Jean-Pierre Vernant[85]), instaurava-se, de fato, uma história nova, onde a *ágora* substituíra o palácio real e a regra da maioria vencera a apropriação do poder por um só; em suma,

---

[84] Histoire et structure. *Annales ESC*, 3-4, 1971. Número especial.

[85] VERNANT, Jean-Pierre. *Les origines de la pensée grecque*. Paris: PUF, 1962; SAHLINS. *Des îles dans l'histoire*, p. 51-52.

haviam surgido e se difundido um novo modo de ser histórico e uma nova consciência histórica (que logo veria, aliás, as primeiras tentativas da escrita da história, exatamente aquela que a tradição ocidental denominou história)[86].

Esse duplo desvio, por mais esquemático ou aproximado que seja, tem a virtude propedêutica de instilar na perspectiva do observador ocidental uma dose de relativismo, conduzindo-o de imediato a questionar sua própria tradição. *Outras épocas, outros costumes*, provavelmente, mas *outras histórias* também. Nem por isso essas histórias são como muitas ilhas, fechadas em si mesmas e separadas por um oceano, como no caso das escalas de Ulisses, sem que jamais os barcos dos historiadores (ou dos antropólogos) consigam reuni-las ou ligá-las. Ao contrário, a estrutura comparável, historicidade comparável, enuncia energicamente Sahlins que, assim fazendo, quer contribuir para uma reflexão sobre a realeza divina exatamente com seu modo específico de historicidade que ele chama de *heroico*. A análise nunca perde de vista o horizonte maior da comparação. Antes de ir adiante, e para estancar o turbilhão da palavra "história" empregada por Sahlins cada vez com acepções diferentes, denominemos, pelo menos provisoriamente, de regime heroico o modo de ser histórico que ele descreve: regime heroico de historicidade.

Conforme seu promotor, o arco teórico da noção de história heroica teria seu ponto de partida em Giambattista Vico (com a era heroica entre a era dos deuses e a dos homens) e se desenvolveria até Louis Dumont (com seu conceito de hierarquia), passando pelas análises de J. G. Frazer e de A. M. Hocart sobre a realeza arcaica. Visto que o rei é exatamente a condição de possibilidade da comunidade, disso resulta que "se como, é o rei; se durmo, é o rei; se bebo, é o rei", como diz o homem comum. "A história é [então] antropomórfica por princípio, isto é, estruturalmente[87]." Ela se parece com aqueles indígenas de Fenimore Cooper que, ao caminhar precisamente em fila indiana, cada um exatamente no passo do anterior, dão a impressão de ser apenas um único índio gigante! Nessas condições,

---

[86] HARTOG, François. *L'Histoire, d'Homère à Augustin.* Paris: Seuil, 1999. p. 17-19.

[87] SAHLINS. *Des îles dans l'histoire*, p. 53.

uma historiografia que pretendesse proceder por amostragem e estatística perderia seu objeto, pois não estamos em um mundo do "Cada um conta por um", mas naquele do "Um só conta". Tal seria a primeira regra em matéria de "estatística heroica"! Assim, nas Ilhas Fidji, falou-se por muito tempo do cristianismo como da "religião de Thakombau", que comandava a principal confederação fidjiana. Ora, em 1852, os missionários recenseavam somente 850 convertidos, mas depois que Thakombau optara deliberadamente por Jeová, em 1854, atingiu-se logo a bela cifra de 8.870. De onde resulta que 8.870 − 850 = 1, Thakombau fazia a diferença[88]. Legítima talvez ainda no início dos anos 1980, a crítica contra a história que conta não é menos fácil. Nem todos os historiadores caminhavam como os indígenas de Fenimore Cooper! Mas aqui pouco importa. Isso ainda não é tudo. As próprias circunstâncias da conversão também são levadas em consideração: reconhecer a verdade do cristianismo é uma coisa, converter-se é outra. Como dizia Thakombau a um missionário: "Tudo é verdade naquilo que vem dos brancos; os mosquetes e a pólvora são verdades, sua religião também tem de ser verdade"[89]. Para os fidjianos, a extraordinária presença europeia era um "fato social total", indissociavelmente religioso, político e econômico. Então por que não se converter imediatamente? Porque a população esperava seus chefes, um chefe esperava outro e esse último esperava o momento conveniente. Dessa maneira fez Thakombau, que encontrou "o verdadeiro deus", ao passo que sua situação, militarmente falando, estava mais comprometida. Fazendo essa escolha, ele impedia seu adversário de fazê-la, obtinha consequentemente a ajuda dos missionários e a do rei de Tonga, já cristão. Em suma, venceu e "foi salvo". Afinal, Thakombau poderia ser visto como um distante êmulo de Constantino.

É necessário acrescentar que a morte súbita do chefe inimigo, nas semanas anteriores, desorganizara completamente a coalizão adversária. Os fidjianos tornaram-se então cristãos, combatendo como deviam, por seu chefe e pelo cristianismo, ou seja, pela "reli-

---

[88] SAHLINS. *Des îles dans l'histoire*, p. 54.
[89] SAHLINS. *Des îles dans l'histoire*, p. 54.

gião de Thakombau". A história heroica *é* realmente uma história de reis e de batalhas, mas apenas porque estamos numa ordem cultural em que já que o sistema social age como multiplicador, as ações do rei têm "um efeito histórico desproporcional[90]". Estruturalmente, essa história "produz grandes homens" e oscila, à primeira vista, entre o golpe de gênio (a conversão) e o golpe de sorte (a morte súbita do adversário). As reviravoltas brutais são, de fato, uma de suas modalidades.

Poderíamos ressaltar, *en passant,* que esse era também o universo das *Vidas paralelas* de Plutarco, em que a permanente confrontação de *Tuchê* (a Sorte) e de *Aretê* (a Excelência) urdia um destino[91]. As reviravoltas ou peripécias, dando-lhes seu nome grego, faziam parte do cotidiano dos heróis antigos. Acrescentemos que a noção de peripécia vem da tragédia. Dessa informação, podemos concluir não que essas vidas são tragédias, mas que recorrer a esse esquema trágico ajuda a apreender uma vida e possibilita contá-la sob a forma de uma Vida. Sahlins, cabe observar, não é muito eloquente sobre a formação ou a procedência das categorias da história heroica.

Esse regime heroico deveria, em todo caso, levar-nos a questionar a divisão tranquila que fazemos entre ritual e história. Quando o rei morre, inicia-se um período de caos que chamamos de *ritual,* até que o herdeiro reinstitua os tabus e restabeleça a ordem em todos os planos. Mas quando um exército, repentinamente privado de seu chefe, desagrega-se e desmorona, falamos de batalha e de derrota, contentando-nos em usar insidiosamente nossas próprias distinções entre o que é da ordem do real e o que tange ao simbólico, entre o que é da história (a história-batalhas) e o que diz respeito ao rito. Contudo, fundamentalmente, esses dois colapsos, observa Sahlins, são da mesma natureza e remetem ao mesmo sistema de hierarquia.

Evidentemente, a história heroica não é levada apenas pelos ventos alísios, mas por um certo número de "formas sociais". A saber: "um sistema segmentar heroico" (que, para Sahlins, desenvolve-se

---

[90] SAHLINS. *Des îles dans l'histoire,* p. 56.

[91] PLUTARQUE. *Vies parallèles.* Organização e Prefácio de François Hartog. Paris: Gallimard, 2002. p. 16-17.

de cima para baixo, ao passo que o sistema clássico de linhagem se reproduz de baixo para cima), que tem no topo "a precedência da autoridade sobre os privilégios da descendência"; "uma solidariedade" que é menos "mecânica" ou "orgânica" do que "hierárquica"; formas de sucessão e um sistema de alianças; uma espécie de "divisão do trabalho no que concerne à consciência histórica"; "anais", finalmente, em que florescem intrigas bizantinas pontuadas de fratricídios e parricídios.

O rei marca e as tradições reais, que têm seus especialistas, hábeis em manipular as categorias da cultura, funcionam como referência, até mesmo como história para a elite. Uma vez colocado e estabelecido esse quadro geral, o que acontece em relação aos súditos? Os estudiosos ressaltaram muitas vezes sua própria ignorância quando interrogados sobre "o costume" ou sobre a "história" desses sujeitos, como se esses vivessem aquém da consciência histórica. Mas, na verdade, conforme Sahlins, sua cultura é principalmente algo de vivenciado, que diz respeito ao *habitus*. Além disso, seu conhecimento e sua maestria dos códigos culturais se manifestam de outra maneira, não por meio de genealogias intermináveis, de mitos cósmicos ou de lendas reais, mas por intermédio das notícias que os súditos trocam entre si, todos esses casos contados e que as pessoas contam (evidentemente, não importa como) sobre uns e outros, sobre parentes e conhecidos. Elas constituem os anais comuns dos pobres.

Essa história tem o rei como único enunciador, mas ao "nós" real que conhecemos bem na Europa corresponde um "eu" heroico, "ainda mais radical". Visto que "eu" designa, de fato, aquele que fala, mas também os mortos das gerações passadas que "como um pesadelo pesam nos cérebros dos vivos"[92]. "Eu" fiz isso significa também: isso foi realizado por um ancestral, morto há muito tempo no momento do meu nascimento. Se cada ordem cultural tem sua própria historicidade, até mesmo seu próprio regime de historicidade, Fidji representa o "paradigma da história heroica": com suas condições de possibilidade, suas formas de uma "consciência histórica" dividida,

---

[92] SAHLINS. *Des îles dans l'histoire*, p. 60.

de um lado, pelos "anais dos pobres" que tangem ao *habitus* e aos casos e, de outro lado, pelos "anais heroicos" que conjugam mito e história, ou melhor, que "organizam explicitamente a história como metáfora das realidades míticas"[93].

Do mito ao acontecimento

Após ter delineado o regime heroico dessa forma, como se respondesse à questão colocada por Claude Lefort sobre o "princípio" operatório em uma sociedade primitiva, Sahlins sonda as relações entre mito e acontecimento. E começa, mais uma vez, por um chamamento grego, preferindo confrontar os Selvagens e os Antigos. Quando se lançou à redação de *A Guerra do Peloponeso*, Tucídides afirmava que queria eliminar de sua narrativa todo rastro de *muthos* (que denominava, de maneira pejorativa, de *muthôdes*, o *"mitoso"*, sedutor talvez, mas sem substância) para fazer um obra "útil" que, hoje como amanhã, permitisse compreender o tempo presente e suas crises[94]. A história se apresentava doravante como busca de e investigação sobre a verdade do que se passara. Retorno não mais aos gregos, mas desta vez aos maoris! Acontece que, em 1844, um novo governador, Sir George Grey, desembarca bem no meio de uma revolta maori. Ora, para compreender algo do que se falava em volta dele, mas primeiramente daquilo que se passava, explica ele, teve que começar a coletar e a decifrar os mitos e os provérbios indígenas. Daí a moral: uma história das guerras polinésias somente pode começar se incluir o que a história das guerras peloponésias começara por excluir: sem *muthos*, não há história possível; com ele, não há história "verdadeira". Eis uma assimetria que encanta Sahlins! Poderíamos fazê-lo observar que Tucídides é um indígena, o que não é Sir George e que, para romper com os mitos da tribo, é preciso primeiramente conhecê-los!

---

[93] SAHLINS. *Des îles dans l'histoire*, p. 64.

[94] THUCYDIDE. *Guerre du Péloponnèse*, 1, 21; HARTOG, François. O olho de Tucídides e a história 'verdadeira'. In: *Evidência da história*, p. 77-91.

Os maoris pensam que "o futuro está atrás deles[95]". Hábeis mitólogos, conseguem sempre selecionar uma tradição que lhes permita dar forma e expressão aos seus "interesses" concretos do momento. O passado é como uma vasta reserva de esquemas de ações possíveis, em que se vai dos mitos de origem às recordações recentes, da separação da Terra e do Céu à determinação das fronteiras do grupo, do divino ao humano, do abstrato ao concreto, do universal ao particular. Entre esses "estágios" ou essas "épocas", todos afetados pelo mesmo grau de existência (trata-se de vida real), não existem rupturas. Um maori passa ainda mais facilmente de uns para outros porque estruturas análogas os organizam. Em suma, são episódios que, a cada vez e à sua maneira, contam a mesma história e onde, se essa vier a variar, se encontra a mesma estrutura. A tal ponto que, para concluir, o mito cósmico se encontra no "acontecimento de todos os dias". Nesse sentido, o acontecimento *é* mito.

Mais exatamente ainda, o acontecimento não é um acontecimento. Nem no sentido da história europeia moderna, que, apoiando-se na ideia de que o acontecimento era único, pode apenas apreender (e dominar) sua inovação, integrando-a em uma perspectiva teleológica, em virtude da qual, "se ele não tivesse passado, teria um futuro[96]": progresso e processo impõem. Nem mesmo no sentido da história em um momento dito não factual que, negando-lhe toda importância substancial, via nele somente o traço da espuma deixada pela onda que se quebra (e não é contando as bolhas que compreendemos o movimento do mar). Aqui, pelo contrário, o acontecimento é percebido imediatamente "conforme a ordem recebida da estrutura, como idêntico ao acontecimento original[97]". Ele não acontece, mas volta, não é único, mas repetição.

Temos aqui, na verdade, duas estratégias simétricas e inversas para expressar aquilo que acontece. Como entender que, nesse mundo

---

[95] SAHLINS. *Des îles dans l'histoire*, p. 65.

[96] FURET, François. Le quantitatif en histoire. In: LE GOFF, Jacques; NORA, Pierre (Dir.). *Faire de l'histoire*. Paris: Gallimard, 1974. t. I, p. 54.

[97] SAHLINS. *Des îles dans l'histoire*, p. 68.

sem futuro no qual nada "acontece", o presente reproduza o passado? Pela mediação da descendência, responde Sahlins, visto que a natureza dos antepassados encontra-se nos descendentes: "O universo inteiro é para os maoris um vasto parentesco proveniente de antepassados comuns[98]. "Era uma fonte de alegria pura para os maoris velhos poder dizer a um inimigo: 'Eu comi seu pai' ou 'seu antepassado', mesmo que a refeição tivesse ocorrido dez gerações antes dele[99]." Encontra--se nisso o funcionamento do *Eu* heroico evocado acima. Faz-se a experiência do passado apenas no presente. Ou, melhor dizendo, a separação dos dois, instauradora da história moderna ocidental, não tem lugar aqui[100]. Seria melhor falar de coexistência de ambos e de "reabsorção" do "passado" no "presente"[101].

O trabalho do mal-entendido: do acontecimento ao mito

A revolta maori de Hone Heke entre 1844 e 1846, que condu-ziu justamente Sir George Grey à Nova Zelândia (e que nos valeu portanto sua coleção de mitos), oferece a Sahlins a oportunidade de mostrar estas análises de interferências trágicas entre duas ordens culturais e dois regimes de historicidade: *outras épocas, outros costumes, outras formas de história*. Seguimos essa codificação paralela ou esse trabalho do mal-entendido (*working misunderstanding*) acerca do que, para os protagonistas, deveria ser inicialmente o mesmo aconteci-mento: a revolta de Hone Heke, na qual, tomando outro quadro de referência, os protagonistas experienciam a simultaneidade do não simultâneo[102]. Emblematicamente, toda revolta gira em torno

---

[98] SAHLINS. *Des îles dans l'histoire*, p. 69.

[99] SAHLINS. *Des îles dans l'histoire*, p. 69.

[100] CERTEAU, Michel de. *L'Écriture de l'histoire*. Paris: Gallimard, 1975. p. 11.

[101] SAHLINS. L'Apothéose du capitaine Cook, p. 329-330. Nisso, Nicholas Thomas objeta que, no estruturalismo histórico de Sahlins, "o sistema indígena é historicizado apenas nas suas relações com os europeus: não há lugar para as teorias da modificação indígena ou para as transformações maiores que fizeram das sociedades havaianas, taitianas e da Polinésia ocidental, sistemas visivelmente diferentes uns dos outros" (THOMAS, Nicholas. *Hors du temps: histoire et évolutionnisme dans le discours anthropologique*. Tradução de M. Naepels. Paris: Belin, 1998. p. 160). Mesmo que seja assim, o que não posso julgar, a análise do momento de interferência dos dois sistemas guarda todo seu valor heurístico.

[102] KOSELLECK. *Le futur passé*, p. 279-280.

do mastro da bandeira no qual, como deve ser, tremulam as cores britânicas. Derrubado por quatro vezes pelos maoris, ele é sempre reerguido pelos ingleses. Para o chefe rebelde, esse mastro é, conforme suas palavras, "a raiz, causa da guerra[103]". Pelo lado inglês, ceder evidentemente está fora de questão: "mostrar as cores" é uma imperiosa (e imperial) necessidade; daí, a cada tentativa, a exigência de reforços e maior proteção da bandeira e, para finalizar, a construção de paliçadas e de um pequeno forte.

Porém, o "mal-entendido" opera de imediato. Se os maoris querem, em primeiro lugar e principalmente, suprimir o mastro que suporta a bandeira, já os ingleses querem, essencialmente, defender a bandeira tremulando no mastro. Mastro de um lado, *Union Jack* de outro: defasagem em todo caso; mesmo que, dos dois lados, seja uma questão de controle do território. Quando os ingleses conseguem erguer fortificações em volta do mastro, eles reforçam consequentemente a interpretação inicial dos maoris. O conjunto aproxima-se cada vez mais de um *tuahu*, isto é, de um altar fortificado – no qual se elevavam um ou mais mastros – e consegue ser muitíssimo semelhante àqueles que os antepassados haviam construído antigamente para significar, ao chegarem nessas terras, que o *mana* desse lugar lhes cabia. Daí confirma-se uma vez mais que o olho que vê, conforme a expressão de Boas, é realmente o órgão da tradição. Ora, a própria construção desses recintos sagrados era uma retomada mimética da separação original da Terra e do Céu por Tãne, e, portanto, um modo de repetir o ato que dava a terra como herança à humanidade. Tãne era, evidentemente, uma árvore. Existe, portanto, um vínculo mais do que simbólico entre o mastro e a posse da terra: ele é, no sentido próprio, "a raiz" da guerra.

Uma outra manifestação do mal-entendido nos leva às modalidades da história heroica. Embora, ao se revoltar, Heke pareça responder a uma situação radicalmente nova, ele explica um dia ao governador que, em suma, não passa de um herdeiro, mas um herdeiro da revolta e da usurpação. Seus ancestrais forçam-no à

---

[103] SAHLINS. *Des îles dans l'histoire*, p. 70.

guerra. Seu plano de vida estava fixado há muito tempo, *Union Jack* ou não!

A quem desejasse se limitar a uma explicação simples da revolta por uma crise econômica, Sahlins não tem dificuldade em demonstrar que a crise, bem real, é apenas a continuação tangível de um episódio enigmático para os maoris: o tratado "assinado" em 1840, no qual os chefes maoris, reconhecendo a "soberania" britânica, viam confirmada a "propriedade" das terras deles. Mas esses eram conceitos, como bem se sabia no *Colonial Office*, que não existiam em maori. Em consequência, a exegese permaneceu aberta: "A sombra da terra vai para a rainha Vitória, mas a substância ainda é nossa", alguém propôs, mas pareceu-lhe logo mais justo inverter sua interpretação, dizendo: "A substância é dos europeus, apenas a sombra é a porção que nos cabe"[104].

Tornou-se claro, em todo caso, que o que estava realmente em jogo era o *mana*. E Hone Heke, arrancando o mastro da bandeira, era totalmente coerente consigo mesmo e com toda sua história. Acertando em cheio, ele "desmistificava", revelando o que os brancos "estavam prontos a esconder de si mesmos durante algum tempo". Ele atualizava o que já se passara muito antes quando, vindo da longínqua Hawaiki, os primeiros chefes desembarcaram e tomaram o controle da região. Assim, um mito se achava "decodificado" por outro mito. Com efeito, o tratado era um mito, mesmo no sentido europeu do termo (a saber, um procedimento destinado a enganar selvagens ignorantes).

As tristes aventuras do capitão Cook são justificadas pelas mesmas grades de análise. Desmontando a "codificação paralela" do mesmo acontecimento (o sacrifício de Cook-Lono, em 14 de fevereiro de 1779), na Inglaterra e no Haváí, Sahlins revela como opera, desde o início, um ativo trabalho do mal-entendido que começa antes da morte de Cook, culmina com ela e continua depois. Com o culto que lhe é prestado, britânico de um lado, havaiano de outro, temos algo como uma dupla apoteose. Os ingleses, de fato, entraram geralmente "ainda que não deliberadamente no papel

---

[104] SAHLINS. *Des îles dans l'histoire*, p. 77.

que os havaianos lhes talharam", a começar pelo próprio Cook, que "aceitou com toda passividade sua entronização como Lono, deus dos homens e da fertilidade"[105]. De modo que, "em virtude do sacrifício de Cook, o *mana* da realeza havaiana ficou sendo essencialmente inglês", já que para reinar foi necessário, a partir de então, assegurar-se do apoio de Cook. O que compreendeu muito bem Kamehameha que, tomando o poder após ter matado o herdeiro legítimo, apropriou-se dos ossos de Cook. Contrariamente a algumas explicações reducionistas, Cook não foi considerado um deus, "em razão das semelhanças empíricas entre os acontecimentos de sua viagem e os detalhes do rito do Makahiki [cerimônias em homenagem a Lono]. Pelo contrário, esses ritos foram elaborados posteriormente por Kamehameha, em primeiro lugar, como sendo *representações hagiográficas da viagem de Cook*. A cerimônia do Makahiki, tal como a conhecemos, é um testemunho do sacrifício de Cook como origem da legitimidade da chefia havaiana, e igualmente origem da transformação dessa chefia em um Estado[106]". Assim, Cook tornou-se um poderoso mito político havaiano. Da chegada de Cook, decodificada pelos havaianos como a volta de Lono, resulta toda uma série de trocas entre acontecimento e sistema, história e estrutura, presente e passado, com seu cortejo de mal-entendidos.

Sahlins propõe uma noção – *a história heroica* – cujos traços principais ele delineia, e indica uma abordagem, *uma antropologia da história*, para fazer história em Fidji, mas também a partir de Fidji ou do Havaí, mostrando que essas ilhas são exatamente *Islands of History*: ilhas na história, com uma história, mas também produtoras de história, conforme uma ordem do tempo e um regime de historicidade específicos, mas não únicos, os quais percebemos melhor quando, a partir de uma situação de interferência, surge a decalagem. Cria-se então uma verdadeira situação experimental ou, expressando de outro modo, o mal-entendido que se institui opera como revelador, em particular, de formas de temporalidade e de regimes de historicidade diferentes. Graças a essa perspectiva, descentrada em

[105] SAHLINS. L'apothéose du capitaine Cook, p. 318.
[106] SAHLINS. L'apothéose du capitaine Cook, p. 320.

relação aos modos da historicidade ocidental, há certamente, como desejava Sahlins, "todo tipo de coisas novas a considerar".

Para avançar um pouco mais nesse sentido, poderíamos aproximar as batalhas de Hone Heke, tal como ele as reconstruiu minuciosamente, da pesquisa feita, no mesmo momento ou quase, por Georges Duby sobre *O Domingo de Bouvines*. Ambos propõem uma reflexão sobre o *acontecimento*. Duby pretendia "olhar essa batalha e a memória que ela deixou como antropólogo, em outras palavras, procurar vê-las bem, as duas, como inseridas em um conjunto cultural diferente daquele que governa hoje nossa relação com o mundo[107]". Ele queria conduzir seu trabalho de historiador como antropólogo preocupado com a diferença dos grupos culturais. Mobilizando todos os registros de seu saber de medievalista para produzir a mais exaustiva interpretação possível dos rastros deixados pelo acontecimento, fazia das poucas horas da batalha um revelador das maneiras de agir e de pensar de uma sociedade. Quanto ao próprio acontecimento, ele "não é nada", conforme Duby, fora dos rastros que deixou. Embora o historiador desdobrasse ao máximo a expressão "Outros tempos, outros costumes", uma vez realçada a maior transgressão (travar batalha num domingo), ele não tratava diretamente das formas de experiência do tempo e de suas incidências sobre a percepção e a construção do acontecimento[108]. Enquanto Sahlins, como antropólogo preocupado com as formas de história, atento às categorias e às condições de produção da história, acrescentou um terceiro termo: "outras histórias", ao qual propus acrescentar, dando um passo além: "outros regimes de historicidade".

Esse primeiro exercício de olhar distanciado redescobre também um momento de um debate: dos anos 1950 aos anos 1980. Sahlins estava respondendo à demanda de Lefort e dava seguimento, por meio de análises concretas, às sugestões teóricas de Lévi-Strauss (não, as diferenças não estão apenas no observador). Atravessando o Pacífico com Sahlins, mesmo muito rapidamente, saímos ganhando

---

[107] DUBY, Georges. *Le dimanche de bouvines*. Paris: Gallimard, 1973. p. 13.

[108] Sobre acontecimento e estrutura, ver as notas de Koselleck relativas à batalha de Leuthen, vencida por Frederico II, nas quais ele mostra como entre acontecimento e estrutura há cruzamento, mas também lacunas (KOSELLECK. *Le futur passé,* p. 138).

ao ampliar logo de início nosso questionário: mais exatamente, é essa travessia que permite desdobrá-lo completamente. Sahlins me serviu de referência (em relação ao debate sobre as formas de história) e de intérprete (já que não tenho acesso direto à documentação polinésia). Da investigação resulta que a noção de regime de historicidade pode ter pertinência fora da historiografia europeia (não é somente um artefato da autocontemplação) e, principalmente, que o questionamento das formas de história próprias às sociedades do Pacífico pode atuar como incentivo na determinação mesma da noção. A história heroica, na acepção de Sahlins, é, aqui, como uma pedra de toque.

Antropologia e formas de temporalidade

Antes de abandoná-la, o historiador pode, contudo, lamentar algo: é pena que Sahlins não tenha confrontado o regime da história heroica com a forma que, do lado europeu, apresenta as mais fortes analogias com ele, ou seja, a *historia magistra vitae*, e não a história moderna. Sua própria referência a Vico podia levá-lo a isso. A epopeia homérica já era uma forma de história heroica? De fato, o grande modelo da historiografia europeia, a *historia magistra*, foi por muito tempo, até o final do século XVIII, o modo de explicar o presente pelo passado por meio da exemplaridade. Voltaremos a esse ponto com mais profundidade[109]. Até que ponto exatamente poderíamos estabelecer analogias entre as duas formas, a polinésia e a europeia? Como se articulam, em cada um desses casos, as categorias do presente, do passado e do futuro? Afinal, no que dizia respeito a Cook e seus marinheiros, sob que ordem do tempo eles viviam? Em qual regime de historicidade pensavam? No entanto, a história que Sahlins compara com a história heroica, e sobre a qual gosta às vezes de ironizar, é a única historiografia moderna, aquela que justamente rompeu com o exemplar pelo único. Como se tivesse esquecido que essa história tinha, ela também, uma história que presumia uma outra ordem do tempo! Para que o acontecimento

[109] KOSELLECK. *Le futur passé*, p. 37-62.

(moderno) se realizasse, foi necessário que o futuro passasse "à frente" (ao passo que, em Fidji, ele estava "atrás", em outras palavras, nós lhe dávamos as costas), e que o corte entre o passado e o presente se tornasse operatório.

A partir de *Ilhas de história*, o debate continuou, por parte dos antropólogos, ao mesmo tempo sobre a história da antropologia e sobre a das sociedades estudadas por eles. Johannes Fabian afirmou que "a antropologia emergira e se estabelecera como um discurso alocrônico: ela é a ciência dos outros em um outro tempo", e mesmo colocados fora do tempo[110], já que construiu o objeto de seu saber colocando-o em outro tempo. A partir de um postulado – que no fundo o evolucionismo, o funcionalismo e o estruturalismo, cada um ao seu modo, não cessaram de manter – o tempo jamais teve seu verdadeiro lugar na antropologia. É preciso então, propõe Fabian, reinstituí-la, assentando inicialmente a "contemporaneidade" (*coevalness*): o outro e nós estamos "no mesmo tempo". Se essa crítica radical dos pressupostos da disciplina tem por fim introduzir ou reintroduzir o tempo, ela diz ainda muito pouco sobre a questão da própria história: sobre as relações entre os modos de relação com o tempo e as formas de história (antes, durante, após os impérios coloniais, tanto entre os colonizados quanto entre os colonizadores). O reconhecimento da contemporaneidade dos locutores não responde a tudo e diz pouco sobre a temporalidade desse copresente[111]. A noção de contemporâneo do não contemporâneo, tal como Koselleck a utiliza, poderia, por exemplo, ser de algum uso ou é necessário recusá-la como eurocêntrica demais (que fornece o padrão)?

Um livro coletivo, que teve a vantagem de ter reunido antropólogos e historiadores de áreas e de períodos diferentes, colocou também o tempo no centro dos debates. Sob o título *Time*, são exa-

---

[110] FABIAN, Johannes. *Time and the other: how anthropology makes its object*. New York: Colombia University Press, 1983. p. 143.

[111] ABÉLÈS, Marc. Avec le temps... *Critique*, jan.-fév. 1999, p. 55: "Superar a grande divisão, isto é, não mais rejeitar a alteridade em um universo indexado na tradição, fixado no passado, enviscado nas suas origens: esse é bem o projeto dos antropólogos críticos. Mas eles nos dão poucos instrumentos para pensar o contemporâneo além da oposição simples entre modernidade e tradição. E, principalmente, eles parecem não cuidar da questão, inevitável na reflexão sobre o pós-modernismo, do regime de temporalidade no qual nosso presente se inscreve".

minadas experiências do tempo em diferentes contextos geográficos, culturais, históricos, quer se trate de relógios europeus da Renascença ou do passado de uma aldeia indiana[112]. Recusando de imediato qualquer tipo de grande divisão, a obra empenha-se em inventariar temporalidades diversas, evidenciando sempre suas complexidades. Localizando essas sociedades não fora do tempo, mas considerando-as, pelo contrário, como parte de um mesmo "fluxo agitado de tempo", ela dá acesso a historicidades diferentes e comparáveis. Mas, ainda que essa reunião das histórias, etnologias e temporalidades seja preciosa pelo espaço de trabalho que constrói, a questão dos tipos de história e suas articulações com as formas de temporalidade não é tratada diretamente. Ela ultrapassava o propósito do livro.

Esforçando-se para "integrar no pensamento antropológico os processos temporais", Nicholas Thomas retoma o raciocínio, desenvolvido por Fabian, da história excluída da análise antropológica. Seu objeto "era e permanece essencialmente uma estrutura ou um sistema social e cultural fora do tempo"[113]. A consideração verdadeira do tempo não pode acontecer, segundo Thomas, a não ser que se substitua "o sistema pelo processo sistêmico como objeto de análise". De outro modo, mesmo uma tentativa de integrar o tempo na antropologia, tal como a desenvolvida por Sahlins, erra seu alvo. Assim, lendo Sahlins, não temos nenhuma ideia do que possa ter sido a "mudança" no Havaí, antes do contato com os europeus: "A análise da história elaborada por Sahlins [...] constitui, desse modo, uma teoria muito limitada que não fala dos processos históricos que efetivamente diferenciaram as culturas e as condições de vida no tempo e no espaço[114]".

Decerto limitada, mas também, eu tenderia a crer, deliberadamente, a teoria de Sahlins lança uma luz intensa sobre um momento preliminar: o do encontro. Ela mostra os desvios respectivos dos métodos de interpretação em ação, as interferências, os mal-entendidos e as decalagens; em suma, o modo como cada um dos dois prota-

---

[112] HUGHES, Owen; TRAUTMANN, Thomas (Dir.). *Time: histories and ethnologies*. Ann Arbor: The University of Michigan Press, 1995. p. 12.

[113] THOMAS. *Hors du temps*, p. 17 e 175.

[114] THOMAS. *Hors du temps*, p. 161.

gonistas constitui o acontecimento em função de suas experiências e de suas expectativas. Nesses acontecimentos, apreendidos como "ocorrências interpretadas", uma crise do tempo torna-se também manifesta. Dos dois lados, uma ordem do tempo acha-se, pelo menos por alguns instantes, revelada e perturbada. Para a questão que nos guia, o aporte de Sahlins é assim duplamente valioso. O regime heroico foi o "princípio histórico" dessas sociedades, na acepção de Lefort? O único, em que momento? Uma discussão pode ser lançada certamente sobre todos esses pontos. Resta que esse desvio pelo Pacífico nos permitiu ressaltar a noção de regime de historicidade do eurocentrismo apenas e, em compensação, precisar um pouco mais os propósitos de Sahlins, e as reflexões de Lévi-Strauss antes dele, sobre a história. Em segundo lugar, sua noção de "estrutura da conjuntura" é uma maneira de descrever os modos de articulação do passado, do presente e do futuro. Mas então, ela não mereceria ser historicizada, por sua vez? Não veríamos desenhar-se uma estrutura da conjuntura própria a cada grande regime de historicidade[115]?

---

[115] Se os temas, as referências e os instrumentos de análise iniciados diferem, poder-se-ia, contudo, observar um certo paralelismo entre, de um lado, a argumentação de M. Sahlins, desfazendo a oposição acontecimento/estrutura e, de outro, a de Pierre Nora, empenhando-se em mostrar que o historiador do presente deve retornar "da evidência do acontecimento à colocação em evidência do sistema" (NORA, Pierre. Le retour de l'événement. In: LE GOFF; NORA (Dir.). *Faire de l'histoire*, t. 1, p. 225).

CAPÍTULO 2

Ulisses e Santo Agostinho: das lágrimas à meditação

Quem viajasse sem interrupção do Pacífico ao mar Egeu, do mundo dos reinados divinos ao "mundo de Ulisses", conjugando deslocamento no espaço e suspensão no tempo, identificaria facilmente, entre os heróis homéricos, vários traços do regime heroico de história; no entanto, um outro tipo de regime heroico, o de Aquiles e de Ulisses, tal qual foi reconhecido por Vico. Não pretendemos, contudo, apresentar aqui nem Thakombau, nem Hone Heke frente a Agamenon ou Nestor com o objetivo de estabelecer semelhanças e diferenças. Na realidade, é em Ulisses, sobretudo ele, que vamos nos deter. Aquele que, retomando as palavras do poeta russo Ossip Mandelstam, retornou "pleno de espaço e de tempo". Mas deixando aqui de lado o espaço, vamos nos concentrar no tempo, mesmo que seja suficientemente evidente a ligação entre os dois[116]. Este segundo exercício de olhar distanciado nos conduzirá, então, a um face a face entre Ulisses e Santo Agostinho.

Cada dia é um recomeço

Ulisses retornou pleno de tempo? Mais exatamente, vamos perceber isso um pouco mais cedo, justamente antes que os feácios, estes excepcionais marinheiros com barcos mágicos, façam-no ir de Esquéria a Ítaca, deixando-o em casa após dez anos de errâncias e de

[116] HARTOG, François. *Mémoire d'Ulysse: récit sur la frontière en Grèce ancienne.* Paris: Gallimard, 1966. p. 23-48.

atribulações. Recebido, após seu último naufrágio, como um hóspede distinto pelo rei Alcino e por sua irmã-esposa, ele é longamente festejado. Ora, no decorrer do banquete oferecido em sua honra, acontece um encontro surpreendente entre o aedo dos feácios, normalmente presente nas grandes ocasiões, e o herói. O encontro é capital e a conversa, aparentemente simples, convida à reflexão. Esse breve face a face, tão vivo quanto fugaz, vem lançar luz sobre uma pré-história da história (entendida como narrativa de coisas que aconteceram). De fato, com ele surge uma interrogação sobre a própria historicidade, tomada, lembrando a definição de Lefort, como articulação do passado e do futuro, ou melhor, também sobre sua pré-história, na medida em que o que se constitui aqui como problema é o próprio passado: o passado como categoria da experiência. Se Thakombau estava a ponto de se converter às promessas do cristianismo, ou seja, participar de uma estrutura do tempo completamente diferente, incompatível com o regime heroico, os heróis homéricos são e permanecem para sempre imunes a toda Revelação e não poderiam conceber qualquer Aliança entre um Deus único, criador de todas as coisas, e um povo eleito, e nem com um Salvador, filho de Deus feito homem, vindo de repente, exatamente para dar sentido ao tempo. Para eles, outra (eterna) era a ordem do tempo, o que significa, para nós, um distanciamento redobrado.

Segundo Marcel Detienne, "bem longe de ser a testemunha de uma primeira descoberta da *separação* entre passado e presente, Homero e a epopeia podem ser considerados como um dos obstáculos mais temíveis na Grécia até para pensar o passado como o que foi e que representa outra coisa além do presente[117]. Essa sentença final confirma a grande categorização destacada anteriormente, por outros caminhos e em uma perspectiva diferente, por Erich Auerbach. Na abertura de seu magistral livro, *Mimesis*, ele opusera, de fato, o estilo homérico ao do Antigo Testamento. Ao comparar a narrativa do sacrifício de Isaac com a cena do reconhecimento de Ulisses (enfim chegado a Ítaca) por sua ama de leite Euricleia (graças à cicatriz deixada pela lesão do javali), ele caracterizava o estilo de Homero

---

[117] DETIENNE, Marcel. *Comparer l'incomparable*. Paris: Seuil, 2000. p. 76.

como um estilo de "primeiro plano" que, a despeito de várias antecipações e de narrativas em *flashback*, apresenta sempre o que está sendo contado como um puro presente, sem perspectiva, e "deixa apenas pouco espaço ao desenvolvimento histórico e humano"[118]. Frente às grandes figuras bíblicas, tão "carregados de passado", continuamente "moldadas" pela mão de Deus, os heróis homéricos, com destinos claramente determinados, "acordam todo dia como se fosse o primeiro"[119]. Do lado de Homero, teríamos, assim, personagens totalmente superficiais e material legendário, enquanto do outro está presente a historicidade, que atravessa as vidas e organiza as narrativas. E a própria história já está presente ou aflora[120].

Aquiles, herói de destino fulgurante, parece adaptar-se perfeitamente a essa definição: para ele, todo dia é o primeiro. Só existe o presente, mesmo que saiba, ou ainda mais porque sabe que uma manhã, uma noite, ou um meio-dia próximo será seu último dia. Por fim, ele escapa do tempo e pode ser exaltado, eternamente, como "o melhor dos aqueus": o herói épico por excelência. Há um retorno de Ulisses, mas não pode haver retorno de Aquiles. Em três ocasiões, entretanto, ele recorre a uma fórmula indicando uma vontade de ruptura com o que aconteceu anteriormente. A Pátroclo, à sua mãe, a Agamenon, ele declara sucessivamente: "Mas deixemos o que está feito" (*alla ta men protetuchtai easomen*) ou "Abandonemos o que aconteceu anteriormente", frase que Paul Mazon traduziu, de maneira bela, por "Deixemos o passado ser o passado"; no entanto, fazendo isso, ele resolvia, quer dizer, suprimia o problema. "Mas deixemos o passado ser o passado, qualquer que seja seu preço, e dominemos, posto que é preciso, nosso coração (*thumos*) em nosso peito[121]." A cada vez, o que de fato convém abandonar, ainda que ela exista, é a dor causada pelo afrontamento feito por Agamenon.

---

[118] AUERBACH, Erich. *Mimesis*. Tradução de C. Heim. Paris: Gallimard, 1968. p. 20 e 33.

[119] AUERBACH. *Mimesis*, p. 21.

[120] AUERBACH. *Mimesis*, p. 28: "*Um leitor um pouco experiente faz facilmente a distinção, na maioria dos casos, entre a história e a lenda*".

[121] HOMÈRE. *Iliade*, 18, 112, igualmente 16, 60 e 19, 65. Sobre o *thumos* como fôlego, associando emoção e respiração, ONIANS, Richard. *Les origines de la pensée européenne*. Tradução de B. Cassin, A. Debru e M. Narcy. Paris: Seuil, 1999. p. 73-74.

Pois, sem essa cesura introduzida nesse presente que dura, nenhuma ação é possível. Tudo permaneceria paralisado. Pátroclo não poderia tomar emprestado as armas de Aquiles, Aquiles não retornaria ao combate e a *Ilíada* não poderia acabar-se.

Isso é suficiente para fazer "do que se produziu" um passado, um presente que deve passar? Claramente não, já que Aquiles deve dominar sua cólera e sua dor. As duas, precisa o poeta, permanecem intactas e sempre prontas a ressurgir, portanto, sempre presentes: nenhuma distância aparece. Dessa decisão heroica resulta, pode-se dizer, um presente *novo* ou, melhor, reativado, uma nova manhã clara, mas nem por isso o presente *precedente* cai no passado, ainda menos porque toda a ação permanece no quadro definido pelos "desígnios" de Zeus, que tudo vê.

Antes do funeral de Pátroclo acontece uma cena muito bela que toca, mas de outra maneira, na questão do *passado* e do luto. Agora Heitor está morto e Aquiles, enfim, farto de massacre. Quando a noite cai, ele soluça fortemente sobre a areia da praia. Está só. O sono finalmente o toma e, imediatamente, Pátroclo aparece-lhe em sonho. "Tu dormes e quanto a mim, tu me esqueceste, Aquiles! Tu te preocupavas com o vivo, sem nenhuma preocupação com o morto. Enterre-me o mais rápido[122]." Depois, antes de evocar o tempo de vida juntos, pede-lhe ainda que deixe suas cinzas (de Pátroclo) perto das suas (de Aquiles). Como se já visse o passamento de Aquiles: no presente! Morto, Pátroclo parece ter, a partir desse momento, a faculdade de compreender em um olhar, de perceber com uma visão sinóptica sua vida, assim como a de Aquiles: no presente. A reprimenda que dirige a Aquiles por tê-lo esquecido evidentemente não se sustenta, já que no exato momento de adormecer Aquiles ainda estava aos prantos[123]. Pelo contrário, Aquiles não pode colocar Pátroclo no passado. Não há palavras para dizer que ele estava e que ele não está mais. Por outro lado, imediatamente depois que o sono dele se apodera, que ele passa para o outro lado desta barreira, logo em seguida Pátroclo está de novo presente: sua "alma", seu "fantasma", totalmente idênticos a Pátroclo

---

[122] HOMÈRE. *Iliade*, 23, 69-71.

[123] HOMÈRE. *Iliade*, 22, 387-390. Aquiles declara que jamais esquecerá Pátroclo, mesmo em Hades.

vivo, levanta-se diante dele. Mas, quando procura abraçá-lo, como uma fumaça "a alma" evapora-se e não segura nada: ele passou[124].

Somente o adivinho detém o conhecimento do presente, do passado e do futuro: tal Calcas, que se inspira na arte de Apolo[125]. Ou Tirésias, o adivinho cego que Ulisses deve ir consultar em Hades para que lhe indique a rota do retorno para Ítaca e anuncie suas atribulações até que a morte venha surpreendê-lo[126]. Assim, é o adivinho que se consulta, é nele que se confia. Inspirado pela musa ou por Apolo, o saber do aedo é da mesma natureza. Sempre presente, de fato, a musa sabe tudo. As musas, como lembra Hesíodo, falam o que é, o que será e o que foi, e o aedo canta (somente?) o que será e o que foi[127]. Mas esse saber mântico, mesmo que trate do presente, do passado e do futuro, é sempre evocado ou cantado no presente. Calcas vê o que nesse momento irrita Apolo, Tirésias percebe o destino de Ulisses até o seu termo. Fêmio canta, a pedido dos pretendentes, o retorno "doloroso" dos aqueus. Tratar o tempo como passado, presente ou futuro não tem, na realidade, nenhuma importância: são para o adivinho idênticas passagens de saber – situadas no mesmo plano – que surgem em função do pedido que lhe é dirigido. Pouco importa no fundo que algumas sejam conotadas como passadas e outras como vindouras. Dotado desta visão sinóptica, que é própria da divindade, ele limita-se a mostrar, a revelar uma sequência ou outra. Sem historicidade intrínseca.

Privado do dia do retorno, por ter trocado a vida pela glória, Aquiles brilha para sempre no presente perpétuo do tempo épico como "o melhor dos aqueus". Mas Ulisses, que retorna, e porque retorna, encontra justamente nesse retorno procrastinado uma glória imortal, a ponto de poder ser também designado como o melhor dos aqueus[128]. De fato, a *Odisseia*, no próprio movimento de seu projeto narrativo – cantar o retorno – desenvolve-se entre o passado das

---

[124] HOMÈRE. *Iliade*, 23, 97-101.

[125] HOMÈRE. *Iliade*, 1, 69-72. DETIENNE, Marcel. *Apollon le couteau à la main*. Paris: Gallimard, 1998.

[126] HOMÈRE. *Odyssée*, 10, 492-495; 11, 100-137.

[127] HÉSIODE. *Théogonie*, 32 e 38.

[128] HOMÈRE. *Odyssée*, 9, 78: de acordo com o oráculo de Apolo, Aquiles e Ulisses são "os melhores dos aqueus".

partidas (da Grécia há vinte anos, de Troia há dez) e o futuro de um retorno, sempre aguardado e evocado incessantemente. Da tensão entre os dois (prefiguração narrativa da experiência e da expectativa) surge a questão do estatuto desses anos passados, que pesam contudo sobre o hoje das personagens ("como um pesadelo").

Basta retornar para que tudo recomece como antes? Ao reconhecer seu senhor vestido de mendigo, o velho cachorro Argos, abandonado sobre um monte de esterco, morre. Somente sobre o animal familiar o tempo finalmente atua[129]. Após vinte anos de espera, o novo dia é para esse animal o último dia. Quanto a Ulisses, antes de voltar a ser plenamente o que era, ele precisa, com a ajuda de seu filho, reconquistar seu trono e sua esposa[130]. Ainda que seja designado ao longo de toda *Odisseia* como aquele que, diferentemente de seus companheiros, não deseja esquecer o dia do retorno, não lhe basta aparecer para que, como por encanto, apaguem-se os vinte anos de ausência. Mesmo que Atenas lhe devolva sua aparência, ele deve provar que ainda é Ulisses.

Mais amplamente, pode-se repartir desta evidência: a *Odisseia* vem após a *Ilíada*; é o seu "epílogo", já observava Pseudo-Longino[131]. Na *Ilíada*, Troia ainda não foi tomada, Aquiles ainda está vivo: estamos em um momento anterior, à espera do que se sabe que deve acontecer. Ainda mais, o futuro de *Ilíada* apresenta-se como "um passado pertinente à *Odisseia*[132]". Há deslocamento temporal de um poema para outro. Desde a abertura da *Odisseia*, estamos de fato no *após*, na memória do acontecimento e na lembrança dos lutos e dos sofrimentos suportados. Ponto de referência compartilhado, e em seguida disputado, a guerra de Troia de fato permaneceu, até entre

---

[129] HOMÈRE. *Odyssée*, 17, 290-327.

[130] VERNANT, Jean-Pierre. *L'Individu, la mort, l'amour*. Paris: Gallimard, 1989. p. 285.

[131] PSEUDO-LONGIN. *Du sublime*, 9, 12. Apresentação e tradução de J. Pigeaud. Paris: Rivages, 1991: a *Odisseia* é apresentada como o poema da velhice de Homero (a *Ilíada*, o da juventude), que destina a seus heróis seus choros, como se fosse uma obrigação longamente devida. É um epílogo da *Ilíada*, a narrativa que vem em seguida, exatamente como o relato histórico. Há muito que os especialistas de Homero procuram medir em número de anos o intervalo que sapara a composição dos dois poemas: um século, meio século?

[132] NAGY, Gregory. *Le meilleur des achéens*. Tradução de J. Carlier e N. Loraux. Paris: Seuil, 1993. p. 44.

os modernos, como este acontecimento "axial" em relação ao qual a *Odisseia,* que conta vários episódios da guerra, já está em posição de *história*[133]. Por consequência, quando se abre o poema, o leitor movimenta-se de imediato no tempo da lembrança e o esquecimento, ora temido, ora desejado, ronda. A lembrança dos mortos e dos desaparecidos assombra os vivos.

Penélope chora. Não suporta que Fêmio, o aedo de Ítaca, cante o retorno de Troia e as misérias dos aqueus, ela, que continua vestindo luto por seu esposo ausente, está atormentada por *pothos*, pelo pensamento obsedante do desaparecido, pelo luto inacabado[134]. Da mesma forma, Menelau, que após anos de errância acabou por reencontrar seu reinado e sua mulher, declara a seu hóspede (Telêmaco), que não tem mais satisfação para reinar. Ele chora por todos aqueles que morreram frente à Troia. Mas há um deles, cuja lembrança, quer ele coma ou durma, não cessa de visitá-lo: Ulisses[135]. Esperando para nomear seu pai, Telêmaco, que ainda não se apresentou a seus hóspedes, começa a chorar. Surge então Helena, Telêmaco é reconhecido, choram de novo.

Finalmente, Helena intervém para apaziguar a agonia que tortura os convivas do banquete e acalmar suas aflições. Ela começa por servir no vinho uma droga (*pharmakon*) que, suprimindo dor, cólera e lembrança dos infortúnios, é um verdadeiro "antiaflição" (*nepenthês*). Convidando todos, em seguida, a render-se às alegrias da mesa e ao prazer (*terpsis*) das histórias, ela mesma começa a contar, como poderia fazê-lo um aedo, um episódio da gesta de Ulisses em Troia. Na sequência Menelau narra outro episódio, relatando o que se passava exatamente no interior do cavalo de madeira. Trata-se aqui da primeiríssima evocação direta da tomada da cidade. Em seguida, Telêmaco, que com uma palavra lembra toda a tristeza

---

[133] THUCYDIDE. *Guerre du Péloponnèse*, 1, 3, 4: "As que receberam o nome de Helenas [...] não realizaram nada em conjunto antes da Guerra de Troia" (tradução de J. de Romilly).

[134] HOMÈRE. *Odyssée*, 1, 341-344: sobre Penélope pesa um luto inesquecível (*penthos alaston*); atormentada pela nostalgia da ausência (*patheô*), recorda-se sempre (*memnêmenê aiei*) do herói com o qual a glória preenche a Hélade e a Argólida. Sobre o *pothos*, os funerais e a epopeia, ver VERNANT, Jean-Pierre. *Figures, idoles, masques*. Paris: Julliard, 1990. p. 41-50.

[135] HOMÈRE. *Odyssée*, 4, 93 e 105-112.

do destino de Ulisses, pede licença para ir dormir[136]. A noite está salva. A droga de Helena trilhou para os convivas o caminho que Penélope, sozinha, não pode percorrer. Instaurando a distância, ela os pôs a escutar a evocação das proezas de Ulisses como se eles fossem, não os ouvintes de Helena, mas do próprio Homero, não contemporâneos, mas estas gerações do amanhã para as quais é feito o canto dos aedos. Em um instante e por um momento, o *pharmakon* transforma a "ausência" em "passado", isto é, ela faz do herói um desses "homens de outrora" que a epopeia tem por vocação cantar.

As lágrimas de Ulisses

Ulisses também vai chorar, por duas vezes, até quando, no banquete de Alcino, é confrontado com os cantos do aedo cego. Lá não há nenhuma Helena para servir-lhe o "antiaflição". Dessa forma, o rei, como anfitrião precavido, apenas poderá interromper o bardo. Quando Demódoco, avançando pela primeira vez, escolhe cantar a querela de Aquiles e de Ulisses, este não tarda a dissimular seus soluços sob sua echarpe púrpura[137]. No momento de sua segunda apresentação, desta vez ao ar livre, Demódoco canta os amores de Ares e de Afrodite[138]. Tudo vai muito bem e Ulisses, esclarece-se mesmo, escutando a maneira como Hefesto vinga-se dos amantes que o enganaram, saboreia um prazer (*terpsis*) absolutamente semelhante ao dos outros ouvintes. Vem, enfim, a terceira intervenção do aedo, na verdade, a mais importante. Ulisses está a ponto de partir, uma última refeição reúne os chefes dos feácios e seus hóspedes. Como está previsto, vão buscar o aedo. Antes que ele comece, Ulisses o saúda, ofertando-lhe uma fatia de carne e exaltando sua arte.

Depois lhe pede, de modo quase desafiador, que cante o episódio do cavalo de madeira com detalhes. Demódoco atende imediatamente e, enquanto os feácios se alegram, Ulisses não pode

---

[136] HOMÈRE. *Odyssée*, 4, 220-295.

[137] HOMÈRE. *Odyssée*, 8, 73-92. Sobre essa querela, mais desconhecida, e sobre sua "relação" com a Querela, de Agamenon e Aquiles, ver NAGY. *Le meilleurs des achées*, p. 44-48.

[138] HOMÈRE. *Odyssée*, 8, 266-368.

segurar as lágrimas. Chora com a narrativa que, no entanto, ele mesmo pediu[139]? Por consequência, Alcino, que queria justamente que o prazer fosse o mesmo para todos (*homôs terpômetha pantes*)[140], prontamente põe fim à apresentação do aedo:

> Diga-me por que no segredo tu suspiras e choras
> Ao escutar a sorte dos dânaos e dos troianos.
> Foram os deuses que o escolheram: eles fiaram a ruína
> desses homens para que sejam cantados no futuro.
> Tu terias algum aliado que tenha morrido em Troia,
> genro ou sogro, um guerreiro nobre? São eles
> que nos são os mais caros após o sangue de nossa raça.
> Ou era talvez um amigo que te estimava,
> nobre guerreiro? Pois ele nos é tão precioso quanto um irmão,
> o companheiro pleno de sabedoria e de razão[141].

Com a *Odisseia* parece estar aberto um tempo em que o prazer (*terpsis*), normalmente esperado e proporcionado pelo canto do aedo, encontra-se, em várias ocasiões, minado, comprometido pela dor, sofrimento, remorso que suscita ou desperta em uma parte de seu auditório. Como se não pudesse mais haver prazer sem mistura, salvo para uma sociedade excepcional (próxima ainda da idade do ouro) como a dos feácios. Como se a epopeia não bastasse mais para dar conta da memória dos heróis.

Antes de retomar as próprias lágrimas de Ulisses, vale a pena prestar atenção em suas palavras ao aedo:

> Demódoco, entre todos os mortais eu o saúdo!
> A musa, filha de Zeus, deve ter te instruído, ou Apolo.

Com essa evocação do laço estreito que une o poeta à musa, estamos ainda no elogio convencional, esperado: inspirado, o aedo é um vidente. Mas o que se segue é mais surpreendente:

---

[139] HOMÈRE. *Odyssée*, 8, 83-95 e 521-534.

[140] HOMÈRE. *Odyssée*, 8, 542.

[141] HOMÈRE. *Odyssée*, 8, 577- 586 (tradução de P. Jaccotter). Ver BOUVIER, David. *Le cceptre et la lyre: L'"Iliade" ou les héros de la mémoire*. Grenoble: Jérôme Millon, 2002. p. 39-40.

> Tu cantas de maneira perfeita demais (*liên kata kosmon*) a sorte dos gregos,
> tudo o que fizeram, suportaram e sofreram os que vêm Argos,
> como (*hôs*) alguém que tivesse estado presente (*pareôn*), ou pelo menos
> que o tivesse ouvido de um outro (*akousas*)[142].

De fato, muda-se o tom: o vidente é também um *"voyeur"*, mais exatamente sua descrição é tão precisa, *demais* (*liên*) mesmo, que Ulisses fica tentado a acreditar que ele efetivamente *viu* o que canta, sabendo, de forma pertinente, que não foi nada disso. Demódoco, aedo e cego, não é de modo algum testemunha desses acontecimentos. Se testemunha há, essa é unicamente Ulisses.

A narrativa de Demódoco é verídica *demais*, parece dizer Ulisses, para não resultar de uma visão direta das coisas. Para ele, o ator e a testemunha, esta capacidade de evocar tudo até em detalhes, sem perda e sem excesso, é a marca segura da verdade do canto[143]. Na realidade, para a musa, ver, saber e dizer estão em pé de igualdade, são apenas uma única e mesma operação. Mas, para Ulisses, por uma curiosa inversão, é a visão humana que é tomada, pelo menos no tempo destes versos, como modelo sobre o qual medir a exatidão da visão divina. Encontram-se, por assim dizer, em um instante justaposto, um Demódoco "aedo" e um Demódoco "historiador". Mesmo que o último apenas apareça para "autenticar" o outro, o aedo. Demódoco evidentemente não responde e Ulisses não insiste. A última palavra fica com a musa. Como poderia ser diferente? No entanto, mesmo com a ocorrência dessa mudança de tom, ainda que seja breve, ou desse quase-desdobramento de Demódoco em "aedo" e em "historiador", não deixa de ser importante, no sentido

---

[142] HOMÈRE. *Odyssée*, 8, 487-491 (tradução de P. Jaccotter, levemente modificada).

[143] Do mesmo modo, para o episódio do cavalo de madeira, o sinal da verdade será a capacidade de Demódoco de cantar integralmente (*katalegein*) e em detalhe (*kata moiran*). Ulisses irá, então, proclamando que deve seu canto a um deus. (*Odyssée*, 8, 496-499). Sobre *kata kosmon* nessa passagem, ver as observações de George Walsh, em *The varieties of enchantment: early Greek views of the nature and fonction of poetry* (Chapel Hill: The University of North Carolina Press, 1984. p. 8-9), que não sigo totalmente. Do mesmo modo, a pedido de Éolo, Ulisses conta-lhe inteiramente e em detalhe a tomada de Troia (*Odyssée*, 10,16). A primeira frase do *Éloge d'Helèna* de Gorgias anunciará que o *kosmos* do discurso é a "verdade".

de uma poética dos saberes. Conta, na realidade, o próprio fato de sua formulação por Ulisses. Ela acena como um relâmpago lançado sobre uma outra configuração de saber possível, como a designação de um lugar que ainda não tem nome, como o verdadeiro início da operação historiográfica que virá de Heródoto. Ela não a torna nem necessária nem mesmo provável, mas simplesmente possível.

Nesta cena que põe face a face o aedo e o herói, que escuta a narrativa de suas próprias ações, Hannah Arendt via o começo, falando, ao menos do ponto de vista poético, da categoria de história. "O que fora puro evento tornava-se agora *história*", pois nos encontramos na primeira narração do acontecimento. Com uma importante singularidade: a presença de Ulisses, lá (em Troia) e aqui (no banquete), atesta que *isso* realmente aconteceu. Desenha-se aqui uma configuração até então inédita, uma "anomalia", tendo em vista que na epopeia a veracidade da palavra do aedo depende inteiramente da autoridade da musa, ao mesmo tempo inspiradora e avalista. Indo mais longe ainda, Hannah Arendt considerava essa cena como "paradigmática" para a história e para a poesia, já que, retomando sua fórmula muito condensada, a "reconciliação com a realidade, a *catharsis* que, segundo Aristóteles, era a essência da tragédia e, de acordo com Hegel, o objetivo último da História, produzia-se graças às lágrimas da lembrança[144]".

Trata-se da "primeira" narrativa historiadora? Para quem? Para nós, até talvez, mas à maneira de uma cena primitiva. Contudo, aquele para quem a questão surge inicialmente é Ulisses, visto que é também o único a saber por experiência que essa história é, ao mesmo tempo, *sua* história e *história*. Ora, como ele reage? Chorando[145]. Trata-se então das "lágrimas da lembrança"? À evocação dos infortúnios dos aqueus, ele está, como Penélope ou Menelau, atormentado pela dor? A esse trabalho de luto ainda inacabado ou impossível? É inclusive este o sentido da pergunta de Alcino, que, tendo observado seu choro, indagou-lhe se ele havia perdido

[144] ARENDT. *La crise de la culture*, p. 63.
[145] HOMÈRE. *Odyssée*, 8, 84-92 e 521-522. Sobre essas lágrimas e essa cena, ver WALSH. *The varieties of enchantment*, p. 3-13.

um parente ou um ente próximo sob os muros de Troia[146]. Ulisses não responde diretamente.

Porém, antes mesmo da interrogação de Alcino sobre a razão de suas lágrimas, uma surpreendente comparação, que é uma marca direta de intervenção do poeta, já sublinhara sua estranheza e sua importância:

> Como uma mulher lamenta seu esposo enlaçando-o,
> que tombou diante de sua cidade e de seu povo
> defendendo sua terra e suas crianças do dia fatal,
> e, vendo-o morrer, convulso,
> lançada sobre ele, grita agudamente, mas atrás,
> lanceiros atacam-lhe as costas e os ombros,
> levam-na em cativeiro para sofrer pena e dor
> e suas faces estão murchas pela agonia mais digna de piedade;
> do mesmo modo Ulisses tinha nos cílios lágrimas piedosas[147].

Que ele chora é um fato, mas por que "como uma esposa"? Por quem esse choro de piedade? A mulher que, desolada pelo luto, chora seu esposo desaparecido, é Penélope. A que viu seu esposo morrer diante de sua cidade e seu povo, antes de conhecer o assujeitamento da escravidão, é Andrômaca[148]. Assim, essa comparação, notemos *en passant* que, por seu poder de evocação, de síntese, ou de universalização (a dor de Ulisses valeria pela de todas as vítimas da guerra) faz parte dessa "arte da alusão", destacada por Pietro Pucci, como um dos modos de funcionamento do texto odisseico[149]. Começando seu poema, O cisne, por "Andrômaca, eu penso em você!", Baudelaire será o eco ou o intérprete moderno disso, antes de generalizar este pensamento: "A todo aquele que perdeu o que não se acha / Jamais, jamais! [...] / Aos cativos, aos perdedores!... a

---

[146] HOMÈRE. *Odyssée*, 8, 581-586. Alcino fala de sua dor (*achos*, 8, 541). *Achos* é também o que sente a esposa que acaba de ver seu marido morrer (8, 530) e é igualmente o que Menelau diz sofrer (*achos alastron*, 4, 108). Estamos justamente no registro do luto e do *pothos*.

[147] HOMÈRE. *Odyssée*, 8, 523-531. No canto 23, quando Ulisses e Penélope estão enfim enlaçados, ele disse que "seus braços brancos não podiam se afastar do pescoço" (v. 240).

[148] G. Navy (*Le meilleur des achéens*, p. 101) observa que a semelhança com Heitor é impressionante e que a situação resultante da comparação é surpreendentemente paralela à de Andrômaca no final de *l'Iliou Persis* (após resumo de Proclo). PUCCI, Pietro. *Ulysse polutropos*. Tradução de J. Routier-Pucci. Lille: Presses du Septentrion, 1995. p. 304-307 e 346-347.

[149] PUCCI. *Ulysse polutropos*, p. 324-336.

muitos outros ainda!" A comparação homérica contribui, em todo caso, para conferir uma profundidade de campo à própria *Odisseia*. Contrariamente à afirmação de Auerbach, não há apenas "primeiro plano" e puro presente.

Ao chorar, Ulisses faz o próprio luto, pois chora por si mesmo. Quem ele é? Desde o começo de suas errâncias no espaço não humano que se abriu no cabo Mália, ele é um desaparecido: nem morto, nem vivo, perdeu até seu nome[150]. Nesse sentido, é *como* uma esposa que, desde o dia em que seu marido morreu, não tem mais, não é mais nada. Sua parte heroica, *masculina*, na qual se apega a glória, ficou, por assim dizer, nas costas troianas. Ora, eis que, desembarcando entre estes barqueiros que são os feácios, esses mediadores dos confins, ele ouve sua celebração pela boca de Demódoco, sob seu nome de glória: o *marido* reencontra enfim a *esposa*. Logo depois, será capaz de se reconciliar com as duas partes de sua existência, a troiana e a errante. "Eu sou Ulisses, filho de Laerte", lançará enfim em resposta às questões de Alcino, não sem ter observado que contar seus sofrimentos não fará senão aumentá-los[151]. Mesmo assim, uma vez começada, a narrativa não será mais interrompida, indo ininterruptamente de Troia até o último naufrágio, uma escala após outra, cada capítulo com seu lote de esperanças perdidas e fracassos.

Mas, antes, há ainda uma última provação a suportar. Ouvindo Demódoco cantar, Ulisses encontra-se de novo na dolorosa posição de dever escutar a narrativa de suas próprias proezas na terceira pessoa. Como se ele estivesse ausente, como se não estivesse mais ou como se não se tratasse dele. Ainda mais porque para os feácios, que escutavam o aedo, Ulisses é apenas o nome de um desses heróis de quem os deuses fiaram a morte para fornecer cantos para as pessoas do futuro[152]. Experienciando a maior distância de si de maneira brutal, por meio das próprias palavras de Demódoco, ele se vê ocupando o lugar que, bem mais tarde, será o do morto na narrativa

---

[150] HARTOG. *Mémoire d'Ulysse*, p. 42-44.
[151] HOMÈRE. *Odyssée*, 9, 19 e 12-13.
[152] HOMÈRE. *Odyssée*, 8, 579-580.

histórica[153]. Está mesmo morto ou vivo, esse sobrevivente? Ele ouve o que uma pessoa viva normalmente não poderia ouvir. Essa última experiência é, em certo sentido, até mais radical do que a anterior, da descida rumo a Hades para interrogar Tirésias, no decorrer da qual ele avançou até o extremo da fronteira que separava os vivos dos mortos, mas mantendo-se sem ambiguidade na margem dos vivos[154].

Ter consultado o vidente, saber que retornará e o que o espera, não o impede de chorar por si mesmo. Mas seguramente não por sua morte futura: jamais protestou contra sua condição de mortal. Revendo pelas palavras de Demódoco o que ele era, não experimenta nenhum prazer ligado ao reconhecimento (era eu, era assim)[155]. Pelo contrário, chora profundamente. Ele não pode ainda passar desse presente (decorrido) ao presente de hoje, relacionando-os por uma história, a sua, e fazer disso um *passado*. Desse presente ele está exilado, por isso o choque, quando Demódoco o desvela. É como se sonhasse consigo mesmo, mesmo sabendo que não está dormindo. Como se um morto lhe aparecesse em sonho, tal como Pátroclo que visitou o sono de Aquiles, mas esse morto é apenas ele mesmo. Sobrevive de alguma maneira a si mesmo. E da mesma forma que Aquiles não conseguira enlaçar a alma de seu companheiro, ele não se apropria de imediato de si mesmo e chora.

Para Ulisses, essa repentina confrontação consigo mesmo, à medida que canta o aedo, não precipita uma experiência dolorosa de não coincidência de si para si? Uma descoberta que ainda não conta com palavras para ser ditas, mas que Homero torna visível, quase palpável, pelo choro, enquanto à comparação cabe "explicá-lo". Ulisses mantém-se ainda nesse entremeio, onde ele não é *mais* e não é *ainda* Ulisses, ele que não conseguiu ainda pronunciar: "Eu sou Ulisses". Nesta distância sentida entre alteridade e identidade, o que vem instalar-se senão uma experiência de tempo? Não como agonia da finitude do homem, já que Ulisses entende-se e deseja-se

---

[153] CERTEAU. *L'Écriture de l'histoire*, p. 117-120.

[154] HOMÈRE. *Odyssée*, 11, 42-50.

[155] O "pequeno milagre do reconhecimento", como o nomeia de Paul Ricœur, não funciona para ele. Conforme Ricœur, esse pequeno milagre "envolve de presença a alteridade do desaparecido" (RICŒUR, Paul. *La mémoire, l'histoire, l'oubli*. Paris: Seuil, 2000. p. 47).

mortal. Não se trata mais do tempo como fluxo, mas sim da experiência de uma distância de si consigo, que nomeio encontro com a historicidade. Mas, nesse encontro, Ulisses está inicialmente como submergido e chora, ele que não sabe como apreender o passado, o seu, na sua dimensão de passado.

Depois, assim que o próprio nome é recuperado e proferido, a narrativa de suas viagens apresenta-se como o meio de recompor-se. Por sua mediação, os episódios vão se relacionar uns aos outros e o Ulisses, partido de Troia, terminará por encontrar aquele que naufragou junto aos feácios. As escalas sucedem-se, uma cronologia narrativa instaura-se, uma cena no presente-passado é seguida por outra, progressivamente a narrativa comprime o tempo. A ordem da narrativa transforma-se em uma ordem do tempo. Responder à questão "quem é você?", feita por Alcino, nomeando-se, é necessário em um primeiro momento – em particular para que o rei saiba com quem ele está lidando e para que eles possam assim, como convém entre nobres, tornarem-se anfitriões um do outro – mas não basta. Responder verdadeiramente implica contar o que aconteceu, forjando assim esta "identidade narrativa" sobre a qual Paul Ricœur chamou nossa atenção[156] de maneira justa, ao desenvolver uma observação de Hannah Arendt. Quanto aos feácios, a tudo o que acontece nessa cena capital, eles não se dão conta. Recebem simplesmente essas histórias, que os seduzem, como se elas saíssem da boca de um aedo[157]. Mas mesmo que Ulisses possa parecer um aedo, não é absolutamente um, ele que sofreu o que o aedo, celebrando a glória e os mortos, apenas canta: de longe.

---

[156] RICŒUR, Paul. *Temps et récit III*. Paris: Seuil, 1985. p. 355: "Sem a ajuda da narração, o problema de identidade pessoal é de fato condenado a uma antinomia sem solução. [...]. O dilema desaparece se, à identidade compreendida no sentido de um mesmo (*idem*), substitui-se a identidade compreendida no sentido de um si mesmo (*ipse*); a diferença entre *idem* e *ipse* é apenas a diferença entre uma identidade substancial ou formal e a identidade narrativa. [...] A ipseidade pode escapar ao dilema do Mesmo e do Outro, na medida em que sua identidade repousa sobre uma estrutura temporal conforme o modelo de identidade dinâmica originária da composição poética de um texto narrativo".

[157] HOMÈRE. *Odyssée*, 13, 1-2.

As sereias e o esquecimento

Restam, por fim, as enigmáticas sereias, afrontadas após a expedição a Hades. Elas são musas, de onde vêm todos os atributos (presença e saber que decorrem disso), mas "musa de baixo", ou contramusas, que vêm minar ou arruinar a ordem do *kleos*[158]. Elas prometem o prazer (*terpsamenos*), como o que se espera do aedo, a quem se aproxima delas: "Nós sabemos (*idmen*), de fato, dizem a Ulisses, tudo o que, na planície de Troia, / os gregos e os troianos sofreram por ordem dos deuses, / nós sabemos tudo o que acontece na terra fecunda"[159]. Mas o viajante imprudente que cede a seus suaves cantos, preveniu Circe, perde tudo: o retorno e a glória. Desaparecido para sempre, suas carnes deterioram-se e seus ossos descolorem-se nas areias da praia. Em vez da memória gloriosa, ele encontra apenas o esquecimento. Na epopeia, o prazer do ouvinte é "pago" pela morte dos outros. E Alcino, estimulando que os outros morram *pelo* prazer dos homens do futuro, apenas incita essa lógica ao extremo[160]. Mas, para que o dispositivo funcione, há uma condição, que toca o próprio cerne do processo épico: é preciso que "os outros" transformem-se em homens de antes, que uma distância se crie entre "passado" e "futuro". Por isso a *Odisseia*, que é uma epopeia do retorno (ausentes, os heróis acabam por retornar e Ulisses é inteiramente voltado para esse fim), é uma epopeia *anacrônica* ou, pelo menos, uma epopeia que se interroga sobre ela mesma.

Com o canto das sereias, trata-se sempre do prazer do ouvinte, mas o dispositivo é tal que o tema do canto é também seu único ouvinte. Como se devesse pagar o preço por sua própria morte. Não sendo um "homem do futuro", ele teria como solução apenas transformar-se em um "homem do passado", portanto, de desaparecer: ele reencontra o que era. Logo que Ulisses aproxima-se de sua ilha, as sereias o chamam por seu nome glorioso (de antes), pois

---

[158] VERNANT. *L'Individu, la mort, l'amour*, p. 145-146; PUCCI, Pietro. The songs of the sirens. *Arethusa*, n. 12, 1979, p. 121-132; SEGAL, Charles. Kleos and its Ironies in the *Odyssey*. *L'Antiquité Classique*, n. 52, 1983. p. 38-43.

[159] HOMÈRE. *Odyssée*, 12, 189-191.

[160] Sobre os homens do futuro, ver BOUVIER. *Le sceptre et la lyre*, p. 54 e 93-97.

sabem quem ele é. Elas se servem de uma fórmula elogiosa – "Venha aqui, Ulisses tão celebrado, nobre glória (*mega kudos*) dos aqueus[161]" –, igualmente empregada na *Ilíada*, quando Agamenon se dirigia a Ulisses. Em outro momento, a *Ilíada* surge na *Odisseia*, enquanto Ulisses encontra-se atraído pelo seu "passado" ou atraído pelo repouso do *kleos*. Todavia retornar a esse passado, ceder a essa atração seria ausentar-se de si para sempre: sem mais poder reunir as duas partes ou os dois lados de si mesmo. Imortais e isoladas em sua ilha, as sereias têm como ouvintes apenas suas vítimas: diferentemente do aedo inspirado, elas jamais cantam para "os homens do futuro". Por meio de seu canto, elas "enterram" não mortos, mas vivos que elas tornam desaparecidos: estranho ofício fúnebre[162]. Quem ouve seu nome celebrado por elas na terceira pessoa paga, por esse prazer de um instante, o preço mais alto. Estão lá, sozinhas em sua ilha do nada e em um presente imóvel, incapazes de inspirar a um aedo um canto de lembrança. Musas do luto, de um antiluto na verdade, que é desaparecimento e esquecimento[163]. Elas agem contrariamente à Helena servindo aos convivas seu *nepenthes*. Quem cede ao prazer de escutá-las não somente não retorna, mas tampouco pode tornar-se, no canto dos aedos, um homem de antes.

A epopeia separa "passado" e "presente" por simples *justaposição*. No momento em que um aedo começa a cantar, tal é o contrato épico, produz-se uma cesura: os *klea andrôn* transformam-se em grandes proezas anteriores (*proteroi*) dos homens de outrora. Como no sonho, os mortos estão presentes e falam. O aedo é aquele que passa de um lado para outro. A *Odisseia* desejaria também poder *justapor,* mas, por ter escolhido cantar o retorno, encontra-se incapaz de fazê-lo. Assim como Ulisses, a narrativa se choca com o tempo e a questão do passado: com o passado como questão[164]. Deste modo,

---

[161] HOMÈRE. *Odyssée*, 12, 184; ver HOMÈRE. *Iliade*, 9, 673; PUCCI. *Ulysse polutropos*, p. 288-293.

[162] Sobre a função funerária das musas e dos aedos, ver CARASTRO, Marcello. *La cité des mages: anthropologie et histoire de la notion de magie en Grèce ancienne*, 2003. (Tese EHESS).

[163] C. Segal destaca que as sereias falam a linguagem do saber, mas que jamais a dimensão da lembrança e da memória caracteriza seu canto (SEGAL. Kleos and its Ironies in the *Odyssey*, p. 43). KAHN, Laurence. Ulysse ou la ruse et la mort. *Critique*, fév. 1980, p. 121-134.

[164] Sobre o passado iliádico como registro dos fatos exemplares, ver BOUVIER. *Le sceptre et la lyre*, p. 351-352.

talvez esteja entre dois regimes de fala: de um lado, a fala épica, na qual bem gostaria de poder ainda acreditar, e de outro, por enquanto ausente, que deverá tentar levar em consideração senão o próprio tempo decorrido, pelo menos seus efeitos. Tal como Heródoto, alguns séculos mais tarde, inscrevendo as vicissitudes das cidades entre os dois polos do grande e do pequeno: aquelas que eram grandes antigamente tornaram-se pequenas, e aquelas que eram pequenas cresceram[165]. A *Odisseia* não pode mais simplesmente *justapor* e não sabe ainda *cronologizar*. A fascinação que a obra exerce surgiria também do seu caráter de epopeia nostálgica, a de um retorno impossível e desejado para a epopeia: rumo à *Ilíada*? No caminho, entretanto, ela descobriu o passado, ou não cessa de tropeçar na lembrança, no esquecimento, no luto, na passeidade do passado: o passado em questão e primeiramente como questão.

Aquiles, nós já vimos, está no presente e tem apenas ele. Abster-se, não combater, é na realidade renunciar a ser. Mas, ao mesmo tempo, seu *thumos* o impede de "deixar o que foi feito a ele", de colocá-lo no passado. De onde se explica sua saída que bloqueia toda ação e também corre o risco de torná-lo "inútil aos homens que estão por vir", como o ameaça Pátroclo[166]. Ele deve, no entanto, resolver-se a essa operação por uma decisão heroica, que concorre igualmente à realização dos desígnios de Zeus. E de novo, até a derradeira manhã, cada manhã poderá ser um novo dia. O problema com o qual se encontra confrontado Ulisses é mais complicado ainda: reconhecer-se como idêntico e diferente. Era eu, sou eu; eu era, eu sou Ulisses.

O face a face entre Ulisses e Demódoco, esse quiproquó de um momento, cria uma situação inédita, já que confronta o aedo a uma testemunha, que é também o principal ator. Qual é, então, o estatuto do que canta o aedo? Normalmente, Ulisses deveria estar morto, um desses homens de antigamente e, no entanto, ele está ali. Concluímos que no seu próprio projeto a *Odisseia* choca-se com a questão do passado. Para perscrutar o futuro e o passado, recorre-se

---

[165] HÉRODOTE. *Histories*, 1, 5.

[166] HOMÈRE. *Iliade*, 16, 31; ver BOUVIER. *Le sceptre et la lyre*, p. 426-427, sobre Aquiles pondo-se "fora do tempo humano", antes de aceitar finalmente "reintegrar uma história que vai dos pais aos filhos".

geralmente ao adivinho e graças a seu saber mântico, tudo lhe é co-presente, pois é dotado de uma visão sinóptica. Inspirado pela musa, o aedo vê, antes, além: entre os deuses e entre os homens, não todos os homens, mas os heróis, preferencialmente mortos gloriosamente em combate. Sua atribuição particular é cantar a glória (*kleos*) daqueles que estão mortos: assegura seu *kleos*, assegura sua memória. Celebrando aqueles que passaram, ele forja, por assim dizer, o passado, mas um passado sem duração, acabado. Cria o passado de acordo com o pedido, produzindo uma cesura no próprio momento em que inicia seu canto. Mas cantar o *nostos* mistura as referências. O que são heróis que voltam, que voltaram ou estão voltando? A menos que se dedique, como Fêmio em Ítaca, a cantar aqueles que pereceram[167]. O retorno introduz duração: da partida às atribulações do retorno, do antes ao após da tomada de Troia. Abre um intervalo, cria uma tensão ou rompe uma brecha no presente. Os heróis não voltaram: estão ausentes, não estão todos mortos, vários retornarão, já retornaram. No que se transforma, então, esse tempo intermediário? Esse entremeio que Ulisses terá sido o único a percorrer – isto é, graças ao choque de seu encontro com Demódoco –, a poder finalmente contar, senão passado? A experiência de um tempo que, na distância duramente percorrida de si a si, é reconhecido, finalmente, ou descoberto, como seu passado.

Ulisses não leu Santo Agostinho

Encetar a partir dessas configurações distantes e decorridas, tanto em Fidji como em Esquéria, uma reflexão sobre a ordem do tempo e os regimes de historicidade no que tange ao exercício do olhar distanciado que, de Montaigne a Lévi-Strauss, passando por Rousseau e muitos outros, visa trazer ganhos de inteligibilidade. Já que de início se provoca um descentramento, questiona-se o que se tem por evidências, interrogam-se as próprias categorias, torna-se possível a comparação. Além disso, para mim, a interrogação sobre os regimes de historicidade começou no Pacífico: lendo Sahlins,

---

[167] HOMÈRE. *Odyssée*, 1, 327: Fêmio canta "o retorno de Ílion que Palas enlutara".

e mesmo Segalen antes dele, e Lévi-Strauss, evidentemente. É o mero acaso de uma biografia intelectual, mas também o efeito de um momento no qual a antropologia parecia conter em si a chave de nossas interrogações sobre o homem e a sociedade.

Contudo, tanto com os maoris de Fidji como com Ulisses em Feácia, permanecemos aquém do universo das revelações judaica e cristã, que modificaram radicalmente as formas da experiência do tempo. Retomando a economia bíblica do tempo, o cristianismo foi mais longe neste caminho e modelou, tão profunda quanto duradouramente, a tradição ocidental das relações com o tempo. Por consequência, é evidente que não poderíamos pretender fazer o ensaio da noção de regime de historicidade nos tempos modernos e até nosso próprio presente sem fazê-la atravessar a ordem cristã do tempo, sem experimentá-la nessa temporalidade tão singular e tão poderosa. Pode-se destacar um regime propriamente cristão de historicidade? Com uma questão subsidiária: a própria noção de regime de historicidade é separável das experiências do tempo induzidas pelas temporalidades bíblicas? O que não significa que seria apenas a retomada delas ou somente seu prolongamento direto.

Partamos da fórmula "Ulisses não leu Santo Agostinho"! Evidentemente, tendo em vista que uma dúzia de séculos separa a *Odisseia* das *Confissões*! Não menos evidente: não faltam as teorias filosóficas sobre o tempo nesse intervalo (sobretudo Platão, Aristóteles, os estoicos, os epicuristas, Plotino). Elas constituem indubitavelmente saberes adquiridos sem os quais Santo Agostinho não teria podido começar sua própria reflexão, que ia conduzi-lo a um outro caminho, inédito até então, o de uma fenomenologia do tempo. Não se trata aqui de preencher um intervalo, pelo contrário. O que esta fórmula quer simplesmente sugerir é, de início, uma aproximação, um face a face, uma espécie de instantâneo, de um lado, com Ulisses que escuta o aedo e põe-se a chorar, de outro, Santo Agostinho, que se dirige a seu interlocutor divino e faz sua interrogação: "O que é então o tempo? Se ninguém me pergunta, eu sei, mas se alguém fizer a pergunta e eu quiser explicar, não sei mais[168]". Como posso saber e não saber? Este é o primeiro enigma lançado pela meditação do livro 11 das *Confissões*, pontuada de preces e apelos a Deus. É evidente que Ulisses não somente não saberia responder à questão "O que é o tempo?", como não poderia nem mesmo formulá-la nesses termos. Ou se poderia sustentar que as lágrimas, com a comparação que as acompanha, servem como resposta, são sua resposta, ou ainda, sua maneira de não poder responder com suas próprias palavras?

Não leu, em particular, o capítulo 28, que recapitula com um exemplo concreto os conhecimentos adquiridos com a meditação. Partindo do problema da medida do tempo, Santo Agostinho chegou à conclusão de que o tempo era apenas uma "distensão" do próprio espírito. De modo que sua medida devia operar-se "no espírito". Como? Pelo jogo da "distensão" (*distensio*) e da "atenção" (*attentio*). "O espírito espera (*expectat*) e está atento (*adtendit*) e lembra-se (*meminit*), de maneira que, o que espera, atravessando aquilo ao que está atento, passa para o que se lembra[169]." Podem, então, surgir a retomada e a ampliação:

> Preparo-me para cantar um canto que conheço. Antes que comece, minha expectativa dirige-se ao conjunto desse canto, mas, quando comecei, à medida que os elementos extraídos de minha expectativa tornam-se do passado, minha memória por sua vez volta-se para eles, e as forças vivas de minha atividade estão distendidas, para a memória, por causa do que disse, e para a expectativa, por causa do que vou dizer. No entanto, minha atenção está aqui, presente, e é por ela que transita o que era futuro para tornar-se passado. Quanto mais essa ação avança, avança, mais se agrega a expectativa e alonga-se a memória, até que a expectativa seja inteiramente consumida, quando a ação está inteiramente findada e passou para a memória. O que se produz para o canto inteiro produz-se para cada uma de suas partes e para cada uma de suas sílabas; isso se produz para uma ação mais ampla, da qual

---

[168] AUGUSTIN. *Les confessions*, 11, 28, 38. In: *Œuvres de Saint Augustin*. Paris: Desclée de Brouwer, 1996. (Bibliothèque Augustinienne, 14).

[169] AUGUSTIN. *Les confessions*, 11, 28, 37.

o canto é apenas talvez uma pequena parte; isso se produz para a vida inteira do homem, cujas partes são todas as ações do homem; isso se produz para a série inteira dos séculos vividos pelos filhos dos homens, cujas partes são todas as vidas dos homens"[170].

Que se vá do menor ao maior, da sílaba à série dos séculos, passando pela vida inteira de um homem, o canto vale como paradigma das trocas que não cessam de se produzir entre a distensão e a atenção, a atenção agindo do próprio coração da distensão.

Ulisses não dispõe desse modelo para ordenar, entre memória e expectativa, as ações de sua vida. Ele tem, por assim dizer, a *distensio*, mas não a *attentio*. Cada dia é um novo dia para o herói homérico, notava Auerbach, por contraste com as grandes figuras bíblicas. Aquiles, lembremos, não tem nem passado nem futuro, somente o presente: só pode ser Aquiles no presente. Mas até ele deve "deixar o que está feito", deixar a dor que lhe causou a afronta de Agamenon, fazê-la passar, ultrapassá-la, ou jogá-la ao passado, senão o risco é que cesse, de certa maneira, de ser Aquiles. Assim, deve ter o heroísmo de domar seu *thumos*, para que a ação retome, para que possa ser plenamente Aquiles, "desastre dos troianos" e viver, na plenitude de sua brevidade, sua vida no presente.

Na *Odisseia*, a situação de Ulisses é bem diferente. Dirige-se continuamente para o retorno: "não esquece" Ítaca. Aprisionado por Calipso, passa suas noites sem muito prazer com a deusa, "durante o dia, ia sentar-se sobre as pedras das praias / e chorava olhando o mar sem colheitas". E, rejeitando sua oferta de imortalidade, declara: "Desejo a todo o momento / encontrar-me em casa e viver o momento do retorno"[171]. As lágrimas que verte sobre a praia não são as mesmas que verterá escutando Demódoco cantar: com Calipso, são as lágrimas da dor de não estar em Ítaca, da espera desse dia. As outras, vertidas no banquete dos feácios, não são propriamente as lágrimas da lembrança, como as designava Arendt, já que a comparação convida a compreendê-las de outra maneira. Então seriam lágrimas de

---

[170] AUGUSTIN. *Les confessions*, 11, 28, 38.
[171] HOMÈRE. *Odyssée*, 5, 157-158 e 219-220.

luto, como as interpretava simplesmente Alcino? Não exatamente tampouco, a menos que sejam vistas como luto de si mesmo.

Como se Ulisses estivesse em luto por sua parte gloriosa que permaneceu em Troia e é agora confiada ao aedos. Nas duas cenas, elas expressam, em todo caso, a ruptura do presente (ordinário) do herói homérico: em direção ao futuro (o dia do retorno) e em direção ao passado (a tomada da cidade). Até o herói de mil façanhas não está equipado para dar-se conta dessa dupla experiência de *distensio*, que o retorno tardio de Troia a Ítaca dramatiza. Se, retomando as categorias agostinianas, ele é temporalizado pela *distensio* (a viagem que se estende sem fim), ele não é capaz de assimilar e de efetuar o tempo pela *attentio*[172]. A passagem desta última crise é, no entanto, já insistimos nisto, o que vai permitir-lhe que responda a Alcino, forçando-o a se nomear e dizer quem ele é. Pela narrativa que ele faz, então, sem interrupção, Ulisses, tendo partido de Troia, acaba por encontrar, escrevemos, o naufragado de Feácia. A identidade narrativa, assim produzida, esclarece e religa essa sua parte de sombra, até então deixada apenas à *dispersio*[173].

Ainda em outro sentido, Ulisses não leu Santo Agostinho. A fenomenologia do tempo humano está de fato embutida na eternidade de um Deus criador de todos os tempos, de modo que a distensão deve também se compreender como condição própria do homem na Terra. Ele vive na dispersão: "Eu me dispersei (*dissiluí*) no tempo cuja ordem ignoro (*ordinem nescio*), e as variações tumultuosas põem em desordem meus pensamentos". Esta *ordem* do tempo que ele ignora é a de um Deus pessoal que convida a andar em sua direção "a fim de que, abandonando os velhos dias, eu me reúna (*colligar*) seguindo o uno. Assim, esquecendo o passado, voltado não para as coisas futuras e transitórias, mas para aquelas que estão antes e para as quais eu estou não distendido, mas contraído, prossigo em

---

[172] SOLIGNAC, Aimé. Notes complémentaires. In: AUGUSTIN. *Les confessions*, p. 590.

[173] Com esse comentário de Ricœur: "Todo império da narrativa está aqui virtualmente manifesto: desde o simples poema, passando pela história de uma vida inteira até a história universal. É a essas extrapolações, simplesmente sugeridas por Agostinho, que a presente obra [*Temps et récit*] se consagra" (t. I, p. 41). Ricœur poderia ter considerado começar por Ulisses.

um esforço não de distensão (*distensio*), mas de intenção (*intentio*), meu caminho para a palma à qual eu sou chamado dos céus, para lá ouvir a voz do louvor e contemplar tuas delícias que não vêm nem passam"[174].

Da mutabilidade do múltiplo à imutabilidade da eternidade divina, da dispersão à tensão, não para as coisas futuras, mas por um esforço de intenção (não apenas de atenção) para aquelas que estão *antes* (*ante*), tal é a ordem cristã do tempo, à qual o fiel é chamado. Santo Agostinho apenas põe seus passos no caminho de Paulo dirigindo-se ao filipenses:"Esquecendo o que está atrás, e dirigindo-me ao que está adiante, persigo o objetivo pelo prêmio do chamado de Deus em Jesus Cristo[175]". A imagem é a do corredor no estádio. Desde a primeira frase, *A cidade de Deus* desdobra essa mesma ordem, fazendo do cristão um caminhante, que "no curso ou na corrida dos tempos" (*in hoc temporum cursu*) "caminha no meio dos ímpios" (*inter ímpios peregrinatur*) e "espera (*expectat*) a estabilidade da eterna morada"[176]. E Paulo ainda e já:"Não há outra coisa que caminhar a partir de onde nós estamos [...], pois, para nós, nossa cidadania está no céu[177]".

Conceber e viver o tempo como tensão rumo a e abertura para a espera não é, no entanto, uma invenção do cristianismo. A promessa feita a Abraão por Iavé já inaugurara uma tal relação com o tempo: "Sai de teu país, de tua pátria e da casa de teu pai para o país que eu te mostrarei. Farei de ti uma grande nação, eu te abençoarei e exaltarei teu nome[178]". Em seguida, o Êxodo formula uma nova expressão disso, mais dramática e mais rica. Da saída do Egito até a chegada ao país de Canaã, por muito tempo adiada, Iavé, que caminhava à frente, cria de fato uma expectativa, que é a própria motivação da narrativa. Inaugura-se aqui essa imbricação do tempo e da narrativa que Paul Ricœur veio escrutar fazendo-se leitor de Santo Agostinho

---

174 AUGUSTIN. *Les confessions*, 11, 29, 39.
175 Paulo, Epístola aos Filipenses 3, 12-14 (tradução de J. Grosjean).
176 AUGUSTIN. *La cité de Dieu*, Preâmbulo. in: *Œuvres de Saint Augustin*. Paris: Desclée de Brouwer, 1959. (Bibliothèque Augustinienne, 33). t. I.
177 Paulo, Epístola aos Filipenses 3, 16 e 20.
178 Gênese 12, 1.

e de Aristóteles. Dessa *distensão*, retomando o vocabulário de Santo Agostinho, Moisés tem a tarefa de fazer uma história, enquanto uma parte do povo, incapaz de assumir essa espera, continua se dispersando no imediatismo do múltiplo[179]. Por duas vezes, no livro dos Números e no Deuteronômio, serão recapitulados os momentos e as etapas, a sucessão dos acontecimentos – desde a saída do Egito até a margem do Rio Jordão – que constituem a história desses quarenta anos, que deviam modelar Israel com o objetivo de fazer dele "uma dinastia de sacerdotes e uma nação santa[180]". Com as Tábuas da Aliança, escritas uma primeira vez, depois reescritas, retomadas ainda no Deuteronômio, os filhos de Israel dispõem doravante de tudo que é necessário lembrar para ser fiel à sua parte do contrato da Aliança. Quando, por volta do ano 100 d.C., trinta anos após a destruição do Templo, os rabinos fixarem finalmente o cânone da Bíblia, saber-se-á tudo o que é preciso saber. "Pela primeira vez, inscrevia-se a história de um povo em escrituras sagradas." De modo que, sendo o passado "conhecido" e o futuro "certo", o tempo para viver entre a era bíblica e a vinda do Messias, mesmo que ele "permanecesse obscuro", não era portador de "revelação nova ou útil"[181]. Com sua forte linearidade, sua forte tensão para frente, o Êxodo deu, em todo caso, suas formas às concepções judaicas do tempo e, por fim, às não judaicas também. Essa narrativa, com sua progressão no espaço e no tempo, tornou possível conceber e formular outras experiências, forjar outras narrativas. Essas últimas observações são extraídas de Michael Walzer, que consagrou um livro inteiro ao Êxodo como paradigma revolucionário ao longo de toda a história ocidental[182].

Na relação com o tempo, o que o cristianismo forneceu especificamente foi a quebra do tempo em dois pelo acontecimento decisivo da Encarnação: o nascimento, a morte e a ressurreição do filho de Deus feito homem. Abriu-se, então, um novo tempo, que um

---

[179] HARTOG. *Mémoire d'Ulysse*, p. 29. CHALIER, Catherine. *L'Histoire promise*. Paris: Éditions du Cerf, 1992. p. 48-60.

[180] Êxodo 19, 6.

[181] YERUSHALMI, Yosef Hayim. *Zakhor: histoire juive et mémoire juive*. Paris: La Découverte, 1984. p. 31 e 40.

[182] WALZER, Michel. *Exodus and revolution*. New York: Basic Books, 1985. p. 7, 12.

segundo e último acontecimento virá fechar de novo, o do retorno de Cristo e do Juízo Final. O tempo de entremeio, intermediário, é um tempo de expectativa: um presente habitado pela esperança do fim. O próprio Jesus anuncia: "Sim, eu vos digo isso, essa geração não passará até que tudo tenha acontecido. [...] Mas o dia e a hora, ninguém conhece, nem os anjos do céu, nem o Filho, mas somente o Pai. [...] Acordai, assim, pois vós não sabeis que dia vosso senhor vem. [...] Por isso estai prontos também, pois na hora em que não pensais nisso, o filho do homem vem[183]". A vigilância, no primeiro sentido, é obrigatória: "Expulsai o sono", pede igualmente Lucas.

Contudo, mais ainda que esse presente escatológico, o que é *novo* no Novo Testamento é a tensão instaurada "entre o presente e o futuro, entre o acontecimento decisivo pelo qual *tudo já está concluído* e o desfecho final que mostra bem que *nem tudo ainda está acabado*[184]". Dessa tensão instauradora decorre a ordem propriamente cristã do tempo e a história como história da Salvação. Na qual o *já* e o *ainda não* não se equilibram como os dois pratos de uma balança. O *já* pesa mais, tendo em vista que com ele a história se precipitou: estamos para sempre além do "ponto decisivo[185]". O mundo está salvo. Segue-se que o presente, aberto pelo *já*, é um tempo privilegiado.

Em relação ao passado, seguramente. Mesmo que não o anule de forma alguma, ele vem esclarecê-lo, dar-lhe sentido como preparação e concluí-lo. Testemunha disso é a preocupação dos primeiros cristãos em anunciar que a vinda de Cristo *cumpriu* as Escrituras, assim como sua insistência em falar da *Antiga* e da *Nova* aliança, do *Antigo* e do *Novo* Testamento. "Escrutai as escrituras porque contais por meio dela a vida eterna, ora elas testemunham sobre mim", diz Jesus aos "judeus". E ainda, aos mesmos interlocutores: "Moisés escreveu sobre mim"[186]. Quanto ao futuro, em princípio ele não se distingue fortemente desse presente

---

[183] Evangelho segundo Matheus, 24, 34, 36, 42 e 44.

[184] CULLMAN, Oscar. *Le salut dans l'histoire: l'existence chrétienne selon le Nouveau Testament.* Neuchâtel: Delachaux et Niestlé, 1966. p. 173.

[185] CULLMAN, Oscar. *Le salut dans l'histoire*, p. 185.

[186] Evangelho segundo João 5, 39 e 46.

vivenciado como "antecipação do fim", desse presente voltado para um fim talvez iminente. O Reino vem, e essa geração não passará até que tudo tenha acontecido. "Verdadeiramente, eu vos digo, alguns que estão aqui não experimentarão a morte antes de ter visto o reino de Deus": Jesus para seus discípulos[187]. Para além dessa espera, nada mais pode acontecer.

Depois, uma vez passados os tempos apostólicos, a parúsia distancia-se e com a institucionalização da Igreja, o tempo intermediário vai alongar-se. Toda a obra de Santo Agostinho testemunha esse alongamento, mas em meio à tensão contínua. Desde o nascimento de Cristo segundo a carne, o mundo entrou na sua sexta idade, a da velhice, e a última, antes do sabá do sétimo dia, quando se realizará a visão de Deus[188]. Então estará acabada a caminhada, mas enquanto isso a tensão permanece: não se olha para as coisas passadas, mas para Cristo, não se olha tanto para o futuro, que também desaparecerá, do que *para adiante* (*ante*).

Mas chega um momento, "quando a herança política e espiritual de Roma passa para a Igreja[189]", em que se descontrai a tensão do *já* e do *ainda não*, constitutiva do presente ou do tempo intermediário. Entre os dois, o intervalo vai crescendo, mesmo que a história do cristianismo seja entrecortada de fases de reativação dessa tensão, às vezes exacerbada. Com as heresias e as múltiplas reformas proclamadas, abortadas ou reprimidas que, por um retorno às origens, desejam refazer do presente um tempo plenamente messiânico. Mas o *já*, tomado em uma tradição que se alimenta disso e o sustenta, vai tender a pesar cada vez mais. Contemporâneo de Constantino, Eusébio, bispo de Cesareia, instaura o conceito de história eclesiástica que, partindo do Cristo em direção ao tempo presente, fixa a tradição pelo estabelecimento de uma cadeia de testemunhas, já apresentando um sistema de autoridades. Nesse momento se deverá olhar menos para frente e mais para trás, para Cristo, com quem tudo começa, e que é também o insuperável modelo vivo. Ele é

---

[187] Evangelho segundo Lucas 9, 27.
[188] AUGUSTIN. *La cité de Dieu*, 22, 30, 5.
[189] ARENDT. *La crise de la culture*, p. 164.

esse farol, cuja luz ilumina o antes (de Adão a ele) e o depois (dele até o fim dos tempos). "Graças ao fato de que a fundação da cidade de Roma foi renovada na fundação da Igreja Católica, ainda que, evidentemente, com um conteúdo radicalmente diferente, a trindade romana da religião, da autoridade e da tradição pode ser retomada pela era cristã[190]."

Essa inflexão da ordem cristã do tempo em direção ao *já*, a um passado em verdade continuamente reativado pelo ritual, permite à Igreja, em todo caso, recuperar, retomar, habitar os modelos antigos do *mos majorum* e da *historia magistra*, e de fazê-los funcionar em seu proveito. Mas sem jamais se identificar completamente com eles: tornar-se uma potência *temporal*, invocando uma outra ordem do tempo. Perdura, enfim, certa plasticidade da ordem cristã do tempo na qual presente, passado, futuro articulam-se na eternidade. De modo que ele não se confunde nem se reduz a um único regime de historicidade, nem mesmo com o que pesou mais, da *historia magistra*. Depois, tempo cristão e tempo do mundo vão se dissociar, atravessando numerosas crises, até a ruptura. O que não implica de maneira alguma, bem pelo contrário, que nada tenha acontecido de uma ordem à outra, à medida em que a abertura do progresso sobrepujava a esperança da Salvação: uma tensão para o antes e um "fervor de esperança" voltado para o futuro[191].

---

[190] ARENDT. *La crise de la culture*, p. 166.

[191] LÖWITH, Karl. *Histoire et salut: les présupposés théologiques de la philosophie de l'histoire*. Paris: Gallimard, 2002. p. 21-22. Ao que conviria acrescentar a perspectiva do desencantamento, introduzida por Max Weber: ver BOURETZ, Pierre. *Les promesses du monde: philosophie de Max Weber*. Paris: Gallimard, 1996.

CAPÍTULO 3

Chateaubriand: entre o antigo e o novo regime de historicidade

Diferentemente de Ulisses, Chateaubriand "leu" Santo Agostinho. Ele foi modelado pela experiência cristã do tempo e teve como primeiro e único horizonte uma ordem católica e monárquica do tempo. Mas, nascido em 1768, Chateaubriand cresceu em um período de intensa crise e de reconsiderações sobre as relações com o tempo. É por essa razão que ele, que teve toda sua vida radicalmente transformada com a Revolução, será nosso guia. Entre Santo Agostinho e Chateaubriand, entre o Saque de Roma por Alarico e a Tomada da Bastilha, muitos nomes decerto teriam seu lugar, em particular Petrarca, Bacon, Montaigne, Perrault ou Rousseau e, entre o século XV e o século XVIII, até a chegada da época das revoluções, várias experiências e crises do tempo mereceriam ser analisadas.

Por que Chateaubriand? Porque, cadete da nobreza bretã, que vinha do Antigo Regime e se apegava tão obstinadamente ao que nele mudava diante de seus olhos, viajante que inicialmente abandonara o Velho Mundo para encontrar o tempo sem idade dos Selvagens, um vencido da Revolução, compreendeu afinal, melhor do que muitos de seus contemporâneos, a nova ordem do tempo dos Modernos, visto que soube fazer dessa experiência da ruptura dos tempos, dessa fenda ou brecha, a própria razão de sua escrita. Como Santo Agostinho antes dele, Chateaubriand é um "vencido" no sentido de Koselleck, para quem é possível "que, a curto prazo, a história seja feita pelos vencedores, mas, a longo prazo, os

93

ganhos históricos de conhecimentos provêm dos vencidos"[192]. É verdade que nem um nem outro foram historiadores, mas talvez seja precisamente porque a história, tal como ela existia enquanto gênero, não lhes permitia dar conta de suas respectivas experiências em sua radicalidade.

"Eu me encontrei entre dois séculos" – escreverá o velho memorialista, em vias de terminar este monumento inaudito das *Memórias de além-túmulo* – "como na confluência de dois rios; mergulhei em suas águas turvas, afastando-me com melancolia do velho rio onde nasci, nadando com esperança para uma margem desconhecida[193]." São palavras retrospectivas: uma imagem que ele retomou mais de uma vez, como balanço de uma vida. Comecemos então por retroceder ao início da aventura, quando a confluência ainda estava longe de poder ser reconhecida. Duas obras: *Ensaio histórico*, seu primeiro livro, publicado em 1797, e *Viagem à América*, que só será publicada em 1827, permitem acompanhar por mais de um quarto de século o jogo entre três termos constitutivos da tradição ocidental: os Antigos, os Modernos e os Selvagens. Não se trata, evidentemente, de desenvolver aqui sua longa e rica história, nem mesmo de fazer um esboço deles. Gostaríamos somente de interrogá-los do ponto de vista de suas relações com o tempo, atentando para as temporalidades veiculadas ou induzidas pelas maneiras de articulá-los nessa época conturbada.

A viagem do jovem Chateaubriand

A obra *Ensaio histórico* pertence ao vasto conjunto de textos americanos. Partindo para a América do Norte em 1791 e retornando no início de 1792, o jovem visconde faz uma breve passagem pelo Exército dos Príncipes antes de se exilar em Londres. É lá, no momento em que leva uma vida difícil, que o livro é redigido. Em 1822, de volta a Londres como embaixador, ele revisitará os lugares que frequentava com seus "parceiros de

---

[192] KOSELLECK, Reinhart. *L'Expérience de l'histoire*. Paris: Gallimard; Seuil, 1997. (Hautes Études). p. 239.

[193] CHATEAUBRIAND. *Mémoires d'outre-tombe*. Paris: Gallimard, 1951. (Bibliothèque de la Pléiade). t. II, p. 936.

infortúnio[194]". Publicado pela primeira vez em 1797, o *Ensaio histórico* é republicado em 1826, mesmo que Chateaubriand (tendo, como sempre, grande necessidade de dinheiro) estivesse empenhado na edição de suas *Obras completas*[195]. Nesse ínterim, o desconhecido jovem imigrante foi então embaixador em Londres, mas também em Berlim e Roma e até mesmo ministro das Relações Exteriores: mas, sobretudo, tornou-se um escritor famoso. "Partir para ser viajante na América do Norte, retornar para ser soldado na Europa, eu não sustento até o fim nenhuma dessas carreiras: um gênio mau arrancou-me a lança e a espada da mão e, em seu lugar, colocou a pena[196]." Uma advertência do autor, um prefácio e numerosas notas críticas vêm indicar e medir a distância que o separa, agora, desse texto que ele considera, contudo, "um dos mais singulares monumentos" de sua vida[197]. Ele oferece, de fato, o texto como um palimpsesto.

De maneira diversa do *Ensaio histórico, Viagem à América* não teve primeira publicação, provavelmente porque não havia sido redigido antes da finalização das *Obras completas*. "Publicando suas *Obras completas*, Chateaubriand quer fornecer ao público textos inéditos. Durante mais de um quarto de século, ele havia colecionado trechos, análises, um vasto acervo de documentos de onde saiu uma grande quantidade de obras. Em 1826, o restante vai servir de base à penúltima palavra sobre a América, já que a última será dita somente

---

[194] CHATEAUBRIAND. *Mémoires d'outre-tombe*, t. I, p. 195.

[195] CHATEAUBRIAND. *Essai historique, politique et moral sur les révolutions anciennes e modernes, considerées dans leurs rapports avec la Révolution française* [citado *Essai*]. In: *Essai sur les révolutions: génie du christianisme*. Paris: Gallimard, 1978. (Bibliothèque de la Pléiade). Salvo indicação contrária, todas as referências ao *Ensaio* são retiradas da edição de Chateaubriand publicada na Pléiade.

[196] CHATEAUBRIAND. *Voyage em Amérique* [citado *Viagem*]. In: *Œuvres romanesques et voyages*. Paris: Gallimard, 1978. (Bibliothèque de la Pléiade). t. I, p. 888.

[197] CHATEAUBRIAND. *Essai*, p. 224: "Literariamente falando, o *Ensaio* diz respeito a tudo, discute todos os assuntos, sublinha um sem número de questões, mescla um mundo de ideias e mistura todas as formas de estilo. Ignoro se meu nome chegará ao futuro: não sei se a posteridade ouvirá falar de minhas obras; mas se o *Ensaio* escapasse do esquecimento tal como é, sobretudo com as Notas críticas, esse seria um dos monumentos mais singulares da minha vida". Sobre essa forma que Chateaubriand tem de multiplicar os inícios, ver REICHLER, Claude. Raison et déraison des commencements. *Révue des sciences humaines*, n. 247, juil. 1997, p. 175-176.

nas *Memórias*[198]." Penúltima palavra, que será finalmente uma nova *viagem*, de onde vai surgir aos olhos do leitor uma outra América, diferente daquela que ele havia partido para ver.

Com os Antigos e os Modernos, temos um par que estruturou profundamente e a longo prazo a história da cultura ocidental em sua relação com o tempo. As numerosas querelas que ritmaram sua história são, ao mesmo tempo, expressão da própria tensão que a constitui[199]. Com o Selvagem, que as primeiras narrativas de viagem ao Novo Mundo relatam, um novo termo entra em jogo. A partir desse momento, não se refletirá mais somente sobre dois termos, mas sobre três, ou seja, na maior parte do tempo, dois mais um: os Modernos frente aos Antigos/Selvagens. Dessa história longa e complexa, deter-me-ei somente em dois autores, pois eles são importantes para Chateaubriand.

O primeiro, evidente, é Rousseau. De fato, matriz até em suas aporias para o Chateaubriand do *Ensaio* e, bem além desse, até para os *Tristes trópicos* de Claude Lévy-Strauss, ele próprio bom leitor de Chateaubriand. Para Rousseau, os Antigos ao mesmo tempo são e não são modelos. Contra os Modernos, ele louva os Antigos e divide-se, no que diz respeito a eles, entre nostalgia (como demonstra, por exemplo, sua leitura jamais interrompida de Plutarco) e utopia. Assim, com o projeto de escrever uma história da Lacedemônia, ele quer reunir esses "preciosos monumentos que nos ensinam o que os homens podem ser mostrando-nos aquilo que eles foram[200]". Trata-se de ir do passado ao futuro, mas rumo a um futuro levado a acontecer, ou, melhor, de fixar um horizonte em direção ao qual caminhar. E, se a cidade do *Contrato social* tem algo da cidade antiga, toda sociedade (inclusive antiga) não deixa de ser uma mutilação

---

[198] CHATEAUBRIAND. *Voyage en Amérique*. Edição crítica por Richard Switzer. Paris: Didier, 1964. t. I, p. LXIX.

[199] HARTOG, François. Confronto com gli Antichi. In: SETTIS, Salvatore (Org.). *I greci, 1: noi e i greci*. Turin: Einaudi, 1996. p. 3-37; LECOQ, Anne-Marie (Éd.). *La querelle des anciens et des modernes*. Paris: Gallimard, 2001; YILMAZ, Levent. *La querelle des modernes: temps, nouveauté et histoire à travers la querelle des anciens et des modernes*. Paris: Gallimard, 2004.

[200] ROUSSEAU, Jean-Jacques. Histoire de Lacédémone. In: *Œuvres complètes*. Paris: Gallimard, 1964. (Bibliothèque de la Pléiade). t. III. p. 544. Sobre Rousseau e a Antiguidade, ver TOUCHEFEU, Yves. *L'Antiquité et le Christianisme dans la pensée de Jean-Jacques Rousseau*. Oxford: Voltaire Foundation, 1999.

em relação ao estado de natureza. Daí o chamado do selvagem, ouvido, colocado em cena e em palavras pelo jovem Chateaubriand: "Oh, homem da natureza, é somente tu que fazes com que eu me glorifique de ser homem! Teu coração não conhece a dependência [...][201]". Longe das tempestades e das revoluções, o selvagem é como uma ilha onde o náufrago espera encontrar um refúgio[202]. Já não é mais Rousseau.

Chamado do selvagem, chamado ao selvagem, mas também chamado à viagem: "Suponhamos um Montaigne, um Buffon, um Diderot, lançava Rousseau, viajando, observando, descrevendo [...]; suponhamos que eles [...] fizessem posteriormente a história natural moral e política daquilo que tivessem visto, veríamos nós mesmos um novo mundo brotar de sua pena e assim aprenderíamos a conhecer o nosso[203]". Essa famosa injunção do *Discurso sobre a desigualdade* é reiterada pela frase do *Ensaio histórico*: "Se aquele que, devorado pela sede de conhecer, abdicou dos prazeres da fortuna para ir além dos mares contemplar o maior espetáculo que possa se oferecer ao olhar do filósofo, meditar sobre o homem livre da natureza e sobre o homem livre da sociedade, colocados um próximo ao outro no mesmo lugar; se um tal homem, digo, merece alguma confiança, leitores, vocês o encontrarão em mim[204]". Para o autor de *Tristes trópicos*, esse projeto inicialmente traçado por Rousseau fez dele o "fundador das ciências do homem[205]" e o primeiro a formular o que será sua própria teoria do "olhar distanciado", à qual me referi no capítulo anterior.

O segundo nome é o de Joseph-François Lafitau, uma das fontes diretas de *Viagem à América*. Missionário no Canadá, jesuíta, ele havia publicado, em 1724, *Mœurs des sauvages amériquains comparées aux mœurs des premiers temps* (*Costumes dos selvagens americanos*

---

[201] CHATEAUBRIAND. *Essai*, p. 440.

[202] CHATEAUBRIAND. *Essai*, p. 316: "Resolvi não reembarcar no mar do mundo. Algumas vezes, ainda contemplo suas tempestades, como um homem deixado só em uma ilha deserta, que se apraz, em uma secreta melancolia, ao ver as ondas se chocarem ao longe, na costa onde ele naufragou".

[203] ROUSSEAU, Jean-Jacques. Discours sur l'origine et les fondements de l'inegalité parmi les hommes (nota X). In: *Œuvres complètes*, t. III, p. 214.

[204] CHATEAUBRIAND. *Essai*, p. 43.

[205] LÉVI-STRAUSS, Claude. *Tristes tropiques*. Paris: Plon, 1955. p. 353.

comparados aos costumes dos primeiros tempos). O homerismo dos Selvagens em *Viagem* provém em grande parte de Lafitau. Mas, neste, a comparação é imediatamente estabelecida e reivindicada enquanto instrumento heurístico. Contudo, sua finalidade está em outro lugar: Lafitau não pretende fundar a antropologia comparada, demonstrando, segundo a fórmula de Arnaldo Momigliano, que os gregos também foram selvagens. Ele quer elucidar as origens: os Selvagens, como os Antigos, tornam-se então testemunhas a ser interrogadas, "vestígios" a serem interpretados a fim de elucidar a antiguidade mais remota. Eles testemunham menos para si mesmos do que para além deles mesmos. Entendendo-se que esse além, isto é, sua origem comum, é o que fundamenta, em último recurso, a possibilidade de se aproximar deles. Contra os ateus e os céticos modernos, Lafitau tenta demonstrar a existência de uma religião primordial, a mesma em todos os lugares e muito anterior à lei mosaica[206]. Seja como for, independentemente da perspectiva apologética e da arquitetura na qual ela se insere, o método de Lafitau, com base no paralelo como produtor de inteligibilidade, "naturaliza" o vaivém entre os Selvagens e os Antigos.

O *Ensaio histórico* é, inicialmente, um relato de viagem: viagem ao Novo Mundo, sem sombra de dúvida, mas, antes de tudo, viagem interior. Eis uma investigação histórica sobre o curso das revoluções antigas e modernas que é aberta por esta pergunta: "Quem sou eu?[207]". Quem eu sou, precisamente porque o mundo onde nasci desmoronou. A partir de então, quem está em processo de se tornar escritor não deixará mais de se fazer essa pergunta, pena à mão e, uma página após a outra, a retomará. No preâmbulo, colocado antes da introdução, Chateaubriand considera seu livro uma espécie de "diário regular" de suas "excursões mentais"[208]. Quando ele se aventura sozinho pela primeira vez no meio do "oceano" da floresta

[206] HARTOG, François. Entre les anciens et les modernes, les sauvages. *Grandhiva*, n. 11, 1992, p. 23-30.

[207] CHATEAUBRIAND. *Essai*, p. 40. Ver, sobre o *Itinéraire de Paris à Jérusalem*, BERCHET, Jean-Claude. Un voyage vers soi. *Poétique*, n. 14, 1983, p. 91-108; MACHEREY, Pierre. *L'Essai sur les Révolutions* ou le laboratoire d'un style. *Europe*, n. 775, 1993, p. 29-45; ANTOINE, Phillipe. *Les récits de voyage de Chateaubriand: contribution à l'étude d'un genre*. Paris: Honoré Champion, 1997.

[208] CHATEAUBRIAND. *Essai*, p. 37.

norte-americana, descreve "a estranha revolução que se operou em seu interior[209]". Como se a verdadeira revolução fosse essa, a que ele veio procurar, e não aquela da qual fugiu. Tendo como fim uma noite nas florestas do Novo Mundo, o livro conduz o leitor das ruínas do Velho Mundo aos desertos ou florestas do Novo, ao passo que o viajante, por sua vez, fez exatamente o caminho inverso: primeiro, ele foi ao Novo, antes de reconsiderar o Velho e sua história.

Para se guiar no mundo dos Antigos, o jovem imigrante serviu-se amplamente de um dos *best-sellers* do momento, *Viagem do jovem Anacharsis*, publicado pelo abade Jean-Jacques Barthélemy em 1788. Mas, enquanto o jovem Anacharsis, "incapaz de suportar a vida errante" que havia levado até então, abandona a Cítia pela Grécia, até que a morte da liberdade grega (em 338, na batalha de Cheronea, comandada por Filipe da Macedônia) o leve finalmente de volta à Cítia[210], o jovem Chateaubriand deixa o Velho Mundo (onde a liberdade expirou) para encontrar os Selvagens e sua liberdade autêntica. Além desse encontro no percurso dos dois viajantes, os citas ocupam um lugar importante na economia do *Ensaio*, a tal ponto que se pode falar de um verdadeiro paradigma cita.

Assim, uma nota da primeira redação sublinha, a propósito dos três capítulos cíticos: "Vou apresentar ao leitor a idade selvagem, pastoral-agrícola, filosófica e corrompida, e lhe dar, assim, sem sair do assunto, o índice de todas as sociedades e o quadro resumido, mas completo, da história do homem[211]". De onde vêm então esses citas, que resumem as três idades da civilização, da selvageria à corrupção? Eles entraram na cena literária e filosófica com o livro IV das *Histórias* de Heródoto e suscitaram, daí em diante, uma miríade de reflexões e comentários[212].

Antes que Chateaubriand apele a eles para sua demonstração, saiba-se que Voltaire escreveu, em 1766, uma peça chamada exatamente *Os Citas*. "Eis, por assim dizer, o estado de natureza colocado em oposição ao estado de homem artificial, tal como ele se dá nas

---

[209] CHATEAUBRIAND. *Essai*, p. 442.

[210] BARTHÉLEMY, Jean-Jacques. *Voyage du jeune Anarcharsis en Grèce*. Paris, 1790. t. II. p. 3.

[211] CHATEAUBRIAND. *Essai*, p. 184, nota B.

[212] HARTOG, François. *Le miroir d'Hérodote*. 3. ed. Paris: Gallimard, 2001.

grandes cidades", escrevia Voltaire no prefácio. E, após o fracasso da peça, ele esclarecia, sem rodeios, em uma carta para o rei da Prússia: "*Os Citas* são uma obra muito medíocre. A peça é mais sobre cantões suíços e um marquês francês do que sobre os citas e um 'príncipe persa'". Se consultarmos o artigo "Cita" da *Enciclopédia*, escrito pela zelosa pena do Chevalier de Jaucourt, encontraremos o personagem retratado como um bom selvagem. Reduzido, de fato, somente às necessidades da natureza, o Cita não deseja nada além. Assim, ele gozou de uma felicidade que os povos da Grécia não conheceram. Anacharsis, Toraxis, Zalmoxis (o trio de citas célebres, aos quais ainda se pode somar Abaris) são, enfim, menos filósofos que legisladores. Quanto a Anacharsis, o mais famoso de todos, é um "homem de bem", que morre sob as flechas de seus compatriotas, suspirando: "A sabedoria que garantiu minha segurança na Grécia causou minha perda na Cítia[213]".

Mas, na realidade, o retrato desses virtuosos citas já aparece bastante completo na obra do abade Rollin, que, por sua vez recorrendo ao historiador Justino, baseia-se na autoridade de Homero sem negligenciar uma discreta aproximação com a vida dos Patriarcas. Sua honestidade o obriga, contudo, a mencionar uma tradição divergente (e muito antiga, uma vez que remonta a Estrabão e, na realidade, até Éforo do século IV a.C.), que os mostra ferozes e bárbaros. Mas ele retorna imediatamente a Justino, que, antes de Jaucourt, destacava que os citas, a despeito de sua ignorância, eram mais sábios do que os gregos, apesar de seus legisladores e todos seus filósofos. Anacharsis é igualmente um herói inteiramente positivo. É possível, a partir disso, perguntava Rollin, "recusar a esses povos estima e admiração"? Não, é claro. Mas, continuava, veio a época da corrupção, sob o efeito do "luxo": como e por quem? "Esta funesta mudança deve-se aos romanos e aos gregos, ensina Estrabão[214]". Tudo está claro, então.

"Os felizes citas, que os gregos chamavam de bárbaros." Assim iniciam os capítulos cíticos do *Ensaio*. Chateaubriand começa ado-

---

[213] Sobre o velho Anacharsis, ver HARTOG. *Mémoire d'Ulysse*, p. 118-127.
[214] ROLLIN, Abade. *Histoire ancienne*. Paris, 1731-1738. t. III. p. 30.

tando a visão clássica dos citas, aquela de Rollin (ou de Jaucourt), mas acrescenta a ela um paralelo entre os suíços e os citas, entendendo-se que os gregos foram para os citas o que os franceses são para os suíços: corruptores! O paralelo das três idades da Cítia e da Suíça não é, todavia, estrito: há espaço para certo desvio. "Os citas no mundo antigo, os suíços no mundo moderno, atraíram os olhos de seus contemporâneos pela grande notoriedade de sua inocência. Entretanto, a aptidão diversa de sua vida teve de introduzir alguma diferença em suas virtudes. Os primeiros, pastores, amavam a liberdade por si mesma; os segundos, agricultores, a amavam por suas propriedades. Aqueles quase atingiam a pureza primitiva, estes estavam mais avançados, a um passo dos vícios civis[215]." Não se avança, então, na mera repetição. Rousseau passou por isso.

No que diz respeito aos citas, Chateaubriand introduz duas modificações significativas. A vida cita não lembra mais aquela dos Patriarcas, mas é pura e simplesmente a do homem primitivo. Passar do cita ao indígena não traz, então, nenhum problema ou, mais exatamente, não há nenhuma diferença entre um e outro, uma vez que ambos são igualmente homens da natureza. "Assim eu o vi sob os bordos do Lago Erie, este eleito da natureza que sente muito e pensa pouco, que não tem outra razão senão suas necessidades e que chega à resposta da filosofia como a criança entre as brincadeiras e o sono[216]." Rollin não dizia nada de diferente, mas aqui está reescrito do ponto de vista do Selvagem. "Eu complemento aqui", esclarece uma nota, "como se fosse preciso, pela pintura do selvagem mental da América, o que falta em Justino, Heródoto, Estrabão, Horário, etc., na história dos citas. Os povos naturais, com apenas algumas diferenças, são parecidos: quem viu um, viu todos os outros." Daí também a origem da exclamação: "Bons citas, por que vocês não existiram em nossos dias? Eu teria ido procurar entre vocês um abrigo contra a tempestade[217]". A Cítia é amplamente concebida como uma primeira América desaparecida, isto é, um refúgio.

[215] CHATEAUBRIAND. *Essai*, p. 188.
[216] CHATEAUBRIAND. *Essai*, p. 185.
[217] CHATEAUBRIAND. *Essai*, p. 186.

O jovem Chateaubriand decididamente não é um jovem Anacharsis: ele só pensa em fugir da Grécia e reencontrar a Cítia.

A outra modificação, mais marcante, é com relação a Anacharsis. Não o Jovem, mas seu ancestral, que Chateaubriand é o único a retratar como um personagem negativo. Servindo para ilustrar o esquema da decadência sugerido por Estrabão, ele não aparece de forma alguma como o sábio, que age como na Grécia, nem mesmo como o "bárbaro" que, na tradição cínica, vem ridicularizar a pretensa "sabedoria" grega. É simplesmente o homem do progresso, o corruptor: o filósofo. "Ele acreditou que seus compatriotas eram bárbaros porque viviam segundo as leis da natureza." Assim, procurou elucidá-los. Decerto, rapidamente pagou com a vida suas inovações, mas o levedo "continuou a fermentar". "Decepcionados com a sua inocência", os citas bebiam "o veneno da vida civil", ilustrando assim a era "filosófica e corrompida"[218].

"Historia magistra vitae"

Esse é o paradigma cita ou "Quadro resumido" da história humana, que uma nota de 1826 virá excluir rapidamente: "Estes três capítulos estão fora do tema do *Ensaio* assim como três quartos da obra![219]" Por que diabos? Sua composição é totalmente baseada no princípio da *historia magistra*, ao qual a estrutura do *Ensaio* obedece e que, até então, regeu a relação com o tempo mantida por Chateaubriand. Sob essa forma, a famosa fórmula *historia magistra vitae* remonta a Cícero[220]. Ela expressava a concepção clássica de história enquanto fornecedora de exemplos (*plena exemplorum*). "Ao nosso redor, tudo formiga de lições e exemplos", relembra uma nota do *Ensaio*[221]. Neste ponto, as afirmações de Reinhart Koselleck sobre a dissolução do modelo da *historia magistra* são duplamente escla-

---

[218] CHATEAUBRIAND. *Essai*, p. 189 e 191.

[219] CHATEAUBRIAND. *Essai*, p. 193 (nota da nova edição).

[220] Se Cícero é aquele que dá a fórmula canônica, por assim dizer, em *De l'orateur*, 2, 9, 36, a concepção da *historia magistra* é anterior: ver HARTOG, François. *L'Histoire, d'Homère à Augustin*. Paris: Seuil, 1999. p. 185-186.

[221] CHATEAUBRIAND. *Essai*, p. 31.

recedoras: para compreender a posição do próprio Chateaubriand e entender, ao mesmo tempo, o que quer dizer essa mudança de regime de historicidade.

Em análises, doravante clássicas, Reinhart Koselleck demonstrou como a formação do conceito moderno de história (*die Geschichte*) na Alemanha dos anos 1760-1780 pouco a pouco esvaziou de sua substância uma concepção de história que conjugava exemplaridade e repetição[222]. Ao contrário, a História no singular (*die Geschichte*), que se entende como processo e se concebe como história em si, com seu próprio tempo, abandona o *exemplum* e se detém no caráter único do acontecimento. Assim, aprofundam-se uma distância e uma tensão entre o campo da experiência dos indivíduos e seu horizonte de expectativa[223]. Precisamente, o conceito moderno de história possibilita compreender esse distanciamento, dar conta dele e mesmo colocá-lo a serviço do progresso geral da história. Essas reflexões da escola histórica alemã, formuladas anteriormente, são realmente colocadas à prova na Revolução Francesa, que foi vivenciada por muitos como uma experiência de aceleração do tempo, acarretando uma brutal distensão e até uma ruptura entre o campo da experiência e o horizonte de expectativa.

Esse é exatamente o problema com o qual se vê confrontado Chateaubriand, que, escrevendo o *Ensaio*, empenha-se em reduzir (como se reduz uma fratura) a ruptura. Ele quer compreender, mas também prever – com os instrumentos intelectuais de que dispunha na época: o exemplo e o paralelo –, considerando as revoluções antigas e modernas "em suas relações com a Revolução Francesa".

Assim, ele parte do passado para reencontrar o presente e, se possível, indo mais longe, prever o futuro. Como claramente indica uma série de declarações ao longo do *Ensaio*: "Com a tocha das revoluções passadas na mão, entraremos destemidamente na noite das revoluções futuras. Compreenderemos o homem de outrora apesar de seus disfarces e obrigaremos Proteu a nos revelar o homem

---

[222] KOSELLECK. *Le futur passé*, p. 37-62.
[223] KOSELLECK. *Le futur passé*, p. 317-322.

que está por vir[224]". O Proteu evocado é o de Homero: Proteu, o Egípcio, um imortal. Para saber como voltar para casa, Menelau deve inicialmente aprisioná-lo, pois Proteu sabe assumir as mais diversas formas para escapar. Somente depois ele pode interrogá-lo. Adivinho, como Tirésias consultado por Ulisses, Proteu sabe, de fato, tanto o futuro quanto o passado[225]. Ao passo que o Proteu de Chateaubriand não é um estranho: ele nada mais é do que o próprio "homem de outrora", que o intérprete deve pressionar e desmascarar para que revele o homem que está por vir. O passado fala desde que se saiba interrogá-lo. "Do quadro de perturbações da antiguidade [...] remontarei por uma série de infelicidades, das primeiras idades do mundo até o nosso século." Essa "retomada" das épocas efetua-se realmente a partir do passado[226]. "Aquele que lê a história assemelha-se a um homem viajando no deserto, pelos fabulosos bosques da antiguidade que prediziam o futuro.[227]" "Se queres prever o futuro, consideres o passado. É um dado confiável, que não enganará jamais se tu partires do princípio: os costumes[228]."

Chateaubriand mistura desordenadamente lembranças clássicas, de Proteu aos bosques sagrados, para se persuadir de que o passado ainda esclarece bem o futuro. Mas se está em pleno *wishful thinking*. Como "os séculos das luzes, em todas as épocas, foram aqueles da servidão", Chateaubriand prossegue, resulta que, "segundo os dados da história, não posso me impedir de estremecer diante do destino futuro da França"[229]. Vem, então, concluindo a demonstração, uma "importante verdade": o homem "somente se repete sem parar"; "circula em um círculo do qual busca em vão sair"[230]. Com esta consequência, tão peremptória como esperada: não há quase nada de novo na Revolução Francesa.

[224] CHATEAUBRIAND. *Essai*, p. 51.
[225] HOMÈRE. *Odyssée*, 4, 388-393.
[226] CHATEAUBRIAND. *Essai*, p. 51.
[227] CHATEAUBRIAND. *Essai*, p. 82.
[228] CHATEAUBRIAND. *Essai*, p. 220.
[229] CHATEAUBRIAND. *Essai*, p. 341.
[230] CHATEAUBRIAND. *Essai*, p. 442

Tal relação com o tempo e com a história encoraja as aproximações, incita a busca dos paralelos entre os Antigos e os Modernos e deveria justificar a prática da imitação. Visto que a história é fundamentalmente repetição, a comparação (como busca e inventário de semelhanças) com a Antiguidade é o primeiro momento, indispensável, de um prognóstico bem construído. De fato, em matéria de paralelos, nessa época Chateaubriand não duvida de nada e não teme ninguém: Atenas e Paris, Londres e Cartago, os austríacos e os persas, Cook e Hannon, Crítias e Marat, etc. É "um caos", dirá e repetirá o prefácio de 1826: coquetismo com certeza, posicionamento também, mas não somente[231].

Ele não hesita em lançar mão de Tácito, por sua própria conta, colocando todo o *Ensaio* sob o signo desta citação: "*Experti invincem sumus, ego ac fortuna*" (nós nos testamos, alternadamente, a fortuna e eu). Epígrafe de todo o volume, ela é retomada no capítulo dirigido "aos infortunados"[232]. Ora, essas palavras são as mesmas pronunciadas por Otão no momento em que dava adeus a seus soldados, antes de se retirar para buscar a morte. Doente em Londres, Chateaubriand, meio Otão, meio Tácito, posa de agonizante, e o *Ensaio* já pode ser lido como seu adeus ao mundo: discurso testamentário, se não já de além-túmulo; em todo caso, palavras de um moribundo (que ainda não tem trinta anos).

Entretanto, apesar dessas incontáveis citações, desses posicionamentos à moda antiga e desses múltiplos paralelos, já conhecidos ou incongruentes, a imitação é firmemente denunciada como nociva: "O perigo da imitação é terrível. O que é bom para um povo raramente é bom para outro[233]". Trata-se, inicialmente, do mero reconhecimento da variedade e diversidade de costumes. Mas, quando se analisa o uso da Antiguidade, Chateaubriand não duvida um instante de que os jacobinos sejam seus "admiradores fanáticos" e que, sendo mais "moradores de Roma e de Atenas", eles tenham procurado resgatar os costumes antigos. O diagnóstico, então, é termidoria-

---

[231] CHATEAUBRIAND. *Essai*, p. 15.
[232] CHATEAUBRIAND. *Essai*, p. 310.
[233] CHATEAUBRIAND. *Essai*, p. 226.

no[234]. Tampouco duvida de que essa imitação tenha chegado em má hora. Por quê? Por desconhecimento da "natureza das coisas" (mas sobre a apreciação do que é conveniente entender por natureza das coisas, ele se distingue dos termidorianos). Seguem-se, com efeito, considerações bastante complexas, que demonstram precisamente que uma fórmula do tipo "outros tempos, outros costumes" ainda não está acessível.

Mesmo que "todas as nações retornem, pela natureza das coisas, à monarquia, quero dizer, à época da corrupção", vocês pretendem estabelecer a democracia[235]. Enquanto vocês acreditam imitar Licurgo, adotam, na verdade, "a razão inversa de Licurgo" (a Grécia, no tempo de Licurgo, recém começava a sair da monarquia). Ora, "no exato momento em que o corpo político, inteiramente maculado pela corrupção, caía em uma dissolução geral, uma raça de homens, levantando-se de repente, põe-se, em sua vertigem, a anunciar a hora de Esparta e Atenas. [...] O velho Júpiter, acordado de um sono de mil e quinhentos anos, na poeira de Olímpia, espanta-se por estar no monte Sainte-Geneviève; coloca-se na cabeça do andarilho parisiense o chapéu do cidadão lacedemônio [...] [obrigando-o] a ser um bobo aos olhos da Europa, nessa comédia de Arlequim[236]". Não se está muito longe da frase de Marx sobre a Revolução trajada com os costumes romanos[237]: exceto que, para Chateaubriand, esse é o terreno da farsa e da imitação grosseira, e não mais o da tragédia. Em todo caso, os revolucionários escolheram os paralelos errados, no momento errado. Nem tudo isso impede, evidentemente, que a mesma página do *Ensaio*, pela mediação de Rousseau, deixe aflorar a nostalgia da Antiguidade: "E eu, eu também gostaria de passar meus dias em uma democracia com a qual seguidamente sonhei, como o mais sublime dos governos em teoria; e também eu vivi como cidadão da Itália e da Grécia[238]". No fim das contas, a Antiguidade

---

[234] HARTOG, François. La Révolution Française et l'Antiquité. In: AVLAMI, Chryssanthi (Éd.). *L'Antiquité grecque au XIXe siècle: un exemplum contesté?* Paris: L'Harmattan, 2000. p. 7-46.

[235] CHATEAUBRIAND. *Essai*, p. 226.

[236] CHATEAUBRIAND. *Essai*, p. 226.

[237] MARX, Karl. *Le Dix-Huit Brumaire de Louis Bonaparte*. Paris: Sociales, 1963. p. 12-15.

[238] CHATEAUBRIAND. *Essai*, p. 226.

ainda pode funcionar como uma utopia – acessível pelo devaneio –, mas não deve de forma alguma ser imitada. Aflora, aqui e ali, uma explicação pela "diferença do tempo", mas ela é contrariada, pelo esquema do retorno da história sobre si mesma, agravado pelo progresso da corrupção: os suíços não deixam de ser os citas do mundo moderno.

Além disso, o vaivém entre os Antigos e os Modernos, com seus paralelos impostos e denunciados ao mesmo tempo (fossem, ao menos, outros paralelos), é orientado para a conclusão da primeira parte do *Ensaio*:"Em vão pretendemos ser politicamente livres".A liberdade civil (ou política) "é somente um sonho, um sentimento fictício"[239]. Por essa razão, a adoção do ponto de vista selvagem leva, finalmente, a uma desvalorização da liberdade política antiga: superestimada, senão nitidamente fictícia. O que é, de fato, um homem livre em Esparta? "Um homem cujas horas são regradas, como as de um estudante sob a palmatória." Ele é constantemente vigiado, controlado, doutrinado. Isso funcionava de maneira diferente em Atenas? Decerto que sim; mas não impede que fosse necessário "ter certa renda para ser admitido em cargos do Estado; e quando um cidadão havia feito dívidas, era vendido como um escravo". Quanto a proclamar que os cidadãos são escravos da lei, "são palavras enganosas. O que me importa que seja a Lei ou o Rei que me arrasta à guilhotina?"[240].

Resta ao viajante, para finalizar, apenas o *retorno* à vida selvagem. Será exatamente essa a conclusão, à primeira vista surpreendente, desse livro em princípio consagrado a um exame histórico das revoluções antigas e modernas. Lá, na América do Norte, prospera a única liberdade autêntica, ou seja, "a independência individual[241]". Mas o relato da viagem, com suas peripécias, indica que se trata de uma perspectiva utópica: a travessia de barco, o naufrágio no retorno, o "profundo" sono que toma conta de Chateaubriand após a noite de devaneio na floresta são também os indícios que estão de acordo

[239] CHATEAUBRIAND. *Essai*, p. 268 e 270.
[240] CHATEAUBRIAND. *Essai*, p. 437 e 438.
[241] CHATEAUBRIAND. *Essai*, p. 268.

com o gênero da utopia. E, sobretudo, a experiência somente será mais acessível, a partir de então, pela lembrança[242]. Longe, portanto, de ser apenas um apêndice do *Ensaio*, a "Noite entre os Selvagens" representa algo como seu ponto de fuga que seria, ao mesmo tempo, o ponto de vista a partir do qual considerá-lo em seu conjunto: o lugar que tornou possível sua escrita. Ela cria um dispositivo narrativo de "olhar distanciado", que permite opor todos os partidos, denunciar e desmontar os paralelos falsos e criminosos utilizados pelos revolucionários, mesmo que outros sejam produzidos (supostamente bem formulados), capazes de esclarecer o presente e o futuro. Ela vale, sobretudo, como refúgio subtraído ao tempo: memória de um lugar.

A mala norte-americana

No *Ensaio*, os paralelos se tecem entre Antigos e Modernos, e o Selvagem é ao mesmo tempo central e fora de cena quase até o fim (mesmo que o cita proponha sua prefiguração e um duplo antigo). Em *Viagem*, os paralelos vão se estabelecer e se multiplicar preferencialmente entre os Selvagens e os Antigos. De modo que até mesmo os Modernos (os norte-americanos) são primeiramente considerados Antigos e julgados à medida dos republicanos romanos.

Desembarcando na Filadélfia, também ele "cheio de entusiasmo pelos antigos", como "um Catão", Chateaubriand inicialmente não queria ver senão um Cincinato em Washington. Mas percebê-lo, passando em uma carruagem, "perturbava um pouco minha república do ano 296 em Roma"[243]. Logo, não há nenhum lugar para uma América moderna. Daí o mal-estar sentido pelo viajante (que o autor traduzirá praticando a autoironia), e a expressão de "desapontamento" político, já que a imagem não coincide com a realidade. Felizmente, tudo se resolve quando ele encontra Washington,

---

[242] CHATEAUBRIAND. *Essai*, p. 441: "Voltar às ilusões da felicidade pela lembrança de seus prazeres passados"; o capítulo começa com essas palavras.

[243] CHATEAUBRIAND. *Voyage*, p. 676 e 677. Naquele momento, os paralelos antigos ainda não lhe pareciam viciados.

em quem vê "a simplicidade do velho romano[244]". A imagem pode alcançar a realidade ainda mais facilmente porque o encontro, caso retomemos uma carta do próprio Washington, nunca aconteceu[245]!

Porém, ele tem pressa em abandonar essa América, não verdadeiramente antiga, "que não tem passado", onde os túmulos "são de ontem", para ganhar a América primitiva, a autêntica, aquela dos Selvagens. No caminho, uma peregrinação e um paralelo, apesar de tudo, impõem-se: "Eu vi os campos de Lexington; ali eu parei em silêncio, como o viajante nas Termópilas, a contemplar o túmulo destes guerreiros dos dois Mundos, os primeiros que morreram para obedecer às leis da pátria[246]". É a esse momento ou a essa parte da viagem que pertencem as numerosas comparações entre os Selvagens e os Antigos (seguidamente retomados de Lafitau). Como os heróis homéricos, os Selvagens são ao mesmo tempo médicos, cozinheiros, carpinteiros. No combate, eles se insultam, como na obra de Homero. A aproximação com os cânticos guerreiros de Esparta está naturalmente presente; o mesmo acontece com a dança, as crueldades da iniciação ou o respeito pela idade entre os iroqueses. Ao contrário, é com os romanos que se deveria compará-los por sua prática da incorporação política da nação vencida, anunciando "a genialidade de um grande povo"[247]. Quanto a suas fábulas, Chateaubriand não teme citar os grandes nomes de Moisés, Lucrécio e Ovídio[248]. Todas essas referências antigas, e a princípio homéricas, deviam parecer ainda mais oportunas e mesmo evidentes porque estavam de acordo com o primeiríssimo projeto americano, que o prefácio de *Atala* relembrava, de "criar a epopeia do homem da natureza". Assim, era preciso, "a exemplo de Homero, visitar os povos que eu gostaria de pintar"[249]. O gênero escolhido incitava aos homerismos de forma e conteúdo.

---

[244] CHATEAUBRIAND. *Voyage*, p. 677.

[245] Carta de Washington ao marquês de Rouërie, que havia escrito uma carta de recomendação para Chateaubriand, citada por Switzer em *Voyage en Amérique* (edição crítica), t. I, p. XXXVI.

[246] CHATEAUBRIAND. *Voyage*, p. 682.

[247] CHATEAUBRIAND. *Voyage*, p. 752, 822, 812, 711, 850 e 824.

[248] CHATEAUBRIAND. *Voyage*, p. 830.

[249] CHATEAUBRIAND. *Atala*. In: *Œuvres romanesques et voyages*, t. I, p. 16.

O "jornal sem data[250]" (retomada do ponto de vista fora do tempo do *Ensaio*), porção de duração flutuante pontuado somente pela notação das horas, na ignorância dos dias ou das semanas, recupera as últimas páginas do *Ensaio* ("Liberdade primitiva, eu te encontro, enfim!") e até mesmo retoma frases inteiras: "Eu ia de árvore em árvore, indiferentemente à esquerda e à direita, dizendo a mim mesmo: aqui, não há mais um caminho a seguir [...][251]". O devaneio, a utopia estão, de novo, presentes. Mas, diferentemente do *Ensaio*, que parecia começar somente pela perda "em um oceano de florestas eternas[252]", o livro *Viagem*, que, por definição, pressupõe um retorno, coloca-o em evidência. Há um "Fim da Viagem": "Errando de floresta em floresta, havia me aproximado dos desmatamentos americanos. Uma noite [...] vi uma fazenda [...] pedi hospitalidade[253]". Mudança brusca de cenário: passa-se dos desertos da floresta primitiva aos desmatamentos. Havia, então, uma outra América, com fazendeiros e até mesmo jornais ingleses. De fato, à luz do fogo, Chateaubriand diverte-se lendo "um jornal caído no chão" e lê estas palavras: *Flight of the King*[254]. Imediatamente, o chamado do selvagem é substituído pela "voz da honra" e a decisão do retorno é tomada. Nesse instante, tudo vacila. Ele renuncia a ser "viajante na América" e tampouco será, para terminar, soldado, mas, exilado em Londres, se tornará escritor. Algumas destruídas, perdidas durante quinze anos, finalmente encontradas em uma mala, mas jamais esquecidas, as páginas americanas serão o ponto de partida de sua obra, mas também uma reserva, como um poço onde virá se servir. O *Ensaio histórico*, que poderia ter como subtítulo *Viagem da Grécia à América*, pertence inteiramente a esse conjunto.

A experiência do tempo

O que é o jogo do espaço e do tempo? Mais exatamente, do efeito do deslocamento espacial na relação com o próprio tem-

---

[250] CHATEAUBRIAND. *Voyage*, p. 703.
[251] CHATEAUBRIAND. *Voyage*, p. 684 ; CHATEAUBRIAND. *Essai*, p. 442.
[252] CHATEAUBRIAND. *Essai*, p. 442.
[253] CHATEAUBRIAND. *Voyage*, p. 886.
[254] CHATEAUBRIAND. *Voyage*, p. 886.

po, no momento em que o narrador, chegado da América e do Exército dos Príncipes, lança-se na redação do *Ensaio*? O tempo é inicialmente sentido como envelhecimento: "Quando eu deixei a França, era jovem: quatro anos de infelicidade me envelheceram[255]". A tal ponto, como vimos, que esse diário de viagem de um eu à procura de si mesmo acontece, por intermédio de Tácito, como falas de um moribundo: já de além-túmulo. O tempo já é uma torrente: do *Ensaio* à conclusão das *Memórias*, não faltarão retomadas e variações sobre esse tema. "Cada época é um rio, que nos arrebata conforme as inclinações do destino quando nos abandonamos a ele. Mas me parece que estamos todos fora de seu curso. Alguns (os republicanos) o atravessaram com impetuosidade e lançaram-se todos na margem oposta. Outros permaneceram deste lado, sem querer se aventurar[256]." É essa a especificidade do momento. Alguns "ultrapassam nossa época", enquanto outros "querem continuar como homens do século XIV no ano de 1796". Ninguém, de qualquer maneira, coloca-se em seu curso: entre as duas margens ou entre dois regimes de historicidade. Desde o *Ensaio*, Chateaubriand escolheu estar no tempo, pensar no tempo e ter um pensamento do tempo, "trabalhado pelo tempo que o constitui, incorporando-o à sua ordem[257]". Retomando a imagem arendtiana, ele elege a brecha do tempo como moradia.

O tempo, sobretudo, será percebido como aceleração: "Comecei a escrever o *Ensaio* em 1794 e ele foi publicado em 1797. Frequentemente, era necessário apagar à noite o quadro que esboçara durante o dia: os acontecimentos corriam mais rápido do que minha pena; sobrevinha uma revolução que tornava falhas todas as minhas comparações: escrevia em um navio durante uma tempestade e pretendia pintar como objetos fixos as margens fugidias que passavam e se desmanchavam ao longo da costa!"[258]. O tempo corre mais rápido do que a pena, o barco preso na tempestade acompanha uma costa irreconhecível ou desconhecida, que passa rapidamente. A ressalva,

---

[255] CHATEAUBRIAND. *Essai*, p. 37.
[256] CHATEAUBRIAND. *Essai*, p. 42; BONNET, Jean-Claude. Le nageur entre deux rives: la traversée comme expérience révolutionnaire. *Bulletin de la Société Chateaubriand*, n. 32, 1989, p. 55-60.
[257] MACHEREY. *L'Essai sur les Révolutions* ou le laboratoire d'un style, p. 33.
[258] CHATEAUBRIAND. *Essai*, p. 15.

do prefácio de 1826, é essencial. Nela, tem-se a indicação do que mais atingiu os contemporâneos: o sentimento de aceleração do tempo e, logo, de perda de pontos de referência (o navio é levado e a costa passa). O presente é inapreensível, o futuro, imprevisível e o passado, ele próprio, torna-se incompreensível.

No prefácio dos *Estudos ou discursos históricos*, de março de 1831, Chateaubriand resgata o mesmo tema em um registro diferente: a aceleração perdura e a as ruínas continuam acumulando-se. "Eu não gostaria, para o que me resta a viver, de recomeçar os dezoito meses que acabam de passar. Não se terá jamais uma ideia da violência que cometi contra mim mesmo; fui forçado a abstrair meu espírito dez, doze, quinze horas por dia do que se passava ao meu redor, para me submeter puerilmente à composição de uma obra de que ninguém lerá uma linha. [...] Escrevia a história antiga, e a história moderna batia à minha porta; em vão eu gritava: 'Espere, eu vou até você', ela passava ao barulho do canhão, levando três gerações de reis[259]." Chateaubriand destaca o descompasso entre a vida miserável do historiador e o movimento rápido da história. Por mais que se abstraia, longas horas todos os dias, ele se esforça em vão para correr atrás da história moderna: esforço irrisório e condenado a um fracasso cada vez maior. Quem pode se interessar pelo "naufrágio do mundo antigo" enquanto se está envolvido "no naufrágio do mundo moderno"!

Mesmo que ele escreva a história do presente, com o *Ensaio*, ou do passado da França, com os *Estudos históricos*, o descompasso, a defasagem é, de certo modo, seu destino: o atraso é inelutável. O que fazer então, senão escrever, apesar de tudo, mas se servindo do descompasso, até fazer dele a força, senão a própria razão da escrita? Porém, no momento em que redigia o *Ensaio*, ele ainda não chegara lá; recém acabava de experimentar a impossibilidade de escapar às torrentes do tempo: uma vez atravessado o Atlântico de oeste a leste, a ilha contra a tempestade ou a floresta do Novo Mundo não eram mais do que utopias, que só a lembrança e a escrita podiam visitar a partir de então.

---

[259] CHATEAUBRIAND. *Études ou discours historiques*. In: *Œuvres complètes*. Paris, 1831. t. III, p. 1.

Tempo da viagem e tempo na obra "Viagem"

Publicado trinta e seis anos após a viagem real, *Viagem à América* dá, de saída, muita importância ao tempo. Mais do que um relato de viagem ao pé da letra, é, na realidade, uma América revisitada e uma reflexão sobre a América que Chateaubriand propõe:"Os trinta e seis anos passados desde minha viagem trouxeram muitas luzes e mudaram muitas coisas no Velho e Novo Mundo[260]". O tempo está no coração do livro. Advertência, Prefácio, Introdução sucedem-se, antes que se possa chegar ao relato propriamente "retirado do manuscrito original dos *Natchez*" (sempre a mala norte-americana). Acredita-se, então, encontrar as últimas páginas do *Ensaio*. Mas isso seria ignorar outra forma de perspectiva, que vem, mais uma vez, desdobrar o texto. Como se o velho Chateaubriand viesse ler sobre o ombro do jovem viajante de 1791:"Eu deixo o manuscrito falar", registra o autor de 1826,"a sequência do manuscrito contém...", ou "o manuscrito diz que...", e, ainda, "o manuscrito é insuficiente", etc. O retorno da escansão "então", "hoje", reforça mais o efeito de distanciamento.

O prefácio, enfim, dedicado à história das viagens desde Homero até 1826 e às descobertas mais recentes do capitão Franklin, acentua ainda mais essa perspectiva, a ponto de apagar ou quase apagar o jovem viajante em busca da passagem do Norte-Oeste. Enquanto "outrora, quando se havia abandonado a terra natal, como Ulisses, se era um objeto de curiosidade", hoje, em um mundo onde tudo é descoberto, onde tudo está traçado, onde as distâncias não contam mais, o "viajante obscuro" que ele era não viu, na verdade, senão "o que todo mundo viu"[261]. E o que importa, nesse momento, que ele não tenha visto ou visto tudo aquilo que havia dito ter visto! De que adianta contestar? Mas a autoridade da qual Chateaubriand se despoja como viajante, ele a recupera, precisamente graças ao tempo passado, transformando-se "no último historiador dos povos da

---

[260] CHATEAUBRIAND. *Voyage*, p. 735. Isso não impede que os editores e críticos do texto tenham provado que ele foi composto em grande parte a partir de fichas de leitura.

[261] CHATEAUBRIAND. *Voyage*, p. 663.

terra de Colombo, desses povos cuja raça não tardará a desaparecer". Dessa forma, é "seu registro mortuário" que ele vai abrir[262]. Michelet, definindo o historiador como barqueiro de mortos e "administrador do bem dos falecidos", está bem perto agora. De qualquer modo, esse deslizamento do viajante ao historiador confirma que o século XIX pretende se consagrar como o século da história, ou seja, como a memória do que não é mais e o arauto do que ainda não é. Talvez Chateaubriand tenha visto o que todo mundo viu, mas hoje são apenas vestígios, que em breve terminarão de se apagar. É esse descompasso que o qualifica como "último historiador". O "último" viajante é também o último historiador, quer dizer, tanto quanto o primeiro: ele viu o que não poderá mais ser visto.

O primeiro efeito desse trabalho do tempo é revelar uma outra América. Nem terra primordial nem utopia selvagem, ela não está somente presa no tempo e em confronto com ele, mas, ainda, repleta de tempo: tanto a "América selvagem" quanto a "América policiada", que não será mais percebida como uma "antiga" América, uma República romana claudicante ou atrasada (com um Cincinato de carruagem).

Surge, indiscutivelmente, uma "velha América" selvagem[263]. No *Ensaio*, a passagem à selvageria fazia-se bruscamente, sem transição, em uma única frase[264]. Nele, "a introdução à vida selvagem" dá lugar a uma cena cômica, uma vez que ela se opera por intermédio do Sr. Violet, "mestre de dança entre os selvagens" e "francesinho empoado e encaracolado como antigamente"[265]. O que pensar, especialmente para um discípulo de Rousseau, desses iroqueses dançando ao som do violino? Mas, sobretudo, o olhar do viajante é atingido pela visão de uma "ruína indígena" (o que é quase um oximoro)[266]. O deserto, então, também tem suas ruínas, como se o *Itinerário de Paris*

---

[262] CHATEAUBRIAND. *Voyage*, p. 853.

[263] BUTOR, Michel. Chateaubriand et l'ancienne Amérique. In: *Répertoire 2*. Paris: Minuit, 1964. p. 152-192.

[264] CHATEAUBRIAND. *Essai*, p. 442: "Quando deixei, em minhas viagens entre as nações indígenas do Canadá, as casas europeias e me vi, pela primeira vez, sozinho no meio de um oceano de florestas...".

[265] CHATEAUBRIAND. *Voyage*, p. 685.

[266] CHATEAUBRIAND. *Voyage*, p. 726.

à *Jerusalém* e *Viagem* cruzassem, por um instante, suas grandes categorias organizadoras. E ele se demora nos monumentos do Ohio, que de fato interessaram Chateaubriand. Eis, com efeito, um conjunto arqueológico imponente, composto por bastiões, trincheiras e *tumuli*, que somente podem ter sido obra de um povo "muito mais civilizado do que os selvagens atuais". Grandeza e decadência já! Houve, então, nesses lugares, indígenas antes dos indígenas: quando? Qual povo? Vindo de onde[267]? A América tem uma história, assim como tem uma história natural: Ohio também revelou o esqueleto de um mamute[268].

As coisas não são diferentes no que diz respeito ao estado político. Imaginou-se que os Selvagens não tinham governo, pois estado de natureza e estado selvagem foram confundidos. Lá, também, o tempo foi esquecido. Ao passo que entre eles se encontra, na realidade, o "tipo" (no sentido literal) de todos os governos conhecidos dos "povos civilizados": despotismo, monarquia, república; mas no estado de natureza. É essa grande lei que Chateaubriand expõe nesta passagem: "A extensão de seu deserto havia feito pela ciência de seus governos o que o excesso de população produziu para os nossos[269]". Por outro lado, acrescenta, esse erro poderia ou deveria ter sido evitado se a história dos gregos e dos romanos tivesse sido lembrada: "No nascimento de seu império, eles tinham instituições muito complicadas". A observação é interessante pela dupla historização que revela: dos Selvagens e dos Antigos; e, portanto, o duplo distanciamento que implica. Nem estado puro da natureza nem utopia fora do tempo, o mundo americano era, na realidade, uma "civilização incipiente", da qual jamais se saberá o que poderia ter se tornado, visto que a civilização europeia veio destruí-la[270].

Na falta dessa perspectiva atenta à longa duração e às mudanças que ela acarreta, não é possível escapar a duas maneiras "igualmente fieis e infiéis" de pintar os Selvagens. Fala-se apenas de "suas leis e

---

[267] CHATEAUBRIAND. *Voyage*, p. 710.

[268] CHATEAUBRIAND. *Voyage*, p. 716.

[269] CHATEAUBRIAND. *Voyage*, p. 830.

[270] CHATEAUBRIAND. *Voyage*, p. 857.

costumes", e, dessa forma, veem-se somente "gregos e romanos"; ou se considera apenas seus "hábitos" e seus "modos", e então não se percebe mais do que cabanas enfumaçadas e infectas, nas quais se retiram espécies de macacos com fala humana"[271]. Só a temporalização permite passar do "ou... ou" ao "e... e": os Selvagens são, simultaneamente, espécies de macaco e de gregos e romanos. Aliás, o mesmo princípio não vale para os próprios romanos?, prossegue Chateaubriand. A pequena cabana do velho Catão parecia muito mais limpa aos olhos de Horácio do que a choça de um iroquês?

Velha, a América selvagem é também moribunda. Os indígenas, que se atribuíam em iroquês o nome de homens de sempre, *ongue-onue*, "viraram passado[272]". Hoje, o selvagem não é mais um guerreiro e tampouco um selvagem em suas florestas, mas um "pastor obscuro", um "mendigo na porta de um armazém"[273]. Ele trocou o orgulho pela trapaça. À leitura dessa evocação fúnebre, colocada sob o signo da degradação e da consumição, é impossível não pensar nos *Immémoriaux* de Victor Segalen[274]. O mestiço, chamado de "madeira queimada", é apontado como agente ativo de corrupção. Intérprete, intermediário, ele acumula "os vícios das duas raças": "bastardo da natureza civilizada e da natureza selvagem", ele vende-se àquele que oferece mais.

Quanto à América "policiada", se ela inicialmente havia parecido uma terra sem passado (onde os túmulos datavam de ontem), sua dimensão de terra de exílio fez dela, paradoxalmente, um conservatório do passado abandonado ou em ruínas do Velho Mundo. Atenas, Maratona, Cartago, Esparta, Memphis, Versalhes, Florença são igualmente famosos nomes transportados, transplantados. "A glória de todos os países colocou um nome nestes mesmos desertos onde encontrei o padre Aubry e o obscuro Atala[275]." E todos os exilados que ali encontraram refúgio podem, repetindo por sua vez os gestos

---

[271] CHATEAUBRIAND. *Voyage*, p. 749.

[272] CHATEAUBRIAND. *Voyage*, p. 857.

[273] CHATEAUBRIAND. *Voyage*, p. 862 e 863.

[274] No prefácio de *Voyage*, Chateaubriand apresenta, aliás, um Taiti já muito "segaliano", que perdeu suas danças, coros, costumes voluptuosos e se dedica à impressão de bíblias.

[275] CHATEAUBRIAND. *Voyage*, p. 867.

de Andrômaca, a de Baudelaire, à margem de um mentiroso Simois, trazer à lembrança as recordações de sua pátria. Ainda mais, e para coroar a metamorfose dos Estados Unidos em memória do Velho Mundo, Chateaubriand estabelece uma comparação com a célebre Villa Adriana. A retomada de todos esses lugares célebres da Europa é parecida com "esse jardim de Roma, onde Adriano mandara reproduzir os diversos monumentos de seu império[276]". São lugares de memória, mas produzidos como um simulacro. Esses túmulos são todos cenotáfios.

Desse modo, a América de sua viagem não existe mais e o sonho de sua juventude evaporou-se: ele não descobriu a passagem do Norte-Oeste, a França desapareceu da América e o Selvagem está prestes a morrer. Entretanto, a conclusão, interrompendo esse *requiem* para uma América defunta, repentinamente apresenta ao leitor "um quadro miraculoso", inteiramente pintado com as cores da liberdade moderna[277]. O *Ensaio* finalizava com um hino à liberdade (a independência) do Selvagem, a única autêntica (fazendo com que todas as outras, inclusive a dos Antigos, parecessem fictícias); *Viagem*, a obra, termina com o reconhecimento e a celebração da liberdade moderna. Por quê? A descoberta da república representativa nos Estados Unidos é "um dos maiores acontecimentos políticos do mundo". A partir dessa constatação, Chateaubriand encontra, ou reencontra, o par das duas liberdades: a dos Antigos e a dos Modernos. Essa descoberta provou que há "duas espécies de liberdades praticáveis: uma pertence à infância dos povos; é filha dos costumes e da virtude; era aquela dos primeiros gregos e dos primeiros romanos, dos Selvagens da América; a outra nasce da velhice dos povos; é filha das luzes e da razão: é essa liberdade dos Estados Unidos que substitui a liberdade do indígena. Terra feliz que, em menos de três séculos, passou de uma liberdade à outra quase sem esforço, com uma luta que durou apenas oito anos[278]! Em relação ao *Ensaio*, Chateaubriand historiciza a liberdade do Selvagem, mas também a dos Antigos, que também

---

[276] CHATEAUBRIAND. *Voyage*, p. 867.
[277] CHATEAUBRIAND. *Voyage*, p. 865.
[278] CHATEAUBRIAND. *Voyage*, p. 873.

revaloriza. O indígena, os primeiros gregos e os primeiros romanos pertencem, na verdade, ao mesmo *momento* da liberdade. Esses são o sentido profundo e o milagre da história norte-americana (que é o produto de uma aceleração do tempo).

A liberdade filha dos costumes "perece quando seu princípio se altera, e é da natureza dos costumes deteriorarem-se com o tempo". Enquanto a liberdade filha das luzes "caminha com o princípio que a conserva e a renova", as luzes, ao contrário, fortificam-se com o tempo[279]. O tempo é novamente o operador. Mas enquanto Benjamin Constant havia teorizado as duas liberdades de um modo ideal-típico[280], Chateaubriand esboça, com mais elegância, uma história da liberdade antiga e da liberdade moderna. Propondo um princípio de historicização (a liberdade filha das luzes sucedendo àquela que é filha dos costumes), ele vê os Estados Unidos não somente como a terra da invenção da nova liberdade, mas também como o laboratório onde se efetuou, "quase sem esforço" e rapidamente, a passagem de uma à outra[281]. Já não são mais os citas, mas os Estados Unidos que apresentam um "quadro resumido, mas completo", não das idades da humanidade, mas de sua história passada e em curso: um quadro *histórico*.

Ainda que o Selvagem represente ao mesmo tempo o ponto de fuga do *Ensaio* e o ponto de vista (fora do tempo) a partir do qual considerá-lo, a América revisitada, que o milagre da liberdade elucida, vai fornecer o ponto de vista (inscrito no tempo, desta vez) pelo qual considerar a viagem efetiva, o lugar a partir do qual *Viagem* pode ser reescrito, senão mesmo escrito; mas também o ponto de vista pelo qual o *Ensaio*, ele próprio, poderá ser relido e retomado (e não reescrito, pois a reescritura equivaleria a destruí-lo). A primeira consequência dessa nova travessia, talvez a mais visível, mas não mais interessante nem mais convincente, é o distanciamento de Rousseau,

---

[279] CHATEAUBRIAND. *Voyage*, p. 874.

[280] HARTOG. La Révolution Française et l'Antiquité, p. 30-35; LORAUX, Nicole; VIDAL-NAQUET, Pierre. La formation de l'Athènes bourgeoise, retomado em VIDAL-NAQUET, Pierre. *La démocratie grecque vue d'ailleurs*. Paris: Flammarion, 1990. p. 197-204.

[281] Essa forma de encarar o problema da liberdade difere evidentemente da abordagem desenvolvida por Chateaubriand em seus escritos políticos; ver comentários de Jean-Paul Clément em CHATEAUBRIAND. *Grands écrits politiques*. Apresentação e notas de Jean-Paul Clément. Paris: Imprimerie Nationale, 1993.

quase na forma de uma condenação. As pessoas serviram-se, com efeito, do rousseauísmo do *Ensaio* para atacar Chateaubriand, às vezes violentamente. As notas da nova edição, que buscam incorporar os lugares comuns da Restauração Francesa sobre Rousseau, são, portanto, primeiramente uma defesa e uma resposta[282].

Mas, sobretudo, a descoberta americana da liberdade moderna vem destruir o sistema dos paralelos, sobre o qual estava, entretanto, construído todo o *Ensaio*. "Sempre pensei no *Ensaio* conforme o sistema da liberdade republicana dos antigos, da liberdade filha dos costumes; não havia refletido suficientemente sobre esta outra espécie de liberdade, surgida das luzes e da civilização aperfeiçoada: a descoberta da república representativa mudou toda a questão[283]." O prefácio do *Ensaio* (de 1826) se encontra quase palavra por palavra na conclusão de *Viagem*. A partir dessa pedra de toque, todo o *Ensaio* vacila. Ele é, daí em diante, escandido (e assim desfeito) pela repetição desse princípio nas notas. O paralelo, radicalmente viciado, é de fato condenado como instrumento heurístico. É grande demais a distância que separa, a partir de então, os Antigos e os Modernos. Não se pode mais, com "a tocha das revoluções passadas na mão, entrar na noite das revoluções futuras". A *historia magistra*, portanto, passou: ela não elucida mais o presente.

O *primeiro Ensaio* postulava que o homem, evoluindo no interior de um mesmo círculo, repetia-se incessantemente. Agora, "círculos concêntricos – que vão se alargando sem parar em um espaço infinito" – representariam, na melhor das hipóteses, o movimento da história. O presente não tem mais o passado como modelo e não se mede mais por ele. Assim, não se vai mais do passado para o presente (mesmo que Chateaubriand ainda não esteja pronto para ir do presente ao passado, a fim de compreendê-lo)[284]. Desse modo, pela relação com o tempo que o constitui e por aquela que ele

---

[282] ROUSSEL, Jean. *Jean-Jacques Rousseau en France après la Révolution, 1795-1830.* Paris: Armand Colin, 1972. p. 369-380.

[283] CHATEAUBRIAND. *Essai*, Prefácio, p. 23.

[284] No entanto, nem tudo está resolvido, pois ainda é necessário combinar essa concepção moderna da história como progresso com uma visão cristã, e mesmo com os ensinamentos da Igreja. Vê-se um indício disso na vontade de assegurar que as descobertas mais recentes vêm confirmar a cronologia de Moisés (CHATEAUBRIAND. *Essai*, p. 57, nota da nova edição).

institui, o *Ensaio* mostra-se um texto único, que simultaneamente se fundamenta no desdobramento do *topos* da *historia magistra* e vem recusá-lo. Ao mesmo tempo em que experimenta sua obsolescência, continua a recorrer a ele. O *Ensaio* traduz esse curto momento em que, sob o efeito da revolução, o *topos* deixa de ser operatório e abster-se dele ainda não é possível. Nesse sentido, ele é um texto entre dois séculos: entre os Antigos e os Modernos, ou entre as duas margens do rio do tempo. Um monstro ou um livro aparentemente impossível. Contudo, longe de abandoná-lo, Chateaubriand (que sem a obra não seria ele mesmo) o conserva e o retoma, mas fazendo com que sofra um ligeiro desvio.

Ele decide colocar em cena sua impossibilidade e jogar com ela até fazer desse descompasso o verdadeiro sentido de seu livro. Não abandonar a *historia magistra*, nem o *exemplum*, nem a citação, mas retomá-los sempre, insinuando neles o tempo; descompassá-los, fazer com que se movam e mesmo miná-los, colocá-los em perspectiva, colocando-se a si próprio em perspectiva. O *topos* da *historia magistra* tornou-se impossível, assim como abandoná-lo, pelo menos nesse momento. Em seu estado final, o livro experimenta uma dupla impossibilidade: está entre dois regimes de historicidade, o antigo e o moderno. Em 1841, ao concluir as *Memórias de além-túmulo*, Chateaubriand voltará uma última vez a essa experiência, que ele elegerá como traço de época: para ele, o mundo atual está entre duas impossibilidades, tanto a do passado como a do futuro[285]. Essa é a primeira formulação da brecha.

Além do próprio *Ensaio*, talvez se compreenda nesse duplo movimento, parecido com as ondas que levam e trazem incessantemente, conservam e retomam, um princípio da escrita de Chateaubriand? Obcecado pelo tempo e pela descoberta da história enquanto processo, sua escrita é fundamentalmente histórica. Mas ao contrário do historiador científico do século XIX que afirma o passado separado do presente, Chateaubriand não deixa de reconhecer o passado *no* presente, o morto que volta para assombrar o vivo. Daí, também, uma escrita mais memorial do que historiadora.

---

[285] CHATEAUBRIAND. *Mémoires d'outre-tombe*, t. II, p. 922.

Como se vê igualmente pelo uso que Chateaubriand faz das datas. Essas litanias de datas e mortos certamente expressam uma obsessão ou uma "vertigem" pelas datas. Mas, justapor duas datas ou, antes, sobrepô-las, é ao mesmo tempo expressar seu distanciamento, sua impossível coincidência e aproximá-las uma da outra: remeter de uma à outra, produzir um efeito de reverberação, de contaminação.

A data discrimina. Assim, ela passa pelo sólido índice de uma escritura historiadora, atenta às sucessões e preocupada com as disjunções. Inversamente, justapor datas, amontoá-las, constituir séries improváveis à primeira vista e extrair delas efeitos de sentido, diz respeito a uma prática regrada do anacronismo, rapidamente denunciado como o pecado maior pela história profissional moderna[286]. Não uma ou a outra, uma depois da outra, mas uma *e* outra, uma *na* outra. Não para fundi-las, mas para fazê-las surgir da distância, sem dúvida a do *nevermore*, mas primeiramente aquela de si para si[287]. "As formas mutáveis de minha vida entraram, assim, umas nas outras[288]." Além de Santo Agostinho, Chateaubriand pode, então, mostrar-se como o irmão distante de Ulisses: um podia somente chorar ao descobrir, ainda sem poder dizê-lo, sua historicidade radical, essa distância de si para si, o outro, não deixou de reconhecê-la e escrutiná-la. Escrevendo e reescrevendo suas *Memórias de além-túmulo*, durante mais de quarenta anos, ele faz da brecha do tempo, da distância irremediável entre o antigo e o novo regime de historicidade, o princípio (de realidade e de prazer) de sua escrita.

Quando se trata de escrita biográfica, essas elipses ou parataxes cronológicas são uma forma de traduzir uma experiência pessoal por meio da inelutável e repetida não coincidência de si para si; ou, em outras palavras, conscientização e expressão da historicidade do mundo e de si. A memória é o meio dessa "escrita do tempo,

---

[286] Lucien Febvre, no prefácio de *Le problème de l'incroyance au 16e siècle: la religion de Rabelais* [1942]. Paris: Albin Michel, 1968. p. 15: "O problema é determinar com exatidão a série de precauções a tomar, prescrições a observar para evitar o pecado dos pecados, o pecado entre todos irremissível: o anacronismo".

[287] VERLET, Agnès. *Les vanités de Chateaubriand*. Genève: Librairie Droz, 2001, principalmente p. 328-329, que mostra como o conceito de Vaidades pode esclarecer a escritura das *Mémoires d'outre-tombe*.

[288] CHATEAUBRIAND. *Mémoires d'outre-tombe*, Aviso ao leitor, t. I.

produzindo uma infusão do eu na temporalidade por meio dos recursos da linguagem[289]". Em certo sentido, Chateaubriand é o primeiro ego-historiador! "Minha primeira obra foi feita em Londres, em 1797, a última em Paris, em 1844. Entre essas duas datas, há nada menos do que quarenta e sete anos, três vezes o espaço que Tácito chama de uma longa parte da vida humana:'*Quindecim annos, grande mortalis aevi spatium*'[290]": frase surpreendente em que Tácito, já presente como epígrafe do *Ensaio*, o primeiro livro, encontra-se no prefácio que ele estabelece como último.

Mas, sobretudo, em seu último livro, Chateaubriand fala de si como se já não estivesse mais presente. O trabalho do tempo é o que faz com que as pessoas se ausentem de si até a derradeira ausência; ele é alteração, é o outro que se insinua no lugar do mesmo[291]. No quadro *Dilúvio*, último trabalho de Poussin, Chateaubriand observa "traços indecisos", antes de acrescentar: "esses defeitos do tempo embelezam a obra-prima do grande pintor"[292]. Ele não procurou, sem parar, através de sua escrita, o análogo desses "traços indecisos"? O porquê, para dizer o tempo e seus "defeitos", dessas contínuas trocas entre o lugar e o tempo: o retorno aos lugares familiares, parecidos e, contudo, outros, a peregrinação, a passagem do deserto às ruínas (o próprio deserto mostrando ruínas). Essa é a razão dessa escrita itinerante, cuja duração é sentida como rachadura, mas também descompassada ou ainda *inatual*. O viajante-escritor apresenta-se sempre entre duas escalas temporais: "Vejo-me sempre como um navegador que vai, em breve, retornar ao seu navio[293]".

As ruínas

Para finalizar, façamos também o jogo das datas. Em abril de 1791, Chateaubriand abandonava um Velho Mundo em ruínas para sonhar com um refúgio nas florestas do Novo Mundo, antes de retornar alguns meses mais tarde e escrever, no exílio, seu *Essai*

---

[289] REICHLER. Raison et déraison des commencements, p. 179.

[290] CHATEAUBRIAND. *Vie de Rancé*. In: *Œuvres romanesques et voyages*, t. I, p. 989.

[291] CERTEAU, Michel de. *Psychanalyse et histoire*. Paris: Gallimard, 2002. p. 78.

[292] CHATEAUBRIAND. *Vie de Rancé*, p. 989.

[293] CHATEAUBRIAND. *Vie de Rancé*, Prefácio geral para a edição de *Œuvres complètes* de 1826.

historique sur les révolutions (*Ensaio histórico sobre as revoluções*), no qual acabamos de ver a que ponto, sendo elaborado entre dois regimes de historicidade, estava tomado pelo tempo. No mesmo ano, em setembro de 1791, Volney publicava *Les ruines ou méditations sur les révolutions des empires* (*As ruínas ou meditações sobre as revoluções dos impérios*): ainda ruínas ou já ruínas, mas primeiramente ruínas antigas do Oriente[294]. De 1783 a 1785, Volney havia, de fato, viajado ao Egito e à Síria e publicado, em seu retorno, um relato de viagem que atraíra muito a atenção, em particular pela riqueza de suas observações e denúncia do despotismo. "A Síria, sobretudo, e o Egito", assinalava no prefácio, "sob o duplo aspecto que foram no passado e do que são hoje, pareceram-me um campo próprio às observações políticas e morais das quais gostaria de ocupar-me." A questão de pano de fundo é a relação entre o estado presente e o estado passado, mas ele tem a intenção de "julgar pelo estado presente qual foi o estado dos tempos passados"[295]. Ele vai do presente ao passado.

Inversamente, o novo livro é aberto por uma longa meditação, no silêncio dos túmulos de Palmira, sobre o porquê das ruínas. Por que tantas cidades, antigamente tão opulentas, não são mais do que "abandono" e "solidão"? "De onde vêm tão funestas revoluções?[296]". Em seguida, ele salta do passado antigo a um futuro distante. Quem sabe se um dia, às margens abandonadas do rio Sena ou do Tâmisa, um viajante não chorará, como ele hoje chora no lugar que um dia foi Palmira? Frente ao que parece ser uma "cega fatalidade", o viajante não pode deixar de estar atormentado por uma "melancolia profunda". Desse modo, a humanidade não andaria senão de ruínas em ruínas.

É nesse momento que surge o Gênio das ruínas para lhe ensinar a "ler as lições" que elas trazem[297]. Os próprios homens, e não alguma divindade ciumenta, são, na realidade, a fonte dessas calamidades. Como? Sob o efeito do "amor-por-si" (que é natural ao homem),

---

[294] VOLNEY. *Les ruines*. Genève: Slatkine Reprints, 1979. Ver GAULMIER, Jean. *L'Idéologue Volney, 1757-1820: contribution à l'histoire de l'orientalisme français*. Genève: Slatkine Reprints, 1980.

[295] VOLNEY. *Voyage en Égypte et en Syrie*. Edição crítica de J. Gaulmier. Paris: La Haye; Mouton, 1959. p. 22. Pode-se destacar que, se Volney viu Baalbek, por outro lado ele nunca visitou Palmira.

[296] VOLNEY. *Les ruines*, p. 9.

[297] VOLNEY. *Les ruines*, p. 13.

mas desregulado pela "ignorância" e desviado pela "cupidez". Se é verdade que o próprio homem é o autor de seus males, retrucou o viajante ao Gênio, a "lição" é ainda mais desesperadora. O Gênio, então, replica: os homens estão "ainda nas florestas" como nos primeiros dias, as sociedades "não deram nenhum passo rumo à instrução e a uma melhor sorte?[298]" "Abrangendo rapidamente a história da espécie, e julgando o futuro pelo exemplo do passado, tu constataste que todo progresso é impossível para ele?[299]" Ou, outra atitude, tu sustentas que "a espécie vai deteriorando-se" e tu procuras fazer valer uma "pretensa perfeição retrógrada?[300]" Em compensação, o curso da história demonstra o contrário. "Nos últimos três séculos, sobretudo, as luzes aumentaram, propagaram-se." E o Gênio termina sua prosopopeia do progresso com a evocação antecipada de um "movimento prodigioso, no extremo do Mediterrâneo", marcando o surgimento de um "povo legislador", que a humanidade esperava, e promessa da abertura de um "novo século"[301]. Mas, nesse caminho, ainda é preciso remover o obstáculo das religiões, que pretendem, cada uma delas, deter o monopólio da verdade.

Misturando um pouco os anos, senão os séculos, *Les Ruines* estão, na realidade, em relação direta com o presente da Revolução. Supostamente, a meditação se produziu no momento da viagem, logo, antes de 1789, mas ela é totalmente comandada por 1789. O Gênio é, finalmente, um profeta retrospectivo, com Volney, deputado na Assembleia Constituinte, no papel daquele que lhe sopra ao ouvido. As lições das ruínas, que parecem ir, conforme o esquema da *historia magistra*, do passado para o presente, sem escapar do círculo da repetição (capítulo 12, "Lições das épocas passadas repetidas nas épocas presentes"), serão como que suspensas. O "movimento prodigioso" que se anuncia, que o Gênio decide mostrar ao viajante para ampará-lo, pois "talvez o passado seja apto demais para arrefecer a coragem", vai lançar uma nova luz sobre as ruínas do passado. A astúcia do livro é evidentemente apresentar como vindouro o que

---

[298] VOLNEY. *Les ruines*, p. 79.
[299] VOLNEY. *Les ruines*, p. 78.
[300] VOLNEY. *Les ruines*, p. 79.
[301] VOLNEY. *Les ruines*, p. 93 e 86.

já aconteceu ou está acontecendo. Volney não se detém em procurar conciliar repetição e progresso, em saber se a Revolução é coroação ou ruptura nem em reescrever a história à sua luz. É cedo demais e seu objetivo não é esse. O futuro ainda não ilumina o passado. Tanto que se permanece somente com o esquema da *historia magistra*, mas a abertura da nova era vai interromper seu uso. Em breve, Volney criticará seus abusos e usos equivocados.

Em 1795, enquanto Chateaubriand ainda acumula os paralelos para examinar o futuro da Revolução, Volney parte novamente, mas desta vez em direção ao Oeste, para a América, onde vai permanecer por cerca de três anos. Nesse ínterim, ele esteve preso e foi libertado após o 9 Termidor. Nomeado professor na *École normale*, ministra uma série de aulas, as *Lições de história*, nas quais se empenha em delimitar o tipo de certeza própria à história enquanto denuncia os usos equivocados que foram feitos dela. Particularmente veemente contra a imitação nefasta dos Antigos, ele gostaria de "abalar o respeito pela História, o passado como dogma[302]". Essas *Lições de história* são, inicialmente, uma crítica às lições de história tais como eram entendidas vulgarmente: uma investida contra a *historia magistra*.

Viajante rumo à América, ele não tem mais ilusões. "Triste com o passado" e "preocupado com o futuro", vai "com desconfiança para um povo livre, ver se um amigo sincero desta liberdade profanada encontraria um refúgio de paz para sua velhice, cuja esperança a Europa não lhe oferecia mais[303]". O brilho persuasivo de 1789 apagou-se, obscurecendo tanto o passado como o futuro. Nenhum Gênio se levantará mais. Da América, ele voltará finalmente sem nenhuma meditação ou profecia nova sobre a liberdade e o futuro dos povos, mas, banalmente, com um *Tableau du climat et du sol des États-Unis (Quadro do clima e do solo dos Estados Unidos)*... Depois de se unir a Bonaparte por um tempo, que dele fará um senador e um conde do Império, ele se retirará para o campo, não se dedicando a nada além de trabalhos de erudição sobre as línguas orientais e história antiga. O Gênio das ruínas calou-se definitivamente.

---

[302] VOLNEY. *Leçons d'histoire*. Advertência ao leitor. Paris: Garnier, 1980. p. 84.
[303] VOLNEY. Tableau du climat et du sol des États-Unis (1803). In: *Œuvres 2*. Paris: Fayard, 1989. p. 21.

Em março de 1831, Chateaubriand, como já vimos, deu a última pincelada nos seus *Estudos históricos*. Enquanto escrevia a história antiga, a história moderna batia à sua porta, levando tudo. A Revolução de Julho devolveu Carlos X aos caminhos do exílio, e Chateaubriand é como esses historiadores que, enquanto desmoronava o Império romano, "reviravam os arquivos do passado em meio às ruínas do presente[304]". Ruínas ainda e sempre, e as revoluções antigas e novas, sem trégua. Mas o prefácio do livro, que é também o primeiro grande texto sobre os estudos históricos na França, apresenta-se paradoxalmente como um adeus à história. Ele não escreverá, finalmente, a história da França que havia projetado há muito: esses *Estudos* são apenas as "pedras" de uma construção que não será terminada jamais. Falta-lhe tempo ou, antes, "falta-lhe" vida para sua "obra"[305]. Sobretudo esse trabalho, "o mais longo e o último", aquele que mais lhe custou, é publicado quando ele "não consegue encontrar leitores". Mais uma vez, fica-se tentado a dizer, coquetismo e pose, na sequência das infelicidades de René, que ele está sempre no momento errado e na contra-história! Hoje, é obrigado pelo contrato de publicação de suas obras completas: ainda o dinheiro, que ele persegue. Mas tem mais. Quem realmente poderia sentir-se envolvido, nesse momento, por Constantino, Juliano, vândalos ou francos? "Trata-se realmente do naufrágio do velho mundo, quando estamos empenhados no naufrágio do mundo moderno[306]": a inatualidade é tão patente quanto dirimente. O paralelo não pode mais ser reativado.

As circunstâncias não são suficientes, contudo, para explicar esse adeus definitivo. Ele não sabe, no fundo, que a história, tal como se espera que seja escrita atualmente, não é para ele? É verdade que Chateaubriand reconhece que "a França deve reformular seus anais para colocá-los de acordo com o progresso da inteligência": é necessário então reconstruir "em um novo plano"[307]. Também admite, agora sem dificuldade, que a história "muda de caráter com as épocas". Essa é a razão pela qual segue dizendo que "os historiadores do século XIX não criaram nada; somente têm um mundo novo diante dos olhos e

---

[304] CHATEAUBRIAND. *Études historiques*. In: *Œuvres complètes*. Paris: Firmin-Didota, 1842. t. I, p. 1.

[305] CHATEAUBRIAND. *Études historiques*, p. 2.

[306] CHATEAUBRIAND. *Études historiques*, p. 1.

[307] CHATEAUBRIAND. *Études historiques*, p. 2.

esse mundo serve de escala retificada para medir o antigo mundo"[308]. É precisamente o que Chateaubriand não pode nem quer fazer, ele, cuja escritura memorial não cessa de ziguezaguear entre o antigo e o novo mundo. Quando se está entre duas margens do rio e se nada de uma margem à outra, pode-se escrever as *Memórias de além-túmulo*, mas não uma história da França, implicando o manejo de uma "escala retificada". Escreve-se *na* brecha do tempo, e a partir dela, encontrando-se entre dois regimes de historicidade. Não se renuncia ao paralelo, já se sabendo que ele não é mais operatório. Empilham-se as datas e rasuram-se palimpsestos.

1831: novamente as ruínas. O jovem Tocqueville faz sua estreia. Ele embarca para a América com seu amigo Beaumont com o pretexto de estudar as prisões norte-americanas. Da antiga nobreza norman-da, ele é, como Chateaubriand, de quem é aparentado, um vencido da Revolução, mais uma vez no sentido de Koselleck. Entre Antigo Regime e Revolução, entre aristocracia e democracia, ele saberá extrair do "arcaísmo de sua posição existencial" "a modernidade de seu questionamento conceitual"[309]. Como Chateaubriand em 1791, a Revolução o conduz à América, mas as condições são bem diferentes. Trata-se somente de uma missão, que permite tomar alguma distância dos legitimistas, antes de voltar "livre de qualquer compromisso com quem quer que seja" e tendo adquirido "com um povo tão célebre" conhecimentos que "acabam por diferenciá-lo da multidão"[310]. Quarenta anos passaram desde que o jovem cadete bretão embarcava à procura da passagem do Norte-Oeste com Rousseau em seu bolso! A floresta sem caminhos, onde o primeiro desejava perder-se, não é a mesma do segundo. Para fazer um correspondente compreender que na América tudo provém de um princípio único, Tocqueville escreveu de fato: "Poder-se-ia comparar a América a uma extensa floresta trespassada por um grande número de estradas retas que chegam ao mesmo lugar. Trata-se somente de encontrar a rotatória e tudo é descoberto em uma única olhadela[311]". Floresta à francesa! Há, enfim,

---

[308] CHATEAUBRIAND. *Études historiques*, p. 12.

[309] TOCQUEVILLE, Alexis de. *De la démocratie en Amérique*. Paris: Garnier-Flammation, 1981. Prefácio de François Furet, p. 41. A primeira parte do livro foi publicada em 1835, e a segunda em 1840.

[310] MÉLONIO, Françoise. *Tocqueville et les Français*. Paris: Aubier, 1993. p. 27.

[311] TOCQUEVILLE, Alexis de. *Voyages en Sicile et aux États-Unis*. In: *Œuvres complètes*. Paris: Galimmard, 1957. t. V, carta ao conde Molé, citada na p. 26.

como que a passagem de bastão de um a outro. Para agradecer por ter lhe enviado *Da Democracia na América*, Chateaubriand endereça-lhe este bilhete: "Já se falava um pouco de mim quando eu o via criança em Verneuil. Na sua vez, você me verá na infância; falarão de você e eu serei esquecido![312]"

Se a América não é mais um "refúgio", o que ela é, então? Menos Novo Mundo que o laboratório do "mundo novo": por vir. A América observada por Tocqueville é como o Proteu do passado, que Chateaubriand dispunha-se a questionar, ou como o Gênio das ruínas, descobrindo o futuro revolucionário aos olhos do entusiasmado viajante. Com Tocqueville, estamos em pleno jogo dos regimes de historicidade. Tudo parte, mais uma vez, das ruínas: ruínas já feitas pela Revolução e no meio das quais "vê-se ainda hoje avançar a irresistível revolução, que há tantos séculos caminha atravessando todos os obstáculos[313]". Não se trata mais de ruínas do passado, mas de ruínas recentes, entre as quais "nós parecemos querer nos fixar para sempre[314]". "O mundo que surge está [na realidade] ainda meio comprometido com os destroços do mundo que tomba e, no meio da imensa confusão demonstrada pelas questões humanas, ninguém poderia dizer o que restará em pé das velhas instituições e antigos costumes, e o que acabará por desaparecer[315]."

A viagem à América revela-se o meio de fazer falar essas ruínas e de dissipar a confusão, pois lá a grande revolução social – a longa marcha rumo à igualdade de condições – parece "ter quase atingido seus limites naturais". Ao viajante, a América oferece, assim, um ponto de vista a partir do qual considerar a Europa. "Eu transportava meu pensamento ao nosso hemisfério e me pareceu que distinguia nele algo análogo ao espetáculo que me oferecia o novo mundo."[316] Não se trata mais, evidentemente, de uma América utópica, fora do tempo, como aquela descrita por Chateaubriand, pelo menos a primeira, mas de uma América já inscrita no curso do tempo e no futuro da

---

[312] CHATEAUBRIAND. Carta de 11 de janeiro de 1835 (inédita), citada em MÉLONIO. *Tocqueville et les Français*, p. 55.

[313] TOCQUEVILLE. *De la démocracie en Amérique*, p. 61.

[314] TOCQUEVILLE. *De la démocracie en Amérique*, I, p. 65.

[315] TOCQUEVILLE. *De la démocracie en Amérique*, II, p. 399.

[316] TOCQUEVILLE. *De la démocracie en Amérique*, I, p. 57.

Europa permitindo, em todos os casos, ver mais longe, até mesmo além da própria América. "Confesso que, na América, vi mais que a América; lá procurei uma imagem da própria democracia [...] para saber o que dela nós podíamos esperar ou temer." Ambicionando trazer de sua viagem "ensinamentos que pudéssemos aproveitar"[317], Tocqueville se vê como uma espécie de vigia que, enquanto os partidos "ocupam-se do amanhã", ele "quis pensar no futuro"[318]. Trata-se, ainda, de um olhar distanciado, mas praticado de outra maneira: a partir do futuro.

No fim das contas, Tocqueville inverte o esquema (mas conserva sua forma) da *historia magistra*: a lição, agora, vem do futuro e não mais do passado. Assim como ele constata, da maneira mais nítida, no momento de concluir seu livro: "Embora a revolução que se opera no estado social, nas leis, nas ideias, nos sentimentos dos homens esteja bem longe de terminar, já não se poderia comparar suas obras com nada do que foi visto anteriormente no mundo. Remonto de século em século até a Antiguidade mais remota: não percebo nada que se pareça com o que está diante dos meus olhos. Como o passado não ilumina mais o futuro, o espírito caminha em meio às trevas[319]." Não se pode mais, como Chateaubriand havia ainda esperado em 1794, "com a tocha das revoluções passadas na mão", entrar "destemidamente na noite das revoluções futuras". O antigo regime de historicidade, que era precisamente esse tempo em que o passado esclarecia o futuro, está definitivamente obsoleto. Para o mundo "inteiramente novo", é necessário uma "ciência política nova", justamente a que o livro de Tocqueville esforça-se em elaborar[320]. Posicionando-se, tal como um vigia, para pensar no futuro.

---

[317] TOCQUEVILLE. *De la démocracie en Amérique*, I, p. 69.
[318] TOCQUEVILLE. *De la démocracie en Amérique*, I, p. 71.
[319] TOCQUEVILLE. *De la démocracie en Amérique*, II, p. 399.
[320] TOCQUEVILLE. *De la démocracie en Amérique*, I, p. 62.

ORDEM DO TEMPO 2

Em pouco mais de meio século, essas três reflexões sobre as ruínas e essas três viagens à América, que acabamos de evocar, traduziram três experiências do tempo. Para nós, foram três depoimentos de um profundo questionamento da ordem do tempo. Volney, Chateaubriand, Tocqueville sabiam, cada um a seu modo, que o antigo regime de historicidade, tanto tempo sustentado pelo modelo da *historia magistra*, não era mais operatório. A inteligibilidade do que acontecia implicava articular de outra maneira as categorias do passado e do futuro, senão o espírito andaria "nas trevas".

Sem surpresa, a reviravolta mais precisa manifestou-se na obra de Chateaubriand, que, em um quarto de século, passou da visão de uma América primitiva, refúgio do homem segundo a natureza, como puderam sê-lo, segundo a tradição, os antigos citas, àquela da terra que soube inventar em pouco tempo a liberdade moderna. Não mais conservatório ou utopia passadista, ela é doravante o cadinho onde se forja o futuro. O Novo Mundo dos descobridores tornou-se o mundo novo, aquele da igualdade, na direção do qual o Antigo Mundo marcha mais lentamente e com dificuldade. E, a partir de então, é duplamente antigo: no sentido do século XVI, com certeza, mas também no sentido, novo, de ser menos avançado do que a América. De uma costa à outra do Atlântico, cavou-se uma distância entre a experiência e a expectativa. De sorte que fazer a travessia é, finalmente, para Tocqueville, uma maneira de reduzi-la, "buscando" experiência para esclarecer e mesmo fixar a expectativa, orientando a ação. Assim, ele permanece fiel, cabe observar, ao esquema da *historia magistra*, mas invertendo-o, já que agora a luz não vem mais do passado, mas do futuro. Com esse instrumento, torna-se então possível elaborar essa "ciência política nova".

Deixemos agora 1789 e o Atlântico para reunir, dois séculos mais tarde, os arredores de 1989 e as margens de uma outra crise maior do tempo, que se estende de um e de outro lado dessa data que se tornou simbólica. Se a paisagem é mais familiar, porque mais próxima de nós, não é necessariamente mais fácil orientar-se nela, porque próxima demais. Os dados são abundantes, os comentários e os estudos também. Cada livraria contribui com seu lote. Por isso, mais ainda do que em nossos exercícios anteriores, que tangiam mais ao olhar distanciado, é conveniente nos dois capítulos que seguem, exercícios de contemporaneidade, encontrar uma entrada precisa e ao mesmo tempo tão esclarecedora quanto possível. Sem perder, contudo, os conhecimentos adquiridos da experiência do olhar distanciado. A memória e o patrimônio, duas das palavras-chave do momento, noções norteadoras de nosso espaço público, pareceram-me responder a essas exigências.

Nenhum dos dois termos será examinado por si próprio, nem desdobrado nas suas múltiplas idas e vindas, mas ambos serão essencialmente examinados do ponto de vista do tempo. Para a memória, *Les Lieux de mémoire* nos servirão para começar. Quanto ao patrimônio, uma visão de conjunto nos servirá de fio interrogativo. De que ordem do tempo esses termos são a tradução e, talvez, igualmente, uma expressão de seu questionamento? São indícios de que crise do tempo? O regime moderno de historicidade que vimos tomar forma por volta de 1789 é ainda operatório? A inteligibilidade vem, ainda e sempre do futuro, como todos os criadores do progresso ousaram pensar em primeiro lugar, antes de afirmá-lo com uma segurança cada vez maior? O "fato novo" não podia senão sobrepujar o "fato histórico". Hoje, nesta evidência da memória e da centralidade do patrimônio, exatamente como nas polêmicas em torno da memória e da história, deve-se reconhecer um "retorno" da categoria do passado, uma nostalgia pelo velho modelo da *historia magistra* ou, antes, uma predominância, inédita até então, da categoria do presente? O próprio momento do presentismo. Mas o patrimônio é obrigatoriamente "passadista"? Não, na medida em que a conduta que consiste em patrimonializar o meio ambiente leva a reintroduzir o futuro.

CAPÍTULO 4

Memória, história, presente

"A França deve recompor seus anais para adaptá-los aos progressos da inteligência." A fórmula é, mais uma vez, emprestada a
Chateaubriand, proposta no prefácio dos seus *Études historiques*,
evocados no capítulo anterior. Neles assumia a pose do historiador
surpreendido pela história:"Eu escrevia a história antiga, e a história
moderna batia à minha porta". Novamente, a história, indo muito
depressa, avançava rápido demais para ele! Seria preciso, observará
nas *Memórias*, poder "fazer história de caleche". Na Alemanha,
Lorenz von Stein, teórico da história, observava do mesmo modo
em 1843:"É como se a historiografia tivesse certa dificuldade em
seguir a história[321]". Evidentemente, dizendo isso, Chateaubriand
permanecia senhor do jogo, já que fazia de seu próprio anacronismo a motivação e o motor de sua escrita. Quanto à recomposição
dos anais, de acordo com os progressos da inteligência, isto é,
totalmente em sintonia com o regime moderno de historicidade,
essa tarefa não era, concluindo, para ele. De fato, cabia à jovem
geração de historiadores liberais, a começar por Augustin Thierry,
dedicar-se a ela.

Efetivamente, a história nacional tornou-se por muito tempo
o grande assunto dos historiadores franceses e o *motto* de Chateaubriand poderia figurar como epígrafe das obras de muitos deles, dos
mais ousados ao menos, ao longo dos séculos XIX e XX. Até Lavisse,
certamente, e mesmo até o próprio projeto dos *Lieux de mémoire* de

---

[321] STEIN, Lorenz von, citado por KOSELLECK. *Le futur passé*, p. 180.

Pierre Nora. Não que a situação fosse a mesma, obviamente, mas para Chateaubriand em 1830, como para Nora no início dos anos 1980, tratava-se de partir de um diagnóstico feito sobre o presente e de registrá-lo. Para reconstruir "a partir de um novo plano", dizia Chateaubriand; para se perguntar, primeiramente, o que quer dizer "recompor" no caso de Nora: pode-se ainda escrever uma história da França, como e por quê[322]?

O momento dos *Lieux de mémoire* (1984-1993) ocorreu antes e depois de 1989: concebido e lançado antes, o projeto terminou depois. Se na época pensávamos, na França, no bicentenário da Revolução, repetindo antecipadamente algumas guerras irrisórias, nas quais cada um devia fazer a sua parte, a queda do muro de Berlim, na qual ninguém pensava, pegou todo mundo desprevenido[323]. Porém, o projeto acompanhou a onda memorial que, desde a metade dos anos 1970, espalhou-se na França. Ele registrou-a como um sismógrafo, refletiu-a como um espelho, e refletiu sobre ela.

Entre os múltiplos indícios possíveis desse movimento memorial, basta mencionar o filme de Marcel Ophuls, *A dor e a piedade*, que teve de esperar até 1971 para ser lançado, seguido do livro *A França de Vichy, Velha Guarda e New Order, 1940-1944* de Robert Paxton, minuciosa acusação contra o regime de Pétain, publicado em 1972. Mas também, em outro tom, *Le Cheval d'orgueil*, em 1975, de Pierre-Jakez Hélias. Essas "memórias de um bretão da região de Bigouden", nascido em 1914, recriam uma civilização popular bretã. O livro chega rapidamente a um milhão de exemplares. *Shoah*, o filme de Claude Lanzmann, em 1985; *Os Assassinos da memória*, de Pierre Vidal-Naquet, desmantelando e denunciando o negacionismo; no mesmo ano, *Le Syndrome de Vichy (1944-198...)*, de Henry Rousso. Em uma investigação sobre Vichy, Rousso acabara de descobrir que "não era a hora do médico legista, mas do médico, simplesmente, e mesmo do psicanalista". E ainda tantos outros até o último livro de Paul Ricœur, publicado em 2000, para

---

[322] NORA, Pierre (Org.). *Les lieux de mémoire, III: Les France*. Paris: Gallimard, 1993. v. 1, p. 11-32.

[323] 1789. *La commémoration* (volume coletivo, Paris, Gallimard, 1999) reúne os artigos publicados em *Le Débat* sobre o bicentenário da Revolução Francesa. GARCIA, Patrick. *Le bicentenaire de la Révolution française: pratiques sociales d'une commémoration*. Paris: CNRS, 2000.

o milênio, *A memória, a história, o esquecimento.* Em um plano mais tangível, mais visível, testemunham isso também a eficaz renovação ou museificação dos centros históricos urbanos, a multiplicação dos ecomuseus ou museus de sociedade e a ascensão do Patrimônio.

Porém, de Chateaubriand a Pierre Nora, para voltar ao nosso atalho inicial, a diferença na relação com o tempo surpreende imediatamente. O "novo plano" exigido pelos "progressos" da inteligência remetia, de fato, a uma visão do tempo como aperfeiçoamento e progresso: aquele da liberdade, filha dos costumes, descoberta na América, aquele que fazia do *Ensaio histórico* revisitado uma testemunha dessa caminhada. Mas ele sabia também que a forma de trabalhar dos historiadores liberais que julgavam o mundo novo como "escala retificada para medir o mundo antigo" era o oposto de sua vocação de escritor, cuja escrita é marcada por ranhuras incessantes de um a outro. Ao passo que, no momento de empreender o que se tornaria *Les Lieux de mémoire*, Nora não apenas não invocava nenhum tempo progressista, como tampouco saía do círculo do presente. Muito pelo contrário, observava ele, "o desaparecimento rápido de nossa memória nacional me parecera exigir um inventário dos lugares onde ela se encarnou de maneira seletiva"[324]. Um inventário antes de uma morte anunciada.

Fernand Braudel tivera também a audácia de se lançar em uma longa história da França solitária, à moda Michelet, em suma, mas, tendo começado muito mais tarde do que ele (Michelet consagrou quarenta anos a ela), não pôde explorar até o fim essa *Identidade da França*, na qual singularidade e permanência coincidiam[325]. Não se tratava de modo algum de memória, mas de uma história extraída do mais profundo da longa duração, esta "enorme superfície de água quase estagnada" que, gradativamente, mas irresistivelmente, "arrasta tudo com ela"[326]. Mesmo que seja um projeto coletivo excepcionalmente amplo, *Les Lieux de mémoire* tiveram, no entanto, um supervisor que, ao longo de suas intervenções, um volume após outro, deu sua

---

[324] NORA (Org.). *Les lieux de mémoire, III: Les France*, v. 1.

[325] BRAUDEL, Fernand. *L'Identité de la France*. Paris: Arthaud-Flammarion, 1986, 3 v.

[326] BRAUDEL. *L'Identité de la France*, v. III, p. 431.

"interpretação" da história da França, quase no sentido musical da expressão: sua "pequena música".

Como já anunciei, a questão que nos serve de fio condutor é aquela da ordem do tempo, testemunhado pelos *Lieux*, percebidos acima de tudo como projeto intelectual. Colocando a memória à frente, com que articulação do passado, do presente e do futuro eles jogam? Já que é evidente que começam por não restabelecer o regime moderno de historicidade. Para além deles e de sua abordagem, *Les Lieux de mémoire* nos servirão também de projetor para iluminar as temporalidades mobilizadas pelo gênero da história nacional no curso de sua história. Mas, antes, distanciemo-nos um pouco novamente e pratiquemos uma outra modalidade de olhar distanciado.

As crises do regime moderno

Não se poderia inscrever, como hipótese, o regime moderno de historicidade entre as duas datas simbólicas de 1789 e 1989? Seria preciso proclamar que elas manifestam sua entrada e sua saída de cena da grande história? Ou, pelo menos, que marcam dois cortes, duas fendas na ordem do tempo[327]? Desse ponto de vista, o 11 de setembro de 2001 não provocaria grande questionamento desse esquema, a não ser que a administração norte-americana decidisse fazer disso um marco zero da história mundial: um novo presente, um único presente, o da guerra contra o terrorismo. Em todo caso, o 11 de setembro leva ao extremo a lógica do acontecimento contemporâneo que, se deixando ver enquanto se constitui, se historiciza imediatamente e já é em si mesmo sua própria comemoração: sob olho da câmera[328]. Nesse sentido, ele é totalmente presentista.

---

[327] Entre muitas outras possibilidades, citemos um historiador, observador engajado no seu século, Eric Hobsbawm: "Very few people would deny that an epoch in world history ended with the collapse of the Soviet bloc and the Soviet Union, whatever we read in the events of 1989-91. A page in history has been turned" (*On History*. London: Abacus Book, 1998,. p. 311). "Muito pouca gente negaria que, com o colapso do bloco soviético e da União Soviética, encerrou-se uma época na história do mundo, qualquer que seja a interpretação que dermos aos acontecimentos de 1989-1991. Foi virada uma página da história." (Tradução de Temístocles Cezar).

[328] GLUCK, Carol. 11 septembre, Guerre et télévision au 21ª siècle. *Annales HSS*, n. 1, 2003, p. 135-162. Carol Gluck propõe uma história-testemunho da "guerra contra o terrorismo" conduzida pelos Estados Unidos por meio de uma "etnografia" da mídia. Atenta à exposição instantânea da

Entre seus próprios atores e entre aqueles que quase imediatamente tentaram justificá-la, a Revolução Francesa pode ser decifrada, particularmente, como um conflito entre dois regimes de historicidade. Apelou-se para o passado, convocou-se amplamente Roma e Plutarco, enquanto se proclamava bem alto que não havia modelo e que não se devia imitar nada. A própria trajetória de Napoleão pode ser explicada desse modo. Levado pela nova ordem do tempo, ele sempre quis estar à frente de si mesmo – "ia tão rápido que mal dispunha de tempo para respirar por onde passava", observava Chateaubriand – e, no entanto, ficou fascinado pelos heróis de Plutarco, até entrar no seu futuro recuando, como notava Valéry, formando uma pseudolinhagem[329]. Também ele teceu seu destino de herói finalmente trágico entre dois regimes de historicidade.

As características do regime moderno, tais como se destacam das análises agora clássicas de Koselleck, são, como já vimos, a passagem do plural alemão *die Geschichten* ao singular *die Geschichte*: a História. "Para além das histórias, há a História", a História em si, que segundo a expressão de Droysen, deve tornar-se "conhecimento de si mesma"[330]. Particularmente, ela é doravante compreendida como processo, com a ideia de que os acontecimentos não se produzem mais somente *no* tempo, mas *através* dele: o tempo torna-se ator, se não o Ator. Então a exigência de previsões substitui as lições da história, já que o passado não explica mais o futuro. O historiador não produz mais a exemplaridade, mas está em busca do único. Na *historia magistra*, o exemplar ligava o passado ao futuro, por meio da figura do modelo a ser imitado. Atrás de mim, o homem ilustre estava tanto na minha frente como à frente de mim.

Com o regime moderno, o exemplar como tal desaparece para dar lugar ao que não se repete. O passado é, por princípio ou por posição, ultrapassado. Um dia, mais tarde, quando as condições estiverem reunidas, os historiadores conseguirão estabelecer uma lei

---

guerra, ela não medita sobre a autocomemoração imediata constitutiva do acontecimento.

[329] PLUTARQUE. *Vies parallèles*, p. 35-36. "Entrer dans son avenir à reculons" é expressão de Valéry.

[330] KOSELLECK. *Le futur passé*, p. 43.

como a que já se produziu nas ciências da natureza. Ou, conforme uma formulação própria à história-ciência do final do século XIX, o dia glorioso da síntese acabará por nascer, mas, enquanto isso, o historiador deve, como um artesão desvalorizado, limitar-se ao hábito ingrato da análise. É cedo demais. De qualquer modo, o futuro, isto é, o ponto de vista do futuro, exige: "A história passou a ser essencialmente um ultimato dirigido pelo Futuro ao Contemporâneo".

O ultimato, eu acrescentaria para completar a expressão tomada de Julien Gracq, estendeu-se também ao passado e se impôs aos historiadores que, durante o século XIX, organizaram e conceberam sua disciplina como a ciência do passado. Esse futuro, explicando a história passada, esse ponto de vista e esse *telos* dando-lhe significado, adquiriu sucessivamente, com a roupagem da ciência, a fisionomia da Nação, do Povo, da República, da Sociedade ou do Proletariado. Se há ainda uma lição da história, ela vem do futuro e não mais do passado. Ela está em um futuro que se deve fazer surgir como ruptura com o passado, pelo menos como algo diferente dele, enquanto a *historia magistra* repousava na ideia de que o futuro, se não repetia exatamente o passado, pelo menos não o excedia nunca. Vivia-se no interior do mesmo círculo (mesmo que Chateaubriand tivesse arriscado a imagem dos círculos concêntricos), com a mesma Providência ou as mesmas leis e, em todos os casos, com homens dotados da mesma natureza humana.

Por que essa hipótese de dois cortes: 1789 e 1989? Certamente não para bloquear a reflexão e seguir repetindo o fim de tudo e da história, em particular, já que a democracia não tem mais desafios agora; mas, bem pelo contrário, para estimular, relançar a questão, deslocando a evidência do presente. Então, ler *Les Lieux de mémoire* a partir de uma perspectiva ampla ou de uma história de longa duração das relações com o tempo leva a questioná-los como uma forma de trabalhar a partir desse corte (que não se reduz somente ao dia 9 de novembro de 1989, data da queda do Muro), mas também de fazê-lo trabalhar, buscando propor para ele uma abordagem e uma história. Esses cortes, vamos chamá-los ainda de brechas no tempo, retomando o diagnóstico feito por Hannah Arendt, isto é, esses intervalos totalmente determinados pelas coisas que não são mais e pelas coisas que não são ainda[331]. Brechas, pois há uma pausa e esse tempo parece desorientado. Por isso, Chateaubriand concluía suas *Memórias*, lembremos, com a constatação das duas impossibilidades em que se encontrava o mundo em 1840: a impossibilidade do passado, a impossibilidade do futuro[332]. Voltaremos a esse ponto na conclusão.

Essa hipótese não implica absolutamente que o regime moderno não tenha passado por um questionamento antes de 1989, que não tenha havido outras crises da ordem do tempo. Muito pelo contrário. Nós começamos por isso, na introdução. Aliás, um regime de historicidade nunca foi uma entidade metafísica, caída do céu e de alcance universal. É apenas a expressão de uma ordem dominante do tempo. Tramado por diferentes regimes de temporalidade, ele é, concluindo, uma maneira de traduzir e de ordenar experiências do tempo – modos de articular passado, presente e futuro – e de dar-lhes sentido. Ainda assim, para a apreensão e a manifestação dessas experiências, a descrição fenomenológica agostiniana dos três tempos permanece um ponto de referência essencial. Como poderíamos enumerar regimes? Eu o ignoro. O exemplo do regime heroico polinésio mostra, pelo menos, que o inventário está aberto e que não estamos confinados somente na autocontemplação da história europeia. Contestado logo que instaurado, e mesmo nunca completamente instaurado (exceto no melhor dos mundos), um regime de historicidade instaura-se lentamente e dura muito tempo.

Foi o que aconteceu com o grande modelo da *historia magistra* antiga (cujo caráter uniforme e abrangente não se deveria, aliás, exagerar)[333]. Ele foi retomado pela Igreja e pelos clérigos medievais quando lhes coube a tarefa de escrever a história. De uma maneira mais profunda, o regime cristão pode se combinar com o da *historia magistra*, na medida em que ambos olhavam para o passado, para um *já*, mesmo que o já dos Antigos não fosse de modo algum o dos cristãos (abrindo para o horizonte de um *ainda não*). Não resulta que esse antigo regime de historicidade não tenha experimen-

---

[331] HANNAH. *La crise de la culture*, p. 19.
[332] CHATEAUBRIAND. *Mémoires d'outre-tombe*, t. II, 44, 5, p. 922.
[333] Sobre a longevidade da *historia magistra*, ver KOSELLECK. *Le futur passé*, p. 37-62.

tado muitos questionamentos na sua longa história. Na França, por exemplo, na segunda metade do século XVI: entre muitas indicações possíveis, poderíamos lembrar a publicação, em 1580, dos *Ensaios* de Montaigne, onde vemos o *exemplum* antigo desestabilizado em um mundo em perpétuo movimento. Ele se desfaz transformando-se em "singularidade[334]". Lançando-se como um novo Plutarco, Montaigne escreve finalmente os *Ensaios*. "Eu sou a matéria de meu livro", lança a Advertência ao leitor. Do mesmo modo, um século mais tarde, o desencadeamento da Querela dos Antigos e dos Modernos (1687) marca um importante momento de crise do tempo. Se, como demonstra Perrault, os Modernos vencem os Antigos, se houve progresso e aperfeiçoamento em quase todas as áreas, ainda assim o tempo não se abre para um futuro de onde viria a luz. A perfeição é quase atingida com o século de Luís XIV[335]. Como de fato autorizar-se a pensar além do soberano absoluto?

Passar finalmente de um regime a outro comporta períodos de sobreposição. Produzem-se interferências, muitas vezes trágicas. A Revolução foi um desses momentos. Colocado entre Volney e Tocqueville, Chateaubriand nos guiou, ele que não deixou de observar e de ser o intérprete desses tempos de entremeio e de si mesmo capturado e constituído por esse entremeio. Sob esse mesmo prisma, o destino de Napoleão pode ainda ganhar em inteligibilidade.

A ascensão do presentismo

O século XX aliou, finalmente, futurismo e presentismo. Se, em primeiro lugar, ele foi mais futurista do que presentista, terminou mais presentista do que futurista. Foi futurista com paixão, com cegueira, até o pior, hoje todos sabem. Futurismo deve ser entendido aqui como a dominação do ponto de vista do futuro. Este é o sentido imperativo da ordem do tempo: uma ordem que continua acelerando ou se

---

[334] HARTOG, François. Prefácio. In: PLUTARQUE. *Vies parallèles*, p. 26-27.

[335] HARTOG, François. Du parallèle à la comparaison. In: PAYEN, Pascal (Sel.). *Plutarque: Grecs et romains en question. Entretiens d'archeologie et d'histoire*. St. Bertrand de Comminges, 1998. p. 162-166; YILMAZ. *La querelle des modernes.*

apresentando como tal. A história é feita então em nome do futuro e deve ser escrita do mesmo modo. O movimento futurista estimulou essa postura ao extremo. A exemplo do *Manifesto do partido comunista*, o *Manifesto futurista*, lançado por Marinetti em 1909, pretende ser um ato retumbante de ruptura em relação à antiga ordem. É preciso liberar a Itália de "sua gangrena de professores, de arqueólogos, de cicerones e de antiquários", declarando que "o esplendor do mundo se enriqueceu com uma beleza nova: a beleza da velocidade". É sintomático que seja a partir do lugar-marco onde a Europa forjou sua noção de patrimônio que uma contestação radical dessa ordem tenha vindo. "Mais belo do que a Vitória de Samotrácia", um automóvel "ruidoso" é a expressão mais forte disso. "Estamos no promontório extremo dos séculos", acrescenta ainda Marinetti, "De que serve olhar atrás de nós [...]?" Um ano mais tarde, o *Manifesto dos pintores futuristas* é igualmente radical: "Camaradas! Nós declaramos que o progresso triunfante das ciências ocasionou mudanças tão profundas para a humanidade que um abismo se cavou entre os dóceis escravos do passado e nós, livres e certos da radiosa magnificência do futuro. [...] Mas a Itália renasce, e ao seu *Risorgimento* político faz eco sua renascença intelectual"[336]. As vanguardas artísticas alimentaram-se desse impulso inicial, em busca dessa radiosa magnificência.

Porém, o *Manifesto futurista* mostra também como podemos passar do futurismo ao presentismo, ou como o futurismo é também (já) um presentismo. Quando Marinetti proclama: "O Tempo e o Espaço morreram ontem. Vivemos *já* no Absoluto, pois *já* criamos a eterna velocidade onipresente", o presente encontra-se "futurizado" ou não há mais senão presente. Pela velocidade, o presente se transforma em eternidade e Marinetti, no volante de seu carro de corrida, vê-se como um substituto de Deus.

Se a catástrofe da Primeira Guerra Mundial e as crises que a seguiram, e depois aquela da Segunda Guerra abalaram, e até rejeitaram o futurismo, ainda assim toda uma série de fatores, retomados muitas vezes em *slogans*, concorreu finalmente para relançar os hinos ao

---

[336] LISTA, Giovanni. *Le futurisme*. Paris: Terrail, 2001. p. 29, 30 e 38.

progresso e não somente para manter operatório o regime moderno de historicidade, mas para fazer dele o único horizonte temporal. Mesmo que o futurismo, tendo perdido seu lirismo, tivesse que se adaptar à ameaça nuclear e dedicar-se a responder a ela. Na Europa, foram assim brandidos os imperativos da reconstrução e da modernização, acompanhados pelo planejamento, enquanto em nível mundial impunham-se as exigências da competição econômica, tendo como pano de fundo a Guerra Fria e a corrida armamentista, cada vez mais rápida. Tivemos assim, entre outros, "o futuro radiante" socialista, o "Milagre", alemão, ou o período dos "Trinta Gloriosos" franceses (assim chamados a partir do livro de Jean Fourastié)[337]. Pouco a pouco, contudo, o futuro começava a ceder terreno ao presente, que ia exigir cada vez mais lugar, até dar a impressão recente de ocupá-lo por inteiro. Entrávamos então em um tempo de supremacia do ponto de vista do presente: aquele do presentismo, exatamente.

Esse presente, aparentemente tão seguro de si e dominador, não surgiu todavia em um dia (na última terça parte do século XX), como tampouco é uma novidade radical. De certa forma, todo grupo, toda sociedade, ontem como hoje, pode contar apenas com seu presente. Mais tarde podem ocorrer estratégias diversas que induzem a valorizá-lo ou, pelo contrário, a desvalorizá-lo, em proporções variáveis e sempre inconstantes, conforme as conjunturas. Pode-se se fechar nele ou, pelo contrário, apressar-se para sair dele o mais rápido possível. *Praesens*, como chamava a atenção o linguista Émile Benveniste, significa etimologicamente "o que está na minha frente", em consequência, "iminente, urgente", "imediatamente", conforme o sentido da preposição latina *prae*[338]. O presente é o iminente: o corpo do corredor inclinado para frente no momento de se lançar.

Para os sábios, as filosofias antigas, o epicurismo e o estoicismo, produziram uma teoria do presente em razão da qual existe apenas o presente no qual eu possa ter influência. "Convence-te", observava

---

[337] FOURASTIÉ, Jean. *Les 30 glorieuses ou la Révolution invisible de 1946 à 1975*. Paris: Fayard, 1979. Encontra-se aí uma dupla constatação: a do progresso, mas principalmente, que esse acabou, a partir de então.

[338] BENVENISTE, Émile. *Problèmes de linguistique générale*. Paris: Gallimard, 1966. p. 135.

Horácio, "que cada dia novo que nasce será para ti o último. Então é com gratidão que tu receberás cada hora inesperada[339]." E Marco Aurélio: "Se separas de ti mesmo, isto é, de teu pensamento [...] tudo o que tu fizeste ou disseste no passado, tudo o que no futuro te atormenta, tudo o que escapa ao teu livre arbítrio, se separas [de ti mesmo] o futuro e o passado, se te aplicas em viver somente a vida que vives, isto é, somente o presente, poderás passar todo o tempo que te resta até a morte com calma, benevolência, serenidade[340]". É ainda nesse presentismo que Goethe se inspira, quando atribui a Fausto, no encantamento de seu encontro com Helena: "Então a mente não olha nem para frente nem para trás. Só o presente é nossa felicidade[341]".

Porém, com as religiões reveladas, o presente encontrou-se a uma só vez desvalorizado (nada do que aconteça tem real importância), estendido (em certo sentido há apenas o presente) e valorizado como presente messiânico, à espera do *eschaton*: a qualquer momento o Messias pode surgir. Rosenzweig distingue assim "o hoje que é apenas uma ponte para o amanhã" do "outro hoje que é um trampolim para a eternidade"[342]. Para os cristãos, se ninguém sabe, salvo o Pai, quando virá a Hora final, é em todo caso certo que o tempo aberto pela passagem de Cristo é presente e que a história, até seu Retorno, foi, é e será a da Salvação. Daí essa apóstrofe de Pascal, ao retornar às origens do Evangelho, evocando a dimensão escatológica do presente: "O presente nunca é nosso fim: o passado e o presente são nossos meios; somente o futuro é nosso fim. Em consequência, nunca vivemos, mas esperamos viver; e nos preparando sempre para sermos felizes, é inevitável que nunca o sejamos[343]". Temos aqui as duas grandes formas históricas de presentismo: a religiosa e

---

[339] HORACE. *Épîtres*, 1, 4, 13.

[340] MARC AURÈLE. *Pensées*, 12, 3, 3-4.

[341] GOETHE. *Second Faust*, v. 9381. Ver HADOT, Pierre. 'Le présent seul est notre bonheur', la valeur de l'instant présent chez Goethe et dans la philosophie antique. *Diogène*, n. 133, 1986, p. 71.

[342] Franz Rosenzweig, carta de 5 de fevereiro de 1917, citada por MOSÈS, Stéphane. *L'Ange de l'histoire: Rosenzweig, Benjamin, Scholem*. Paris: Seuil, 1992. p. 89.

[343] PASCAL, *Pensées*, 172 (Brunschvicg).

a das filosofias antigas, com passagens de uma para outra, como em Montaigne e ainda em Pascal.

Algumas expressões modernas de presentismo, explicitamente inspiradas por correntes vitalistas, levaram a desvalorizar o passado. O presente ergue-se então contra o passado, em nome da vida e da arte. No que tange às vanguardas artísticas do período de 1905 a 1925, Éric Michaud chamou a atenção para o espaço dado ao presente nos próprios títulos dos seus manifestos, suas reivindicações presentistas, eu diria. Ao lado do Futurismo presentista de Marinetti, evocado há pouco, podemos citar o Simultaneísmo, o *Praesentismus*, o Nunismo (de *nun*, "agora" em grego), o PREsentismo, o Instantaneísmo[344]. A literatura não ficaria atrás, primeiramente porque é parte integrante de muitos desses manifestos. Basta pensar no lugar ocupado por Apollinaire. Poderíamos também, retrocedendo um pouco, pensar no papel de inspiração representado por *Considerações extemporâneas* (1874) de Nietzsche. *O Imoralista* (1902) de Gide seria um bom exemplo. O herói, Michel, descobre, após ter quase morrido, que seus estudos de erudição perderam seu atrativo: "Eu descobri que, para mim, algo havia, senão suprimido, pelo menos, modificado o seu gosto; era o sentimento do presente[345]". Encontraríamos algo análogo em *Hedda Gabler* de Ibsen, ou ainda, nos anos 1920, com as reflexões já evocadas de Paul Valéry sobre, ou melhor, contra a história[346].

De modo que, se quisesse responder e escapar à "falência da história" (que se tornou patente com a Guerra de 1914), a história profissional teria então de começar por demonstrar que o passado não era sinônimo de morte e que não queria sufocar a vida. Precisou propor um modo de relação entre o passado e o presente, tal que o passado não pretendesse dar lições ao presente, sem que esse fosse tachado por isso de inanidade de princípio. E isso mesmo que o antigo modelo da *historia magistra* já tivesse deixado de ser operatório há um

---

[344] MICHAUD, Éric. *Le présent des avant-gardes* (No prelo).

[345] GIDE, André. *L'Immoraliste*. Paris: Mercure de France, 1961. p. 60.

[346] Em muitas ocasiões, Lucien Febvre opõe-se a Valéry, renunciando à história sem vida e censurando-o por ignorar a história viva (1941): ver FEBVRE. *Combats pour l'histoire*, p. 24, 102, e 243.

bom século. A insistência dos primeiros *Annales* de Marc Bloch e Lucien Febvre sobre a essencial preocupação do presente assumia também seu sentido em relação a esse contexto intelectual[347]. Mais tarde, eles colocarão o trabalho do historiador sob o signo de um duplo movimento: do passado para o presente e do presente para o passado. Nisso reside a justificativa da história, mas daí também surgem seus recursos heurísticos.

Publicada em 1938, *A Náusea* de Sartre pode também apresentar-se como um fragmento presentista. Roquentin, o narrador, escreve um livro de história. De fato, ele consagra-se à realização de uma biografia do marquês de Rollebon (que se parece mais ou menos com Talleyrand). Mas um dia, de repente, foi impossível continuar, pois subitamente impusera-se a ele como uma evidência tangível que existia apenas "o presente, nada além do presente". O presente era "o que existe, e tudo o que não era presente, não existia. O passado não existia. Absolutamente. Nem nas coisas, nem mesmo no meu pensamento". Conclusão: "O marquês de Rollebon acabava de morrer pela segunda vez". Ele era "meu associado: precisava de mim para existir e eu precisava dele para não sentir meu ser". "Eu existo." Da mesma forma que "as coisas são inteiramente o que elas parecem" e que "*atrás* delas... não há nada", o passado não é nada[348].

Mas tampouco o futuro, mais exatamente o ponto de vista do futuro. Por isso, em 1945, Sartre mais uma vez, no editorial do primeiro número de *Temps modernes*, persistia e assinalava: "Escrevemos para nossos contemporâneos, não queremos olhar nosso mundo com olhos futuros, isso seria o modo mais certo de matá-lo, mas com olhos de carne, com nossos verdadeiros olhos perecíveis. Não desejamos ganhar nosso processo com recurso e não temos o que fazer com uma reabilitação póstuma: é aqui mesmo e durante nossa vida que os

---

[347] Aux lecteurs. In: *Annales d'histoire économique et sociale*, n. 1, 1929: "Ainda que para os documentos do passado, os historiadores apliquem seus bons velhos métodos provados, cada vez mais homens consagram, não sem ardor, às vezes, sua atividade ao estudo das sociedades e das economias contemporâneas: duas classes de trabalhadores feitas para se compreender e que, como de costume, se relacionam sem se conhecer".

[348] SARTRE, Jean-Paul. *La nausée*. Paris: Gallimard, 1938. p. 124-125 e 127.

processos são ganhos ou são perdidos[349]". O existencialismo concebe salvação somente no engajamento sem reserva na ação. "Militante", retomará o autor de *As Palavras*, "eu quis salvar-me pelas obras[350]." À revolução é atribuído, a partir de então, "o papel que a vida eterna outrora desempenhou", ela "salva aqueles que a fazem", observava Malraux[351]. O existencialismo era um presentismo.

Se a crítica ao progresso não implica uma promoção automática do presente, ela instila a dúvida sobre o caráter inevitavelmente positivo da caminhada para o futuro. Certamente o *topos* não era novo, mas podemos assinalar aqui sua reativação e seu deslocamento, em meados dos anos 1950, por Claude Lévi-Strauss na obra *Tristes trópicos,* imediatamente célebre. No contexto da descolonização, ele propunha uma interpretação renovada do bom selvagem. A noite nas florestas do Novo Mundo de Chateaubriand não estava tão longe! Sua defesa apaixonada de Rousseau e sua crítica à concepção estreita do progresso nas sociedades modernas terminavam, em todo caso, por uma reflexão sobre este mundo que "começou sem o homem e terminará sem ele, já que nunca fez nada mais do que acelerar uma matéria poderosamente organizada rumo a uma inércia cada vez maior e que um dia será definitiva". Assim, a antropologia deveria, antes, escrever-se "entropologia", o nome de uma ciência consagrada a estudar esse processo de desintegração nas suas manifestações mais significativas"[352]. Com essa perspectiva de resfriamento final das sociedades quentes, estávamos aqui, é verdade, no olhar muito distanciado: algo como o ponto de vista das esferas.

Em um momento de intensa crise do tempo, mesmo que a antiga ordem do tempo desmoronasse e que o novo tentasse ainda se afirmar, Chateaubriand havia feito, resumidamente, o ensaio da utopia selvagem: um fora do tempo. Nos anos 1950, Lévi-Strauss, como vimos, é levado a questionar o regime moderno estabelecido

---

[349] SARTRE, Jean-Paul. Apresentação da revista *Les Temps Modernes*, 1945. Reiterada ainda em *Les mots.* Paris: Gallimard, 1964: "Pretendo sinceramente escrever apenas para o meu tempo".

[350] SARTRE. *Les mots*, p. 210.

[351] ARENDT. *La crise de la culture*, p. 17.

[352] LÉVI-STRAUSS. *Tristes tropiques*, p. 374.

sobre a evidência da ordem do progresso. A história, observava ele, não é senão de tempos em tempos cumulativa e, além disso, apreendemos como cumulativo somente o que é análogo ao que acontece conosco. As formações sociais e a história universal ainda esperam o seu Einstein. Nos anos 1960, o selvagem entrou na moda. Praticou-se todo tipo de usos selvagens do "pensamento selvagem", exerceu-se influência sobre "o pensamento mítico"; valorizou-se o Selvagem, em oposição ao Civilizado ou ao Estado, mas houve também retornos ou fugas para os Selvagens[353]. Antes dos "retornos" ao país.

O *slogan* "esquecer o futuro" é, provavelmente, a contribuição dos *Sixties* a um fechamento extremo no presente. As utopias revolucionárias, progressistas e futuristas (e como!), em seu princípio, mas também passadistas e retrospectivas (as barricadas revolucionárias e a Resistência) deviam operar-se, a partir de então, em um horizonte que não transcendia muito o círculo do presente: "Sob o calçamento, a praia" ou "Tudo, rápido!", proclamavam os muros de Paris em maio de 1968. Antes que aparecesse, logo depois, "*No future*", isto é, não mais presente revolucionário. De fato, vieram, nos anos 1970, as desilusões ou o fim de uma ilusão, a desagregação da ideia revolucionária, a crise econômica de 1974, a inexorável escalada do desemprego em massa, o enfraquecimento do Estado de Bem-Estar Social, construído em torno da solidariedade e a partir da ideia de que amanhã será melhor do que hoje, e as respostas, mais ou menos desesperadas ou cínicas, que apostaram todas no presente, e somente nele. Nada além. Porém, não se tratava mais exatamente nem de epicurismo ou estoicismo nem de presente messiânico.

Nessa progressiva invasão do horizonte por um presente cada vez mais inchado, hipertrofiado, é bem claro que o papel motriz foi desempenhado pelo desenvolvimento rápido e pelas exigências cada vez maiores de uma sociedade de consumo, na qual as inovações tecnológicas e a busca de benefícios cada vez mais rápidos tornam obsoletos as coisas e os homens, cada vez mais depressa. Produti-

---

[353] CLASTRES, Pierre. *La société contre l'État*. Paris: Minuit, 1974; LIZOT, Jacques. *Le cercle des feux: faits et dits des Indiens Yanomani*. Paris: Seuil, 1976.

vidade, flexibilidade, mobilidade tornam-se as palavras-chave dos novos administradores[354]. Se o tempo é, há muito, uma mercadoria, o consumo atual valoriza o efêmero. A mídia, cujo extraordinário desenvolvimento acompanhou esse movimento que é, em sentido próprio, sua razão de ser, faz a mesma coisa. Na corrida cada vez mais acelerada para o *ao vivo*, ela produz, consome, recicla cada vez mais palavras e imagens e comprime o tempo: um assunto, ou seja, um minuto e meio para trinta anos de história[355]. O turismo é também um poderoso instrumento presentista: o mundo inteiro ao alcance da mão, em um piscar de olhos e em quadricromia.

Esse tempo coincide também com o do desemprego em massa que as sociedades europeias começaram a sofrer nessa época. Para o desempregado, um tempo cotidiano, sem projetos possíveis, é um tempo sem futuro. Para esses "homens sem futuro", como os denominava Pierre Bourdieu, "o tempo parece se aniquilar", pois "o trabalho assalariado é o suporte, senão o princípio, da maior parte dos interesses, das expectativas, das exigências, das esperanças e dos investimentos no presente, assim como no futuro ou no passado que ele envolve"[356]. O desemprego contribui fortemente para o confinamento no presente e para um presentismo, agora penoso e desesperado.

O futurismo deteriorou-se sob o horizonte e o presentismo o substituiu[357]. O presente tornou-se o horizonte. Sem futuro e sem passado, ele produz diariamente o passado e o futuro de que sempre precisa, um dia após o outro, e valoriza o imediato. Os sinais dessa atitude não faltaram. Assim, a morte tem sido cada vez mais escamoteada. O poeta T. S. Eliot já testemunhava esse expansionismo do presente: "Em nossa época", observava ele, "[...] apresenta-se um novo gênero de provincianismo, que talvez mereça um nome novo. É um provincianismo não do espaço, mas do tempo; para o qual

---

[354] BOLTANSKI, Luc; CHIAPELLO, Ève. *Le nouvel esprit du capitalisme*. Paris: Gallimard, 1999.

[355] AGACINSKI, Sylviane. *Le passeur de temps*. Paris: Seuil, 2000. p. 178-182.

[356] BOURDIEU, Pierre. *Méditations pascaliennes*. Paris: Seuil, 1997. p. 263.

[357] Na análise que Guy Debord faz do "tempo espetacular", como "tempo pseudocíclico consumível", é indicado, ainda, que no tempo espetacular "o passado domina o presente" (DEBORD, Guy. *La société du spectacle*. Paris: Buchet; Castel, 1967. p. 130).

[...] o mundo é propriedade somente dos vivos, do qual os mortos não participam[358]". Os mortos não têm mais seu lugar, e mesmo, lugar nenhum. Como historiador, Philippe Ariès soubera chamar nossa atenção sobre esse mesmo fenômeno:"Tudo se passa na cidade como se ninguém mais morresse[359]". A recusa do envelhecimento (conforme o modelo do *jogger* californiano, que fez escola em muitos lugares) seria outro indício disso, que a valorização crescente da *juventude* enquanto tal acompanha as sociedades ocidentais que já começavam a envelhecer. Ou ainda, mais recentemente, todas as técnicas de supressão do tempo, graças ao desenvolvimento das "autoestradas da informação" e a promoção universal do tempo dito "real". Qualquer um poderia facilmente completar o catálogo dos comportamentos cotidianos que demonstram uma obsessão pelo tempo: controlá-lo cada vez mais e melhor ou, do mesmo modo, suprimi-lo. Até à guerra em tempo real. Aliás, não se ouve que uma pessoa que se respeite não deve ter nem tempo para, nem mesmo *tempo*[360]! E um executivo sobrecarregado é alguém com déficit crônico de tempo[361]. Esses comportamentos traduzem uma experiência amplamente compartilhada do presente e são um de seus componentes, delineando assim um dos regimes de temporalidade do presente.

As fendas do presente

A economia midiática do presente não cessa de produzir e de utilizar o acontecimento, já que a televisão deu seguimento ao rádio. Porém com uma particularidade: o presente, no momento mesmo em que se faz, deseja olhar-se como já histórico, como já passado. Volta-se, de algum modo, sobre si próprio para antecipar o olhar que será dirigido para ele, quando terá passado completamente, como se quisesse "prever" o passado, se fazer passado antes mesmo

---

[358] ELIOT, T. S. *On poetry and poets.* London, 1957. p. 69.

[359] ARIÈS, Philippe. *L'Homme devant la mort.* Paris: Seuil, 1977. p. 554.

[360] NOWOTNY, Helga; *Le temps à soi: genèse et structuration d'un sentiment du temps.* Tradução de S. Bollack e A. Masclet. Paris: Maison des Sciences de L'Homme, 1992.

[361] BOURDIEU. *Méditations pascaliennes*, p. 268.

de ter acontecido plenamente como presente; mas esse olhar é o seu, presente para ele. Essa tendência em transformar o futuro em futuro anterior pode chegar à caricatura. Por exemplo, no dia 10 de maio de 1994, jornalistas entrevistavam aquele que ainda era o presidente Mitterrand. Já outros tempos, mas não outros costumes! Era exatamente um ano antes do fim determinado de seu mandato. Todo o jogo consistiu em fazê-lo falar como se já fosse um ano mais tarde, como se já tivesse partido e mesmo (por que poupar?) morto e enterrado, já que estava convidado a indicar o epitáfio que tinha escolhido! Para estar seguro de ser o primeiro na informação, não há, por fim, nada melhor do que anunciar como ocorrido o que ainda não teve lugar. É uma resposta midiatizada e midiática à antiga questão provocadora formulada por Kant:"Como a história é possível *a priori*? Resposta: quando aquele que faz prognósticos realiza e organiza ele próprio os acontecimentos que anunciou antecipada-mente[362]". Certamente, trata-se apenas de história *a priori* midiática, mas reconhece-se nisso também uma forma política denunciada sob o nome de efeito de anúncio. Na verdade, toda a presidência de Mitterrand, da visita inaugural ao Panteão até a dupla encenação final dos funerais, passando pelo caso que expôs as relações entre o presidente e René Bousquet, encontrou-se submetida à crise do tempo. Que ele tenha tentado escapar ou se servir disso, não muda, na verdade, grande coisa. Ainda sustentada pelo futurismo, no momento de sua chegada ao poder, a esquerda quase instantaneamente encontrou a onda da memória e do patrimônio e as imposições do presentismo.

Simetricamente, nosso presente tem uma ânsia de previsões, senão de predições. Ele se cercou de *experts*, que consulta sem parar. Solicitado, o historiador encontra-se, em mais de uma ocasião, inves-tido como *expert* da memória e preso no círculo do testemunho[363]. Esse presente julgou encontrar nas sondagens seu Sésamo: usou e

---

[362] KANT, Emmanuel. *Le combat des facultés*, citado por KOSELLECK. *Le futur passé*, p. 50. Sobre a historização do acontecimento, antes mesmo que se produzisse, pode-se refletir, em um outro registro, sobre o filme de Woody Allen, *Bananas* (1971), em que se é obrigado a assistir ao assassinato ao vivo de um presidente.

[363] DUMOLIN, Olivier. *Le rôle social de l'historien: de la chaire au prétoire*. Paris: Albin Michel, 2003. p. 27-63.

abusou dessas projeções no futuro, sem deixar o presente. A resposta dada hoje, imagem instantânea, é transmitida seis meses ou três semanas mais tarde e tende gradativamente a tornar-se a imagem efetiva da situação seis meses ou três semanas mais tarde. O que você vota hoje, como imagem daquilo que você votará. Portanto, o que você já votou. A duração é somente reintroduzida do ponto de vista da série que permite traçar uma curva de amostras, mas já é o assunto dos comentaristas: dos *experts*. Contudo, as sondagens erram, nós já constatamos, e o futuro escapa! Mais uma vez, gostaríamos de estar em uma forma de história *a priori*. Ou, o que dá no mesmo, negar o tempo. Daí, *a contrario*, o sucesso, em meados dos anos 1980, da máxima de Mitterrand "Dar tempo ao tempo"! Ele também buscava a identidade da França na direção do tempo longo, embora, sofrendo de câncer, devesse viver, principalmente, dia a dia: no presente da doença. Porém, em segredo.

Em meados dos anos 1970, outra fenda manifesta-se nesse presente. Ele começa a se mostrar preocupado com a conservação (de monumentos, de objetos, de modos de vida, de paisagens, de espécies animais) e ansioso em defender o meio ambiente. Os modos de vida local e a ecologia, de temas exclusivamente contestatórios passaram a ser temas mobilizadores e promissores. Gradativamente, a conservação e a renovação substituíram, nas políticas urbanas, o mero imperativo de modernização, cuja brilhante e brutal evidência não tinha sido questionada até então. Como se se quisesse preservar, na verdade, reconstituir um passado já extinto ou prestes a desaparecer para sempre. Já inquieto, o presente descobre-se igualmente em busca de raízes e de identidade, preocupado com memória e genealogias.

Ao lado dos retornos aos modos de vida local, um público novo, que foi preciso acolher, passou a frequentar os arquivos. As administrações auxiliaram os arquivos departamentais a se preparar para isso, enquanto muitas cidades médias dotavam-se de serviços de arquivos. Com efeito, a partir de então, mais da metade dos leitores eram genealogistas comuns. Esse período corresponde também a uma produção em massa dos arquivos. Sua quantidade multiplicou-se por cinco desde 1945 e, um ao lado do outro, se desdobrariam por mais de três mil quilômetros lineares[364]. Acompanhando esse movimento, a lei de 1979 sobre os arquivos (a primeira desde a Revolução) dava uma definição bem ampla: "Os arquivos são o conjunto dos documentos, qualquer que seja sua data, sua forma e seu suporte material, produzidos ou recebidos por toda pessoa física ou moral, e por todo serviço ou organismo público ou privado, no exercício de sua atividade". Tudo pode, em última instância, ser arquivado, e os arquivos "constituem a memória da nação e uma parte essencial de seu patrimônio histórico". Os termos-chave estão aqui: memória, patrimônio, história, nação. Eles assinalam que entramos efetivamente nos anos-patrimônio. Os arquivos tinham, nesse contexto, evidentemente, seu lugar. Contudo, os arquivistas tiveram o sentimento, mais ou menos justificado, de terem sido, afinal, os abandonados daqueles anos, enquanto os museus e as bibliotecas faziam mais sucesso junto aos poderes públicos. O que é uma das componentes da crise dos arquivos.

Proclamados memória, história, patrimônio da nação, os arquivos foram necessariamente recuperados pelo presente. Aqui está a outra componente, mais visível e mais discutida da crise: os prazos de consulta (longos demais) e as derrogações (restritivas demais)[365]. Como se a questão dos arquivos se resumisse apenas aos arquivos contemporâneos (aqueles da Colaboração e, há pouco, da guerra da Argélia). Relatórios foram solicitados, prometeu-se uma nova lei que, finalmente, não foi criada, houve uma mobilização por uma "cidade dos Arquivos", por ora inexistente, mas se teve direito a duas circulares do primeiro ministro. A circular de 3 de outubro de 1997 (a alguns dias da abertura do caso Papon e após a declaração de arrependimento da Igreja da França) tornou menos rígidas as

---

[364] FAVIER, Jean; NEIRINCK, Daniel. Les archives. In: BÉDARIDA, François (Org.). *L'Histoire et le métier d'historien en France, 1945-1995*. Paris: Maison des Sciences de L'Homme, 1995. p. 89-110. HARTOG, François. Archives: la loi, la mémoire, l'histoire. *Le Débat*, n. 112, 2000, p. 45-48. Para uma apresentação do dossiê completo, ver CŒURÉ, Sophie; DUCLERT, Vincent. *Les archives*. Paris: La Découverte, 2001.

[365] A norma de referência é a da comunicação imediata dos documentos, mas os decretos de aplicação da lei de 1979 fixaram os prazos para alguns arquivos: 30 ou 60 anos (para os documentos que contêm informações que discutem a vida privada ou que dizem respeito à segurança do Estado ou à defesa nacional). Em 1995, o relatório Braibant visava reduzir esses prazos para 25 e 50 anos.

regras de consulta dos documentos relativos ao período 1940-1945. Lembrando que "É um dever da República perpetuar a memória dos acontecimentos que ocorreram em nosso país entre 1940 e 1945", ela convidava a ir mais longe em matéria de derrogações, sem se fixar "na personalidade ou na motivação das pessoas que solicitam uma derrogação". Traduzia, em suma, para a administração, o dever de memória. A segunda, de 5 de maio de 1999, anunciava: "Em busca de transparência e em respeito às vítimas e suas famílias, o governo tomou a resolução de facilitar as buscas históricas sobre a manifestação organizada pela Frente de Libertação Nacional da Argélia (FLN), em 17 de outubro de 1961".

Maurice Papon, que acabava de perder o processo de difamação que havia intentado (como ex-chefe de polícia de Paris) contra Jean-Luc Einaudi, relativo à questão das vítimas da manifestação, fazia, mais uma vez, a ligação com a atualidade. Considerado em toda sua duração, o caso Papon é, aliás, um exemplo esclarecedor dessas modificações de comportamento em relação ao tempo. É apenas em 1998 que o ex-secretário geral da polícia da Gironda é condenado, em Bordeaux, por cumplicidade em crimes contra a humanidade, ou seja, cinquenta e cinco anos após os atos denunciados e ao final de um processo que durou noventa e cinco dias[366]. Antes dele, em 1994, houve o caso de Paul Touvier, ex-chefe da milícia de Lyon. Inicialmente perdoado, em 1972, pelo presidente Pompidou, que queria "encobrir" o tempo em que os franceses "não se amavam", vinte e dois anos mais tarde é condenado por crimes contra a humanidade. No entanto, tratava-se exatamente do mesmo Touvier. Porém, o tempo funcionou às avessas. Ao invés de ter produzido o esquecimento, ele avivou a memória, reconstituiu e impôs a lembrança. Com a temporalidade até então inédita criada pelo crime contra a humanidade, o tempo não "passa": o criminoso permanece contemporâneo de seu crime[367].

---

[366] Ninguém podia saber então que ele seria libertado da prisão da Santé por razões médicas, em setembro de 2002. Porém, a agitação provocada por sua liberação – que dependia somente da aplicação de uma disposição nova da lei – mostra bem que ele permanecerá, até a sua morte, contemporâneo de seu crime. Mas nós também.

[367] ROUSSO. *La hantise du passé*, p. 12-47.

O urbanismo parisiense oferece outro registro, tão visível que chega a ofuscar, para compreender os efeitos da ordem do tempo ou de seus questionamentos. Lembremos alguns momentos dessas dramaturgias principescas ou desses balés urbanístico-políticos. Com um primeiro tempo, ainda sob o signo do futurismo e em sintonia com o regime moderno de historicidade. Inicialmente, encontramos Georges Pompidou, o modernizador, no papel do presidente que queria "adaptar Paris ao automóvel", acelerar seu crescimento, mas também restituir-lhe o brilho internacional, dotando a capital de um grande museu de arte contemporânea. Estendendo-se por vinte anos, a reestruturação do bairro do mercado central, Les Halles, dá uma clara demonstração dessas transformações. Em 1959, o governo decide transferir o mercado para a cidade de Rungis. Nos dez anos seguintes, a administração de Paris promove projetos arquitetônicos nos quais florescem os arranha-céus: "arranha-céus, arranha-céus e mais arranha-céus[368]". Modernismo e rentabilidade parecem as únicas palavras de ordem.

Apesar dos protestos, tendo maio de 1968 marcado sua presença, os pavilhões de Baltard, que constituíam o complexo do mercado central, são finalmente destruídos em 1971: não apenas desmontados e transferidos, mas verdadeiramente destruídos. Resta então um vazio célebre por um tempo, o "buraco dos Halles", que se consegue preencher apenas em 1980, ainda com várias peripécias, em que o prefeito de Paris da época, Jacques Chirac, pode dar sua dimensão de urbanista. É incontestável que Les Halles, por poucos anos, teriam sido preservados como "patrimônio" excepcional do século XIX. Essa destruição marca até a inversão da conjuntura: o momento em que o regime moderno (e modernizador) perde sua evidência. Com efeito, pouco depois, a estação de trem Orsay, também destinada à destruição, é ao contrário preservada, e o secretário da Cultura do Estado do novo presidente Valéry Giscard d'Estaing, Michel Guy,

---

[368] FERMIGIER, André. *La bataille de Paris: des Halles à la Pyramide. Chroniques d'urbanisme.* Paris: Gallimard, 1991. p. 54. A sequência das crônicas de Fermigier no *Nouvel Observateur*, depois no *Le Monde*, permite seguir o fracasso dos Les Halles e a emergência progressiva do tema do patrimônio.

começa a chamar a atenção para o patrimônio contemporâneo: o dos séculos XIX e XX.

Quanto ao museu, chamado finalmente de Centro Georges Pompidou, é interessante lembrar que ele devia inicialmente ser um museu "experimental". Em que sentido? "Um museu", esclarecia-se, "cuja finalidade não seria conservar obras de arte, mas permitir a expressão livre a todas as formas da criação contemporânea[369]." O prédio de vidro, com seus espaços polivalentes e suas estruturas móveis, devia aliar uma arquitetura funcionalista e rigorosa ao lúdico e ao efêmero. Devia expor mais a arte contemporânea do que a arte moderna e, mais ainda, mostrar a arte acontecendo. A proposta associava assim o futurismo (inerente a todo projeto museológico) com uma componente forte de presentismo. Desejava-se colocar no museu o presente da arte e tornar visível a criação contemporânea acontecendo, rejeitando a museificação. Porém, ao longo das adaptações e das renovações, a parte experimental se reduziu e o conservatório venceu o laboratório. O espaço reservado ao museu aumentou, enquanto o destinado à criação diminuía[370]. Como se o presente, passando de uma postura presentista lúdica e narcisista para outra bem menos segura, reconhecesse que duvida dele mesmo.

Contudo, o triunfo total do museu e do patrimônio coube a François Mitterrand, quando inaugurou, no final de 1993, o Grande Louvre, com sua pirâmide de vidro – as pirâmides menores e os espelhos d'água –, que dá um toque de arquitetura pós-moderna, através da qual se pode descer para contemplar quarenta séculos de história! O Grande Louvre, que perdeu sua última função régia com a saída do Ministério das Finanças, acabou se transformando em um imenso espaço museal: o maior museu (os príncipes não deixam por menos) e o principal lugar do patrimônio universal da França (tendo no subsolo o saguão de sua galeria comercial).

Assim, esse presente, que reina aparentemente absoluto, "dilatado", suficiente, evidente, mostra-se inquieto. Ele queria ser seu

---

[369] FERMIGIER. *La bataille de Paris,* p. 149.

[370] Ver o dossiê "L'utopie Beaubourg dix ans après", em *Esprit,* n. 123, 1987. GALLOT, Geneviève. Le Centre Pompidou, une utopie épuisée. *Le Débat,* n. 98, 1998, p. 102.

próprio ponto de vista sobre si mesmo e descobre a impossibilidade de se fiar nisso: mesmo na transparência das grandes plataformas do Beaubourg. Ele se mostra incapaz de preencher a lacuna, no limite da ruptura, que ele próprio não cessou de aprofundar, entre o campo da experiência e o horizonte de expectativa. Escondido na sua bolha, o presente descobre que o solo desmorona sob seus pés. René Magritte poderia ter pintado isso! Três palavras-chave resumiram e fixaram esses deslizamentos de terreno: *memória*, mas trata-se, na verdade, de uma memória voluntária, provocada (a da história oral), reconstruída (da história, portanto, para que se possa contar *sua* história); *patrimônio* – 1980 foi decretado o ano do Patrimônio –, o sucesso da palavra e do tema (a defesa, a valorização, a promoção do patrimônio) acompanha a crise da própria noção de "patrimônio nacional"; *comemoração*, de uma comemoração à outra poderia ser o título de uma crônica dos últimos vinte anos. Esses três termos apontam para um outro, que é como seu lar: a identidade.

As grandes comemorações definiram um calendário novo da vida pública, impondo-lhe seus ritmos e seus prazos. Ela se submete e se serve disso, tentando conciliar memória, pedagogia e mensagens políticas do *dia*. A visita de François Mitterrand, recém-eleito, ao Panteão, no dia 10 de maio de 1981, foi concebida sob essa perspectiva. De fato, ela revelava uma incursão inaugural ao país dos mortos ilustres da República, com a rosa na mão (Jules Michelet, ao escrever sua história, tinha um ramo dourado) para reavivar esses lugares abandonados, sagrar-se, inscrevendo-se em uma linhagem, e relançar um tempo instaurado pela Revolução. Esse acontecimento simbólico comportava ainda uma dimensão futurista e uma outra já patrimonial: a representação as reunia. Em seguida, começavam as dificuldades.

Os anos seguintes assistiram à alternância das comemorações em um ritmo que ia acelerando. Porém, todas essas reorganizações francesas em torno da memória se produziam enquanto se aproximava a comemoração maior anunciada: a da Revolução, que incitava a colocar na ordem do dia e em discussão o próprio fato de comemorar, essa "atividade estranha, que oscila entre a presença e a ausência[371]".

---

[371] OZOUF, Mona. In: 1789. *La Commémoration*, p. 322.

O que nos valeu, além de várias polêmicas, um milênio capetiano em 1987, finalmente autenticado por uma missa solene, na presença do presidente da República: o tempo longo da França sempre! A esse primeiro fogo de artifício comemorativo sucederia imediatamente a rajada do jubileu da Segunda Guerra Mundial.

Longe de ser um fenômeno somente francês, a comemoração floresceu em todos os lugares a partir dos anos 1980. Assim, a Alemanha praticou-a com um ardor igual e até superior, pela rivalidade então existente entre as duas Alemanhas. Houve o quinto centenário do nascimento de Lutero em 1983; o septingentésimo quinquagésimo aniversário da fundação de Berlim em 1985; a transferência das cinzas de Frederico II para Potsdam em 1991; e, finalmente, a inauguração da "Nova Guarda" (*Neue Wache*) em Berlim, em 1993, exigida pelo chanceler Helmut Kohl como memorial central da República Federal da Alemanha. Pode-se acrescentar, naqueles anos, o lançamento de várias histórias da Alemanha por grandes editoras e, um pouco mais tarde, o início dos *Lugares de memória alemães*[372].

Memória e história

Em 1974, são publicados os três volumes de *Faire de l'histoire*, dirigidos por Jacques Le Goff e Pierre Nora, cuja pretensão é "ilustrar e promover um tipo novo de história", aquela que responde à "provocação" das outras ciências humanas, em particular da etnologia[373]. Da história das mentalidades à antropologia histórica, era o momento de uma consciência e de uma ciência de nossa distância em relação a nós mesmos, mas distanciada tanto no tempo quanto no espaço. A memória, assim como o patrimônio, ainda não era considerada entre os novos objetos ou as novas abordagens. De fato, mesmo que os historiadores tenham sempre lidado com a memória, eles quase sempre desconfiaram dela. Tucídides já a recusava, considerava-a

---

[372] FRANÇOIS, Étienne. Nation retrouvée, Nation à *contrecœur*. L'Allemagne des commémorations. *Le Débat*, n. 78, 1994, p. 62-70; FRANÇOIS, Étienne; SCHULZE, Hagen (Org.). *Deutsche Erinnerungs-Orte*. Munich: Beck, 2001-2002.

[373] LE GOFF; NORA (Dir.). *Faire de l'histoire*, t. I, p. IX e XI.

como não confiável: ela esquece, deforma, não resiste ao prazer de agradar àquele que escuta. O olho, a evidência da autópsia, deve prevalecer sobre o ouvido. Esse era o valor da história, como busca da verdade[374]. Grande admiradora de Tucídides, a história-ciência do século XIX começou a marcar uma clara cisão entre o passado e o presente. O que sempre fez de Michelet um transgressor, ele que atravessou e reatravessou tantas vezes o rio dos mortos. A história devia começar exatamente onde a memória parava: nos arquivos escritos.

Quatro anos mais tarde, *A história nova*, dicionário codirigido por Jacques Le Goff, Roger Chartier e Jacques Revel, abriu espaço para a memória, com o verbete "Memória Coletiva". Forjada por Maurice Halbwachs, a noção é retomada e defendida por Pierre Nora, mas com a condição de que os historiadores saibam como dela se servir. As rupturas modernas conduziram a uma multiplicação de memórias coletivas, de maneira que a história se escreve agora sob sua pressão: a própria história científica vê seus interesses e suas curiosidades ditados por elas. O que explica a proposição de Nora de "conferir à memória coletiva, e para a história contemporânea, o papel que representara a história dita das mentalidades para a história moderna". Decorre disso o primeiro esboço dos futuros *Lieux de mémoire*: partir dos lugares topográficos, monumentais, simbólicos, funcionais, onde a sociedade deposita voluntariamente suas lembranças e fazer história desses memoriais. O objetivo é claro: "A análise das memórias coletivas pode e deve tornar-se a ponta da lança de uma história que se pretende contemporânea"[375].

Durante mais de vinte anos, dos anos 1920 até sua morte em 1945, no campo de concentração de Buchenwald, Maurice Halbwachs dedicara-se de fato a desenvolver uma sociologia da memória coletiva. Encontrava-se, nessa investigação continuada, algo do pós-guerra de 1914. Hoje, sua própria obra tornou-se um verdadeiro lugar de memória dos estudos sobre a memória. Por muito tempo pouco frequentada, ela foi sendo cada vez mais

---

[374] THUCYDIDE. *Guerre du Péloponnèse*, 1, 20-21.

[375] NORA, Pierre. Mémoire collective. In: LE GOFF, Jacques; CHARTIER, Roger; REVEL, Jacques (Org). *La nouvelle histoire*. Paris: Retz, 1978. p. 400-401.

revisitada, citada, e, finalmente, reeditada. Dessa forma, fornece, simultaneamente, uma ferramenta para trabalhar sobre o objeto da memória e um índice da presente conjuntura. Propondo-se a abrir o campo da memória ao sociólogo, Halbwachs pensava ao mesmo tempo com e contra Bergson: com, já que fazia suas as análises da duração; contra, pois tinha a intenção de colocar antes a dimensão social (e inicialmente familiar) da memória: seus "quadros sociais". Por isso, concluía que "o pensamento social é essencialmente uma memória", constituída de "lembranças coletivas", mas dessas lembranças somente permanecem aquelas que a sociedade, "ao trabalhar sobre seus quadros atuais, pode reconstruir"[376]. O destaque era dado nitidamente a "atuais".

Com *A memória coletiva*, livro que ele deixou inacabado, Halbwachs traçava uma clara linha divisória entre a história e a memória, em benefício de uma abordagem pela memória, que polidamente dispensava o historiador, reenviando-o a seus arquivos e à sua exterioridade. A história é uma, enquanto há tantas memórias coletivas quantos grupos, nas quais cada um imprime sua própria duração[377]. Assim, sob efeito de uma vida social cada vez mais acelerada, há cada vez mais memórias coletivas. Também se encontrava em Halbwachs a constatação da aceleração. A memória coletiva, em seguida, forma "uma corrente de pensamento contínuo" (ela só retém do passado o que ainda está vivo), enquanto o historiador "só pode fazer sua obra com a condição de pôr-se deliberadamente fora do tempo vivido pelos grupos que assistiram aos acontecimentos, que tiveram com eles o contato mais ou menos direto, e que podem lembrar-se deles"[378]. A história, que "extrai as modificações da duração", forja "uma duração artificial que não tem realidade para nenhum dos grupos dos quais esses acontecimentos são emprestados"[379]. O pássaro

---

[376] HALBWACHS, Maurice. *Les cadres sociaux de la mémoire* [1925]. Paris: Albin Michel, 1994. p. 296. LAVABRE, Marie-Claire. Maurice Halbwachs et la sociologie de la mémoire. *Raison Présent*, n. 128, 1998, p. 47-56.

[377] HALBWACHS, Maurice. *La mémoire collective*. Edição crítica organizada por Gérard Namer. Paris: Albin Michel, 1997. p. 135.

[378] HALBWACHS. *La mémoire collective*, p. 189.

[379] HALBWACHS. *La mémoire collective*, p.166.

da história, só poderia, assim, alçar seu voo quando a noite tivesse caído completamente, quando o presente estivesse definitivamente morto. Em 1867, um relatório sobre os estudos históricos na França terminava por estas fortes constatações: "A história só nasce para uma época quando ela está inteiramente morta. Assim, o domínio da história é o passado, o presente convém à política e o futuro pertence a Deus"[380]. O autor, J. Thiénot, apresentava-se ao ministro destinatário do relatório como um "escrivão preciso".

Mas a partir do momento em que a figura do historiador não é identificada como aquele que seria profissionalmente excluído do campo da memória, a oposição categórica entre história e memória cai. A memória coletiva pode também fazer parte do "território" do historiador ou, melhor ainda, tornar-se instrumento da escalada da história contemporânea. Ora, Nora sempre recusou o postulado de um corte (artificial ou ilusório) entre o passado e o presente. Pelo contrário, diferentemente dos autores do relatório encaminhado ao ministro, ele defende que é incumbência do "historiador do presente" fazer, "de forma consciente, o passado manifestar-se no presente (no lugar de fazer, de forma inconsciente, o presente manifestar-se no passado)". Ainda sobre o tempo, a reflexão que ele conduz, a propósito do acontecimento, sugere uma relação entre o novo estatuto dado ao acontecimento em uma sociedade de consumo e uma maneira de apreender o tempo: "Talvez o tratamento a que submetemos o acontecimento seja uma maneira [...] de reduzir o próprio tempo a um objeto de consumo e de investir nele os mesmos afetos?"[381]. Aqui se indicaria, como sugestão, um outro componente do presentismo. Tomado no tempo do consumo, também o tempo se torna um objeto de consumo.

O modo de ser do passado é o de seu surgimento no presente, mas sob o controle do historiador. Este é o postulado dos *Lieux de mémoire*, cujo primeiro volume é publicado em 1984. O longo texto de abertura, intitulado "Entre memória e história" cumpre a função

---

[380] THIÉNOT, Jules. *Rapport sur les études historiques*. Paris: Imprimerie Impériale, 1868. p. 356.

[381] NORA. Le retour de l'événement, p. 225 e 227.

de manifesto e exposição da problemática geral[382]. O importante é, inicialmente, o *entre*: posicionar-se *entre* história e memória, não opô-las, nem confundi-las, mas servir-se de uma e de outra. Apelar à memória para renovar e ampliar o campo da história contemporânea (conferir, de fato, à memória coletiva, o papel que a história dita das mentalidades representara para a história moderna). Decorre disso a abertura de um campo novo: o de uma história da memória. Mais do que isso, uma história, entrada em sua idade crítica, preocupada em retomar sua trajetória e sua tradição, tornar-se capaz de reparar as trocas que intervieram entre memória e história, em particular nos limites dessas "Histórias-memórias" que, de Froissart a Seignobos, passando por Michelet e Lavisse, constituíram a longa tradição das histórias nacionais.

Todo esse primeiro texto de Nora se constitui sob o signo da aceleração. "Aceleração da história", diagnosticava inicialmente. A própria expressão tem uma história, ao menos desde o livro de Daniel Halévy, *Ensaio sobre a aceleração da história*, publicado em 1948, até o de Jean-Noël Jeanneney, em 2001, *L'histoire va-t-elle plus vite?*[383]. Mas já Chateaubriand fazia dessa experiência da aceleração o sinal irrecusável da ruína da antiga ordem do tempo, e Robert Musil inclusive forjou a expressão "acelerismo". Halévy abria seu ensaio citando Michelet e o concluía com o futuro de Hiroshima. "Um dos fatos mais graves", chamava atenção Michelet, "e dos menos comentados, é que a aparência do tempo mudou completamente. Ele acelerou de uma maneira estranha. Duas revoluções (territorial, industrial) no espaço de uma simples vida de um homem." Mais amplamente, essa mudança de aparência é constitutiva da ordem moderna do tempo[384]. Reconhecê-la não implica, por outro lado,

---

[382] NORA, Pierre (Org.). *Les Lieux de mémoire, I: La République*. Paris: Gallimard, 1984. p. XVII-XLI.

[383] JEANNENEY. *L'Histoire va-t-elle plus vite?*. Para o autor, a aceleração é "uma realidade parcial, logo, um conceito útil, mas com a condição de relativizar suas manifestações e de compreender que o essencial da novidade não reside nessa mobilidade crescente de nossa civilização, mas particularmente em uma discordância cada vez maior entre todos os ritmos que tramam nosso futuro" (p. 137). Reencontraremos adiante esse tema da discordância.

[384] KOSELLECK. *Le futur passé*, p. 51-52.

aceitar como reais todas as declarações do mundo moderno sobre a aceleração[385].

Para Nora, o efeito da aceleração não é mais somente o de uma "multiplicação" das memórias coletivas, então "impossíveis de unificar", como o era ainda para Halbwachs, mas sim o de uma "ruptura" com o passado. A ruptura com o campo da experiência. A globalização, a democratização, a massificação, a midiatização acarretam o fim do que Nora denomina "sociedades-memórias" e, em suma, o desaparecimento da memória. A tal ponto que "só se fala tanto de memória porque ela não existe mais"; ou ainda, é justamente porque não há "mais meios de memória" que "lugares" se encontram investidos do sentimento residual da continuidade.

Estaríamos em pleno paradoxo? A memória seria ainda mais invocada porque está desaparecendo? Basta compreendermos que o que atribuímos a essa palavra: a memória de hoje, destacava Nora, não é mais a de ontem, a que regulava as sociedades-memórias. Com o mesmo vocábulo, as formas e as práticas diferem amplamente. De um lado, havia a memória de tipo antiga, por assim dizer, "sem passado", que reconduzia "eternamente a herança"; do outro, "a nossa", que foi apreendida pela história e transformada por ela. Sem dúvida essa sociedade-memória desaparecida está um pouco simplificada ou mitificada, mas para a análise de hoje importa, antes de tudo, seu valor contrastivo.

"Nossa" memória não é mais aquela, ela que agora só é "História, vestígio e triagem". Preocupada em fazer memória de tudo, ela é apaixonadamente arquivística, contribuindo a essa cotidiana historicização do presente, já observada. Inteiramente psicologizada, a memória tornou-se um assunto privado, que produz uma nova economia da "identidade do eu". "Pertence a mim [doravante] a atividade de lembrar-me e sou eu que me lembro." Assim, "ser judeu é lembrar-se de ser, mas essa lembrança irrecusável, uma vez interiorizada, exige pouco a pouco uma dedicação integral. Memória de quê? No limite, memória da memória". Enfim, essa memória

---

[385] BAIER. *Pas le temps.*

opera a partir de uma relação com o passado na qual sobrepuja a descontinuidade. O passado não está mais "no mesmo plano". Por consequência, fomos "de uma história que se procurava na continuidade de uma memória a uma memória que se projeta na descontinuidade de uma história". Tal como se define hoje em dia, a memória "não é mais o que se deve reter do passado para preparar o futuro que se quer; ela é o que faz com que o presente seja presente para si mesmo"[386]. Ela é um instrumento presentista.

Uma tal mudança do regime da memória não pode senão repercutir sobre o que representou de longa data "nosso meio de memória" por excelência, ou seja, a história nacional. Como escrevê-la hoje em dia? Como considerar a série dessas "Histórias-memórias" até aquela de Lavisse, que se elaborou "no cruzamento da história crítica e da memória republicana"? É aqui que a historiografia entra em jogo. *Les Lieux* só se tornavam possíveis a partir desse duplo reconhecimento: a mudança do regime de memória e a entrada da história na sua idade historiográfica. Restava reunir os dois fenômenos: o lugar de memória faz a conexão.

"Em 14 de julho de 1790", escrevia Lavisse, "a unidade monárquica foi sucedida pela unidade nacional, que se revelou indestrutível." O que explica a identificação da Revolução com a nação, da nação com a República, e da República com "um regime que se pode crer definitivo". Tal era a operação historiográfica de Lavisse. Quanto ao resto, os vinte e sete volumes preenchiam uma narrativa contínua, cortada em fatias cronológicas sem surpresa e sem inventividade, com indicação das fontes. Dois tempos fortes sobressaem-se do conjunto: a abertura, com o *Quadro da geografia da França*, de Vidal de la Blanche, e *Luís XIV*, redigido pelo próprio organizador da obra. Esse último sublinhava ainda essa singularidade concernente à história da França: a Revolução separara-o de seu passado, reconstituí-lo era portanto "questão de erudição", de história, e não de memória. O que legitimava a história em seu papel de instrutora nacional: a *pietas erga patriam* (para retomar a divisa dos *Monumenta Germaniae*) pressupunha o conhecimento da pátria, que

---

[386] NORA, Pierre. Pour une histoire au second degré. *Le Débat*, n. 122, 2002, p. 27.

só podia se adquirir pela história. A função, ou melhor, a missão do historiador era clara.

Certamente, Lavisse ocupou um lugar no itinerário de Pierre Nora[387]. Mas há mais. Sua história representou o papel de laboratório. *A República* dos *Lugares* saiu inicialmente de uma leitura crítica de Lavisse, um Lavisse visto dos bastidores, de onde se mostra a fabricação de uma história nacional, ao mesmo tempo em que é desmontada como *memória* republicana, resultando, justamente, no primeiro ensaio da noção de lugar de memória. Para compreender o que se passava em 1980, entre memória e história e tudo o que estava em jogo nessa nova demanda de memória, Nora começava por transportar-se para um século antes, quando, com Lavisse, só existia a questão da história. 1980 vinha olhar 1880, e 1880, refletindo esse olhar, devolvia inteligibilidade a 1980. A aproximação dos dois momentos era, para ele próprio, esclarecedora: ele mostrava que a "História" de Lavisse era, em seu princípio, memória (republicana) promovida à dignidade de história.

Para chegar a uma primeira definição do lugar, como o que é, ao mesmo tempo, material, funcional, simbólico (objeto espelhado, por meio do qual o passado encontra-se retomado no presente), quase bastava partir da evidência dos "lugares comuns" da República (as três cores da bandeira, o 14 de julho, o Panteão...), desenvolvê-la e questioná-la. Ora, hoje em dia, a relação com esses lugares simbólicos tornou-se muito tênue: eles são, escrevia Nora, como "as conchas sobre a praia quando se retira o mar da memória viva". Estão aqui, mas a única relação ativa que se pode manter com eles é a que propõem os *Lieux*: uma relação de segundo grau, feita da reativação daquilo de que foram a história. Esse primeiro volume desembocava em uma República que se mostrava como já sendo ela própria o lugar de memória. Havia no primeiro volume um pouco do "manto de púrpura onde dormem os deuses mortos"[388]. Os dois volumes seguintes retomaram a noção, propondo uma concepção mais ampla e mais dinâmica que permitia avançar

---

[387] NORA, Pierre. Ernest Lavisse: son role dans la formation du sentiment national. *Revue Historique*, juil.-sep. 1962, retomado em *Lieux de mémoire, I: La République*, p. 247-289.

[388] RENAN, Ernest. *Prière sur l'Acropole*. In: *Œuvres complètes*. Paris: Calmann-Lévy, 1948. p. 759.

mais em direção a esta história simbólica ou de segundo grau, da qual Nora se fez o praticante e o defensor[389].

Para além desse diagnóstico sobre a memória de hoje, a própria expressão *lugar de memória* remete às artes da memória, que conduzem, por sua vez, até a arte oratória da Antiguidade[390]. A definição canônica foi dada por Cícero: o lugar (*locus*) é a localização – as peças de uma casa, por exemplo, ou colunas – onde o orador, preparando seu discurso, é convidado a organizar as *imagens* das coisas que ele quer selecionar. Deve escolher particularmente imagens vivas (*imagines agentes*). Nesse sentido, *Les Lieux de mémoire* estabeleceram uma concepção retórica do lugar e da memória. Se o *lugar* do orador é sempre um artefato, o *lugar*, de acordo com Nora, não é jamais dado simplesmente: ele é construído e deve mesmo ser constantemente reconstruído. Cabe, assim, ao historiador dos lugares de memória encontrar os lugares ativos, as *imagines agentes* de Cícero, mas, ao contrário do orador que escolhia os *lugares* para memorizar seu discurso, o historiador parte dos *lugares* para reencontrar os "discursos", dos quais foram os suportes. O que faz o *lugar de memória* é, enfim, que ele seja um entroncamento onde se cruzaram diferentes caminhos de memória. De modo que somente ainda estão vivos (*agentes*) os *lugares* retomados, revisitados, remodelados, rearranjados. Desativado, um lugar de memória não é mais, na melhor das hipóteses, do que a lembrança de um lugar, tais como os *gauleses* e os *francos*, após 1914.

Exploração continuada do nacional sob o prisma da memória, *Les Lieux de mémoire* colocaram em evidência uma periodização dos "impulsos memoriais", com vários tempos fortes: 1830 (resumido pela obra de Guizot); 1880 (quando se fixam os rituais da República e sua história); 1980 (ponto de partida e razão de ser da pesquisa sobre os *Lieux*). Há ainda um, em minha opinião, capital: 1914 (trata-se, mais uma vez, de um número redondo). Ele ficou menos visível (inclusive na pesquisa de Nora), na mesma medida em que não se traduziu pela organização de instituições centrais de história ou pela produção de grandes histórias nacionais, retomadas ou renovadas, mas sobretudo

---

[389] NORA. Pour une histoire au second degré, p. 30.
[390] YATES, Frances. *L'Art de la mémoire*. Tradução de D. Arasse. Paris: Gallimard, 1975.

por uma contestação da história oficial, uma valorização já da memória *contra* a história e, entre alguns, a busca de uma outra história, quer dizer, de outras temporalidades históricas, que conduzem a novas periodizações. O trabalho de Halbwachs sobre a memória associava-se a esse momento de crise da ordem do tempo, acompanhado por questionamentos do regime moderno de historicidade.

Dessa crise do tempo o próprio projeto de *Em busca do tempo perdido* já era um sinal de múltiplas ressonâncias. A obra é, concluindo, este livro que virá, que deveria exprimir o tempo mesmo, "a forma do Tempo", depois que, na biblioteca do príncipe de Guermantes, a evidência da ideia do Tempo finalmente impôs-se ao narrador. Já se encontra ali uma forma do lugar de memória. Proust não fala de "lugar distante" e de "lugar atual" e, de um a outro, a própria sensação de outrora, enquanto opera a ressurreição da memória, que é irrupção do passado no presente? Assim, madame de Saint-Loup mostra-se ao olhar do narrador como um tipo de lugar de memória: "Não era ela", pergunta-se, "como são nas florestas as *estrelas* dos cruzamentos onde vêm convergir rotas que vêm, para nossa vida também, dos pontos mais diferentes?" Visto que vinham a ela "os dois grandes lados" onde ele fizera "tantos passeios e sonhos"[391]. O livro pode agora se concluir sobre essa presença física, vertical do tempo. "O homem, tendo a dimensão não de seu corpo, mas de seus anos", usa, lembremos, pernas-de-pau vivas de tempo, que podem ser "às vezes mais altas do que campanários". Tal como o duque de Guermantes, vacilante sobre suas pernas. "No Tempo" são então as últimas palavras de *Em busca do tempo perdido*.

Proust levaria a Bergson e suas análises da duração[392]. Dever-se-ia associar também Charles Péguy, adversário proclamado e feroz da história, tal como a encarnavam e a promoviam os mestres da Sorbonne, Lavisse, Langlois e Seignobos. Contra a história, Péguy

---

[391] PROUST, Marcel. *Le temps retrouvé.* In: *À la recherche du temps perdu.* Paris: Gallimard, 1954. (Bibliothèque de la Pléiade). t. III. p. 1029.

[392] BERGSON, Henri. *Essai sur les données immédiates de la conscience* [1888]. Paris: PUF, 1961, em particular o capítulo 2, que analisa a ideia de duração. Ouvinte das aulas de Bergson, Péguy colocará no centro de sua reflexão a "revolução bergsoniana". Sobre Péguy, Bergson dirá que ele conheceu seu "pensamento essencial".

invoca resolutamente a memória. Contra o sacrossanto método histórico, ele escolhe Hugo e Michelet. Em *Clio*, ele opõe a história "essencialmente longitudinal" à memória "essencialmente vertical". A história "passa ao longo", diz, quer dizer, "ao lado", enquanto "a memória consiste, antes de tudo, por estar ligada ao acontecimento, em não sair dele, em ficar e em fazer o caminho inverso de dentro"[393]. Péguy não deixava evidentemente de refletir sobre o *Affaire*: "Eu dizia, pronunciava, enunciava, transmitia um certo caso Dreyfus, o caso Dreyfus real, no qual nós, desta geração, nunca paramos de imergir"[394]. No fim das contas, para retomar seu vocabulário, a história é "inscrição", enquanto a memória é "rememoração". Estamos em plena contestação do regime moderno de historicidade.

De fato, enquanto Bergson só se dedica à duração individual, Péguy se arrisca do lado do "tempo do mundo": "Consulte em sua memória e também na memória do seu povo [...] Você será conduzido a questionar-se se não há também *durações* de povos e uma *duração* do mundo, pois parecerá evidente que a vida, que o acontecimento dos povos e o acontecimento do mundo não escoam, não se desgastam, não se distendem constantemente com a mesma rapidez, de acordo com o mesmo ritmo, no mesmo movimento [...]. Não é evidente que o acontecimento não seja homogêneo, que talvez seja orgânico, que haja o que se chama, em acústica, de ventres e nós, plenos e vazios, um ritmo, talvez uma regulação, tensões e distensões, períodos e épocas, eixos de vibração, pontos de elevação, pontos de crise, mornas planícies e repentinos pontos de suspensão[395]". Enfim, uma ordem do tempo ou conjunto de ondas temporais, na qual se podem encontrar, como que seccionados, regimes de historicidade.

Do mesmo modo, pouco depois, Walter Benjamim fez da rememoração um dos conceitos centrais de sua reflexão nas suas teses

---

[393] PÉGUY, Charles. *Clio: dialogue de l'histoire et l'âme païenne*. In: *Œuvres en prose complètes*. Paris: Gallimard, 1992. (Bibliothèque de la Pléiade). t. III. p. 1176-1178. O manuscrito foi redigido entre 1912 e 1913. BÉDARIDA, François. Histoire et mémoire chez Péguy. *Vingtième Siècle: Revue d'Histoire*, n. 73, 2002, p. 101-110.

[394] PÉGUY, Charles. À nos amis, à nos abonnés. In: *Œuvres en prose complètes*. Paris: Gallimard, 1988. (Bibliothèque de la Pléiade). t. II, p. 1309.

[395] PÉGUY. *Clio*, p. 1205.

Sobre o conceito de história[396]. Contra o "historismo", ideologia que encarnava, segundo ele, a falência da história e da cultura histórica modernas, contra seu tempo "homogêneo e vazio", ele trabalhou, até seu suicídio em 1940, na fronteira espanhola, construindo um novo conceito de história, para o qual ele recorria, ao mesmo tempo, ao marxismo e ao messianismo judeu. Ao forjar a noção de "tempo de hoje" (*Jetztzeit*), propunha definir o tempo histórico como o que só nasce propriamente quando se opera "uma conjunção fulgurante entre o passado e o presente e que forma uma constelação[397]". De acordo com Hannah Arendt, ele sabia que "a ruptura da tradição e a perda da autoridade de sua época eram irreparáveis, e concluía que era preciso descobrir um estilo novo de relação com o passado", que consistia em "instalar-se por fragmentos no presente" e em "mergulhar nas profundezas do passado como o pescador de pérolas"[398]. A rememoração é ativa, ela não é um surgimento involuntário do passado no presente; visando um momento do passado, ela tende a transformá-lo. Homem da brecha do tempo, do presente, seguramente, mas em nenhum caso do presentismo, sua *aura* não parou de crescer, justamente, desde que o regime moderno de historicidade encontrou-se questionado. Do passado, ele não faz de forma alguma tábula rasa, enquanto formula um pensamento da revolução.

Então, como os historiadores profissionais responderam a esses questionamentos, a essas interrogações? Não responderam, ou não diretamente. Já doente, Lavisse tinha que imperativamente lançar a sequência de sua história com *A história da França contemporânea*. Publicado em 1922, o último volume, dedicado à Guerra de 1914, termina com uma "Conclusão geral" redigida pelo próprio Lavisse. Embora reconheça que "o presente é muito sombrio", emprega-se a encontrar razões de "confiança no futuro": uma unidade nacional

---

[396] Existem várias traduções: ver, em último lugar, LÖWY, Michael. *Walter Benjamin: avertissement d'incendie. Une lecture des thèses "Sur le concept d'histoire"*. Paris: PUF, 2001. Sobre Benjamin e Péguy, ver TIEDEMANN-BARTELLS, Hella. La mémoire est toujours de la guerre, Benjamin e Péguy. In: WISSMANN, Heinz (Dir.). *W. Benjamin et Paris*. Paris: Éditions du Cerf, 1986. p. 133-145.

[397] BENJAMIN, Walter. *Paris capitale du XIXe siècle. Le livre des passages*. Tradução de Jean Lacoste, Paris: Éditions du Cerf, 1989. p. 478.

[398] ARENDT, Hannah. Walter Benjamin. 1892-1940, citado por TASSIN. *Le trésor perdu*, p. 36-37.

"indestrutível", um governo "que se pode acreditar definitivo". E, sobretudo, "após o marasmo febril", o progresso reencontrará seu lugar, "as nações retomarão o caminho para uma nova etapa. Nós temos o direito de esperar e de acreditar que a França estará na vanguarda"[399]. Esperemos!

A verdadeira resposta, ainda que indireta, foi a dos historiadores que, desviando-se do nacional, levaram em conta o econômico e o social, com suas temporalidades reguladas por outros ritmos e não mais exclusivamente pela sucessão linear dos acontecimentos políticos. Aspirando associar-se a essa ciência social, da qual os durkheimianos, em particular François Simiand, atuavam como promotores ativos e cuidadosos guardiões, a história ambicionava contribuir, no que lhe tocava, para a produção do saber da sociedade sobre si mesma. Esse deslocamento da Nação em direção à Sociedade era acompanhado de uma relação de tempo diferente: "Com o advento da sociedade no lugar da Nação, a legitimação pelo passado, portanto, pela história, cedeu vez à legitimação pelo futuro"[400]. Seguramente, mesmo que o futuro estivesse antes ativo, visto que era ele que esclarecia o passado. Pois a conversão do olhar ocorrera desde o momento em que a Revolução se tornara o ponto de vista a partir do qual se ordenava toda a história passada da França. Repensemos o Volney das *Ruínas*, já.

Futuro já advindo, e não vindouro, ficaríamos tentados a objetar, salvo que o século XIX não parou de correr atrás do verdadeiro fim da Revolução, oscilando entre o receio de uma revolução confiscada e o de uma revolução inacabada. Ao menos, até a consolidação da Terceira República. Em seguida, veio a interrogação, sempre relançada, sobre o que é a República. De maneira mais específica, os fundadores dos *Annales* preconizaram as idas e vindas entre o presente e o passado. Aproximar os trabalhadores (analistas, estudiosos) do contemporâneo e os profissionais do passado, certamente, sem no entanto esquecer que a "incompreensão do presente

---

[399] LAVISSE, Ernest. *Histoire de France contemporaine, depuis la Révolution jusqu'à la paix de 1919.* Paris: Hachette, 1922. p. 511, 515 e 551.

[400] NORA (Org.). *Les lieux de mémoire, I: La République*, p. XXIII.

nasce fatalmente da ignorância do passado. Mas que talvez não seja menos vão se esgotar para compreender o passado, se não se sabe nada do presente"[401]. Seria uma maneira de recolocar o historiador nos debates intelectuais e no jogo social.

Histórias nacionais

Ao longo de todo um século, que foi tão fortemente aquele das nacionalidades, a história nacional e a escrita em nome do futuro tiveram, de fato, interesses comuns. No caso da França, trata-se de um futuro já advindo, mas malogrado, desviado ou perdido, inacabado em todo caso. 1789 já aconteceu, mas suas promessas ainda estão por vir. Estamos mais uma vez entre o *já* e o *ainda não*.

Partamos da geração liberal de 1820: a que planta a bandeira da reforma histórica, reclamando justamente a Nação. Com esses jovens, abre-se um período ativo, inventivo, ingênuo também, mas intelectualmente inovador, que é também a primeira reivindicação e expressão da história-ciência, e não mais arte. A Nação é para eles ao mesmo tempo uma evidência, uma arma política, um esquema cognitivo e um programa histórico. Uma evidência, já que é o mesmo sentido da revolução que, no lugar do rei – na pessoa de quem, assim como se dizia, "a nação residia inteiramente" –, instalou justamente a nação como "receptáculo místico da soberania[402]". O que explica os problemas (de longa duração) da representação que decorrem dessa brutal substituição de um absoluto a outro. Como apreendê-lo e servi-lo, esse absoluto, como encarná-lo? Ao longo de todo o século, os historiadores tentaram compreender esse momento fundador e, portanto, inscrevê-lo e dar-lhe sentido na longa duração da história da França, do início ao fim. Daí saiu, na realidade, o conceito moderno de história e definiu-se a tarefa (até mesmo a missão) do historiador. Daí também, François Furet, fazendo-se

---

[401] BLOCH, Marc. *Apologie pour l'histoire ou Métier d'historien*. Paris: Armand Colin, 1993. p. 95. Sobre a importância do jogo passado/presente, ver DUMOULIN, Olivier. *Marc Bloch*. Paris: Presses de Sciences Po, 2000. p. 264-276.

[402] GAUCHET, Marcel. In: NORA, Pierre (Org.). *Les lieux de mémoire, II: La Nation*. Paris: Gallimard, 1986. t. 1. p. 285.

leitor dos historiadores do século XIX, partiu de novo para "pensar" a Revolução francesa[403].

A nação é uma arma. Contra a Carta Constitucional de 1814, e sua reiteração de uma história da França central, senão exclusivamente monárquica, era capital mostrar que "a massa inteira da nação" era agente da história e que, em particular, a longa marcha do Terceiro Estado começara no século XII. Estava, na realidade, em andamento uma outra continuidade, bem mais carregada de história e, sobretudo, mais rica de futuro do que apenas a sucessão dinástica. Para Augustin Thierry, 1789 vem esclarecer "as revoluções medievais", e 1830 oferece ao observador esse ponto de vista "extremo" de onde ele acredita ter sob os olhos "o fim providencial do trabalho de séculos transcorridos desde o século XII"[404]. Julho de 1830 conclui julho de 1789. Tal é o sentido da inteligibilidade: vai-se do presente, que ontem ainda era um futuro, a um passado muito distante, e 1830 mostra-se praticamente como fim da história. Nesse momento preciso, programa político (a monarquia constitucional) e progressão metodológica podem encontrar-se e caminhar a partir daí de mãos dadas.

Para escrever essa nova história, a dos cidadãos, dos sujeitos, em resumo, do povo, que está "ainda esquecido na poeira das crônicas" da época, é preciso, de fato, pôr-se a ler os documentos originais e, muito rapidamente, será preciso ir aos arquivos. O publicista transforma-se em historiador. Mesmo que encontre, mas com um outro questionário, a antiga erudição dos membros de sociedades dedicadas à hagiografia, como os bolandistas e os beneditinos de Saint-Maur, Thierry medita também sobre Walter Scott e o romance histórico (é todo o debate em torno da "cor local")[405]. Pode-se em seguida rir da ingenuidade do historiador que pensava poder articular também simplesmente o político e o científico, vendo-os andar juntos. Não deixa de ser

---

[403] FURET, François. *Penser la Révoulution française*. Paris: Gallimard, 1978.

[404] THIERRY, Augustin. *Considérations sur l'histoire de France*. In: *Œuvres complètes*. Paris: M. Lévy, 1868. t. IV. p. 145.

[405] FLUCKIGER, Carine. Le Moyen Âge domestiqué: les historiens narrativistes et la couleurs locale. *Équinoxes*, n. 16, 1996, p. 27-37.

verdade que a questão nacional deu o *impetus* a esse movimento que, após 1830, a monarquia de julho institucionalizou, antes de encontrar o estupor de 1848. A história não estava assim acabada, nem mesmo às vésperas de acabar. Como então escrevê-lo: a Revolução não tinha terminado e o ponto de vista estava embaralhado?

Michelet também parte do "raio de julho" de 1830, que, riscando a noite, é este momento de graça e de inteligibilidade total, quando a história, como em uma visão mística, revela-se por inteiro, condensa-se e toma sentido[406]. A fissura de 1789 pode ao mesmo tempo ser plenamente reconhecida e integrada de maneira que possa ser restabelecido "o fio da tradição". Várias consequências importantes decorrem desse encontro com a nação como "alma" e como "pessoa". Inicialmente, uma transformação do caderno de tarefas do historiador: compete a ele, daí por diante, revelar o que não era imediatamente visível, com menos atenção aos segredos dos grandes e mais voltado aos murmúrios dos anônimos e mesmo aos silêncios da história. Mas, para descobri-los e se impregnar deles, ele não pode mais se contentar em só sacudir a poeira das crônicas, deve decididamente "mergulhar" nos depósitos dos arquivos. Na poderosa língua de Michelet, o historiador, caminhante das galerias dos arquivos e visitante dos mortos, deve de fato saber ouvir "os murmúrios de uma grande quantidade de almas sufocadas": todos esses mortos em relação a quem o presente contraiu uma dívida. Essas elegias fúnebres, que são (também) da epistemologia, recusam a ruptura entre o passado e o presente, instauradora da história moderna. Grande leitor de Virgílio, o chefe da seção de História dos Arquivos Nacionais é também um vate, mas essa postura e esse registro são sua maneira de refletir teoricamente sobre a história.

Em seguida, a Nação como pessoa é viva: está, ao mesmo tempo, já aqui e em perpétuo tornar-se, ela é fracasso e promessa, passado e futuro, mas sobretudo, em uma linguagem retomada de Vico, ela é constante "trabalho de si sobre si". Por consequência, não há nada de "fatal" em sua história: nem "solo" nem "raça" ou qualquer outro de-

---

[406] HARTOG, François. O olhar do historiador e a voz da história. In: *Evidência da história*, p. 143-161.

terminismo. Ela é liberdade: história aberta. Contra as histórias, quer "muito pouco materiais", quer, "muito pouco espirituais", Michelet preconiza uma história atenta aos "emaranhamentos" (de instâncias, de níveis ou de fatores)[407]. Essa visão e esse uso da nação como um organismo complexo tiveram incontestáveis capacidades heurísticas, tendo em vista que são um convite permanente a retomar, ir mais longe, refinar, em síntese, tornar a análise mais complexa: fazer da França um quadro experimental e um problema. É justamente isso que tentará ainda Fernand Braudel em *A Identidade da França*, invocando Michelet (enquanto se distingue dele), mas já estaremos um bom século mais tarde, e três guerras depois: "Eu amo a França com a mesma paixão, exigente e complicada, que Jules Michelet [...]. Mas essa paixão quase não interferirá nas páginas desta obra. Eu a manterei cuidadosamente a distância"[408].

Antes e depois de 1870, houve o empreendimento de Fustel de Coulanges, que não conseguiu desenvolver-se completamente[409]. As manhãs de Julho já estão longe e as promessas de 1789 mais longe ainda: a história não parou mais: 1830 foi sucedido por 1848; a República, pelo golpe de Estado e pelo Império, "autoritário", inicialmente, "liberal", por fim. Sedan e a Comuna estão chegando. A questão da Revolução acompanhou Fustel ao longo de toda sua vida científica. Ele desenvolveu de sua parte uma dupla estratégia de redução. No curso da história, na Antiguidade como nos tempos modernos, houve revoluções sem pausa, mas as revoluções não são o que se acha hoje em dia: na realidade, a parte do invisível prevalece sobre o visível e no momento em que uma revolução "irrompe" ela está, na realidade, já acabada. O tempo do acontecimento conta pouco.

A Cidade antiga (publicado em 1864) já era uma história das instituições políticas, mas dos Antigos, quer dizer, o estudo das revoluções sucessivas que conduziram até a formação da cidade.

---

[407] MICHELET, Jules. Préface de l'Histoire de France. In: *Œuvres complètes*. Paris: Flammarion, 1974. t. IV. p. 13 *sq*.

[408] BRAUDEL. *L'Identité de la France*, t. I, p. 9.

[409] HARTOG, François. *Le 19e Siècle et l'Histoire: le cas Fustel de Coulanges*. Paris: Seuil, 2001.

Pois, para compreender a cidade, é preciso partir de um exame das origens, o que resulta em evidenciar que as primeiras instituições humanas tiveram, na realidade, um fundamento religioso: a primeira crença, de acordo com a qual a morte não era o fim de tudo, foi a raiz do primeiro laço social (o culto dos mortos supõe de fato a família, enquanto a tumba do ancestral representa a primeira forma da propriedade privada). O adversário era ainda Rousseau e o artificialismo do *Contrato*.

Três consequências decorrem desse postulado: a necessidade, para o historiador, "de desenvolver suas pesquisas sobre um vasto espaço de tempo", já que só há história na longa duração. O objeto privilegiado do historiador em seguida é realmente o que Fustel nomeia de "as instituições" (no sentido etimológico de tudo o que institui a vida em sociedade): sua formação é "lenta, gradual, regular", e há grande diferença entre a possibilidade de ser "o fruto de um acidente fortuito ou de um brusco golpe de força". Logo, elas não são jamais "a obra da vontade de um homem, nem a vontade de todo um povo não basta para criá-las" e a violência só contribui "com pouca coisa" para fundá-las[410]. Os homens, para concluir, fazem pouco sua história. Essa *História das instituições políticas da Antiga França* (que ele não terminou e à qual ele renunciou) deveria ter sido algo como *A Identidade da França* de Fustel. Essa longa duração fusteliana não terá feito, em termos de instituição, como processo de institucionalização, seu caminho até Braudel? Certamente, com importantes mudanças de posição, visto que o historiador mergulhou em direção a outras profundezas. "A história de longa duração", escreve Braudel, "é, assim, um tipo de referência em relação à qual todo destino não se julga, mas se situa e se explica. [...] É tomar uma medida inabitual da França, enriquecer sua história. Aceder o que pode ser sua identidade. [...] Ela não limita (não digo suprime) ao mesmo tempo a liberdade e a responsabilidade dos homens[411]?"

---

[410] COULANGES, Fustel de. *Histoire des institutions politiques de l'ancienne France*. Paris: Hachette, 1875. Introdução, p. 2.

[411] BRAUDEL. *L'Identité de la France*, t. II, p. 431.

Como já revelara Philippe Ariès, a abordagem de Fustel, enfim, ressalta as diferenças das épocas e busca dar-lhes sentido, mostrando as coerências gerais de que as instituições são a resultante e a expressão. Diferenças "radicais" entre os povos antigos e as sociedades modernas, diferenças entre a antiga França e a França moderna. Se Fustel não está do lado do regime moderno de historicidade e de seu futurismo, todo seu trabalho parte da constatação de que o antigo regime da *historia magistra* não se sustenta mais: as épocas diferem. Foi justamente para encontrar as lógicas respectivas que as subentendem que ele se dedicou. Há descontinuidade na história, mas não são os acidentes de superfície que constituem suas verdadeiras marcas. Se o passado não esclarece mais o futuro, Fustel resiste, no entanto, à ideia de escrever uma história da França na qual o futuro esclareceria plenamente o passado. Quanto ao presente, ele proclama, após 1870, que o historiador, para verdadeiramente agir como historiador, deve começar por "esquecê-lo". Quando ele publica, em 1875, o primeiro volume de suas *Instituições políticas*, não atribui mais outra finalidade explícita a seu trabalho do que a de contribuir "ao progresso da ciência histórica e ao conhecimento da natureza humana". O único progresso reivindicado é o dos estudos. Também ele se encontra entre duas impossibilidades: tanto a do passado como a do futuro.

Nenhum clarim patriótico soa e nenhum toque aos mortos ressoa: trata-se apenas, em princípio, de ciência e de conhecimento. Nós estamos muito longe do que clamará, um pouco mais tarde, Maurice Barrès. Mas há uma distância, mesmo em relação a Gabriel Monod. Em 1876, um ano mais tarde, Monod apresenta o primeiro número da *Revue historique*: não é evidentemente questão de história nacional como tal, mas de uma coleção de textos que pretende "contribuir para o progresso dos estudos históricos", ao adotar um "ponto de vista estritamente científico". Trata-se de análise e não de síntese. A síntese, já lembramos, está por vir: ela seria prematura. Não impede que o historiador tenha claramente um papel social, diríamos hoje em dia, e uma responsabilidade. Cabe a ele ser o pontífice (aquele que propriamente faz ponte) entre o passado da França e seu presente: sua tarefa é compreender e explicar a "conexão lógica que liga todos os períodos do desenvolvimento" do país: de ontem até hoje. De onde resulta que a história tenha uma "importância nacional" para devolver ao país "a unidade e a força moral da qual ele precisa"[412]. Mede-se a distância em relação à retirada (proclamada) fusteliana: outro é o lugar do historiador, outro também o que se entende por "progresso" dos estudos históricos. Encontra-se ainda algo do programa de Thierry (menos conquistador ou ingênuo), mas sobretudo a divisa dos *Monumenta* alemães, que liga erudição e amor pela pátria (*sanctus amor patriae dat animum*), não pode ser ignorada, mesmo que se busque se diferenciar dela. O historiador de Monod é republicano: esforça-se para não abandonar nem o passado, nem o futuro, nem o presente, nem abandonar-se a uma ou outra das três categorias.

Quando, alguns anos mais tarde, vem Ernest Lavisse, o face a face escolhido por Nora, nós estamos entre duas guerras: a que foi perdida e aquela para a qual é preciso preparar-se. Lucien Febvre evocará com ironia sua recusa da "História dos vencidos de 1870", "suas prudências trêmulas" e seu "gosto quase exclusivo pela história diplomática"[413]. Certamente, desde a instalação da República, a história da França tornou-se a da "nação realizada": 1889 substituiu 1830 como ponto de vista de onde contemplá-la, desenvolvê-la e ensiná-la. Retomando pela última vez a grande escansão do *já* e do *ainda não*, o *já* (trazido pela Revolução) e o *ainda não* (a instauração definitiva da República) reúnem-se e realizam-se em 1889. Mesmo que reste muito a fazer, deixaram-se as inquietudes da espera. A história nacional só pode portanto triunfar, e Lavisse, que se fez seu arauto, torna-se (com os *Lavisse*) seu epônimo.

Se política e pedagogicamente a síntese lavissiana representou um papel maior, intelectualmente ela é pobre. Esse triunfo é também um canto do cisne. Uma vez a nação encarnada, restava "dispô-la em fichas"[414]. No fundo, é preciso acabar de levantar as fronteiras históricas que dividem o passado da França (de uma parte e de outra da Revolução) para fazer todo seu passado servir como defesa

---

[412] MONOD, Gabriel. Editorial. *Revue Historique*, I, 1876.

[413] FEBVRE. *Combats pour l'histoire*, Prefácio, p.V.

[414] NORA (Org.). *Lieux de mémoire, II: La Nation*, v. 1, p. 327.

da fronteira geográfica, esperando poder recusá-la (além da linha azul do Vosges). Eis o programa, quase já em forma de ordem de mobilização. Quando a guerra irrompeu, os mais jovens dos historiadores foram efetivamente mobilizados e a maior parte dos outros se consideraram como "mobilizados nos serviços de retaguarda", conforme a expressão de Charles Petit-Dutaillis.

Em seguida, pós 1914, produziu-se uma fenda na ordem do tempo: uma brecha. Após os abusos sangrentos das nações em guerra, os anos 1920 traduziram-se, do ponto de vista da história, ou por um recuo do nacional em direção ao social, ou por seu superinvestimento, que são duas estratégias profundamente diferentes para reunir o passado e o futuro. "Ao perder a esperança na história", que não soube nada prever, Paul Valéry, nossa testemunha já citada, denuncia então este produto perigoso que torna "as nações amargas, soberbas, insuportáveis e vãs"[415]. Como se justamente não existisse outra história senão a história nacional e a história historicizante, logo ridicularizada por Lucien Febvre.

Mas quando Febvre assume a cátedra na Universidade de Strasbourg, em 1919, ele começa sua aula inaugural afirmando que "a história que serve" é "uma história serva. Professores da Universidade de Strasbourg, nós não somos os missionários descalços de um evangelho nacional"[416]. É mesmo essa recusa que lhe permite responder enfim afirmativamente à sua interrogação inicial e central: "Tenho direito", quer dizer, ainda tenho o direito de fazer história no "mundo em ruínas"? É essa recusa que torna legítimo retomar o ofício e "restabelecer os laços rompidos" e, sobretudo, é ela que vai abrir um espaço de trabalho e de interrogação para uma história-ciência, em busca de outros ritmos, outras dimensões, outros objetos: outras temporalidades. Nisso se abrigará, alguns anos mais tarde (após 1929), o programa dos *Annales d'histoire économique et sociale*. Esse recuo do nacional, ou ainda seu eclipse, não significava

---

[415] VALÉRY, Paul. *Regards sur le monde actuel.* In: *Œuvres.* Paris: Gallimard, 1960. (Bibliothèque de la Pléiade). t. II. p. 921 e 935.

[416] FEBVRE, Lucien. L'histoire dans le monde en ruines. *Revue de Synthèse Historique*, fév. 1920, p. 4.

seu esquecimento ou um abandono definitivo e sabe-se que, mais tarde, os próprios Bloch e Febvre conceberam projetos de história da França, que finalmente não vingaram[417].

Do lado oposto, Jacques Bainville, também marcado pela guerra de 1914 e preocupado com suas consequências, recolhe-se no nacional. Diferentemente da história produzida no meio universitário, sua *Histoire de France*, lançada em 1924, foi um grande sucesso de público. Fundada na ideia simples, expressa no prefácio, de que "os homens de antigamente pareciam com os de hoje em dia e que suas ações tinham motivações iguais às nossas", ela é, de início, uma tentativa de reativar o modelo da *historia magistra,* constituído, como deve ser, pelo motor explicativo da repetição e da analogia. "Nós morremos", constata em 1916 em seu *Journal,* "de ignorância e de ininteligência de nosso passado, do estúpido preconceito democrático de que o tempo anda." Há, portanto, boas lições da história, que deve ser além disso "a memória do homem de Estado". Trata-se, em suma, de conjurar o futuro que se teme, conduzindo o tempo para fora da história. Contra o estúpido preconceito democrático, a *Histoire* de Bainville deve demonstrar a falsidade do regime moderno de historicidade: não, o tempo não "anda".

Grande leitor e admirador de Bainville na juventude, Philippe Ariès, cujo trabalho sobre a morte já nos serviu de indicador, não se voltou, após a "brecha" da Segunda Guerra Mundial, que ele chamava de "rupturas de 1940", para a história nacional. Ao contrário, manteve-se cuidadosamente a distância. Começa por uma *Histoire des populations françaises et de leurs attitudes devant la vie depuis le 18ᵉ siècle* (1948), torna-se famoso com *O homem diante da morte* (1977) e conclui, dirigindo com Duby, com uma grande *História da vida privada* (1985). Em 1958 ainda, George Duby e Robert Mandrou publicam, não uma história da França, mas uma *Histoire de la civilisation française,* cujo prefácio termina com esta frase: "Este

---

[417] Antes de sua morte, Marc Bloch procurava definir uma *originalidade* francesa por meio da comparação ("Não há uma história da França, há uma história da Europa"). Em seu curso do Collège de France, em 1945, 1946 e 1947, Lucien Febvre dedicou-se a definir a emergência de uma consciência nacional (FEBVRE, Lucien. *Honneur et patrie.* Texto estabelecido, apresentado e anotado por Thérèse Charmasson e Brigitte Mazon. Paris: Perrin, 1996).

breve livro terá cumprido seu papel [...] se ele permitir aos leitores compreenderem melhor, estabelecidos por dez séculos de história, os traços originais da França de hoje em dia, essa 'pessoa'[418]". Ou seja, uma dupla lembrança em forma de alusão, mas tão discreta que parece quase um *happy few*: a Michelet (pela "pessoa"), a Marc Bloch (pelos *Caracteres originaux de l'histoire rurale française*).

Durante mais de meio século, o nacional, dessa maneira, não foi mais o motor da pesquisa: nem a escala adequada, nem a perspectiva adequada. Tampouco a escala cronológica certa. Desgastara-se demais e suas capacidades cognitivas pareciam exauridas. No entanto, surgiram formas renovadas de história-ciência, que tiveram como horizonte o materialismo histórico, o quantitativo, o serial e, como instrumentos, as fichas mecanizadas e depois o computador. Ora, tornou-se claro, em torno de 1980, que esses modelos científicos, frequentemente grandes consumidores de futuro e solidamente ligados ao conceito de progresso (tanto da sociedade como da ciência), atingiam resultados decrescentes, e mesmo sem efeito. Abriu-se então um tempo de estase, momento de pausa, no qual o olhar retrospectivo tornou-se legítimo: para abarcar o caminho percorrido, para tentar compreender onde tínhamos chegado e por quê? Era uma maneira de tomar distância, passando do prospectivo ao retrospectivo: os indivíduos punham-se a preocupar-se com genealogias, e as empresas, com seus arquivos (com seu chamariz, a cultura empresarial). O regime moderno de historicidade perdia sua evidência.

Como as outras disciplinas, a história não escapou desse movimento, que nada mais é do que um elemento da conjuntura geral esboçada em nossas primeiras páginas, da qual não foi de modo algum a origem. A reintrodução do historiador na história, praticada e proclamada por Febvre, preconizada por Marrou e Aron contra a história positivista, preparara, no entanto, o terreno: o historiador parecia disposto, segundo a fórmula de Péguy, a entrar "na fileira histórica": "Eles [os historiadores] não querem que se faça a história dos

---

[418] DUBY, Georges; MANDROU, Robert. *Histoire de la civilisation française*. Paris: Arnand Colin, 1958. Mas, em 1987, Duby participa da obra *Histoire de France*, publicada por Hachette, centrada sobre a política, na qual ele assina o primeiro volume, *Le Moyen Âge de Hugues Capet à Jeanne d'Arc, 987-1460*.

historiadores. Querem esgotar a imprecisão do detalhe histórico, mas não querem entrar na linha de cálculo dessa indefinição do detalhe histórico. Não querem estar na fileira histórica. Posicionam-se como se fossem médicos que não quisessem ficar doentes e morrer[419]". Acabou a imunidade ou a superioridade.

Foram condições que favoreceram a abertura de um espaço para uma história da história, da qual Nora soube fazer, como vimos, um dos pontos de partida da reflexão que levou aos *Lieux de mémoire*. Essa postura reflexiva, historiográfica, não foi reivindicada nem por um só tipo de história, nem, evidentemente, só pela história[420]. Ao que ela procura responder senão, em parte, a essa conjuntura nova, marcada por um questionamento da temporalidade, até aquele momento paradigmática, do regime moderno de historicidade? A luz projetada a partir do futuro diminui, a imprevisibilidade do porvir aumenta, o presente torna-se a categoria preponderante, enquanto o passado recente – aquele que surpreende por "não passar" ou que inquieta por "passar" – exige ser incessante e compulsivamente visitado e revisitado. Com a consequência de que a história não pode mais ser escrita a partir do ponto de vista do futuro (ou de suas diversas hipóstases) ou em seu nome: inicialmente a história contemporânea, mas, aos poucos, não somente ela.

Ora, foi necessário esperar justamente esses mesmos anos 1980 para assistir a uma retomada do nacional (não apenas na França) e a seu reinvestimento (intelectual, político) com, em particular, a publicação de toda uma gama de histórias nacionais. Não haveria nessa coincidência um paradoxo entre um momento presentista e a produção de histórias nacionais? Enquanto o século XIX uniu tão fortemente Nação e Progresso, como pode ser que se retome a Nação quando o Progresso se encontra em dificuldade? O que resta da Nação? Uma Nação, não mais prospectiva, e sim retrospectiva e nostálgica, em suma, um refúgio, mas também uma forma de história que gostaria de poder olhar de novo para a *historia magistra*?

---

[419] PÉGUY, Charles. *L'Argent suite*. In: *Œuvres en prose complètes*, t. III, p. 883; MARROU, Henri-Irénée. De la logique de l'histoire à une éthique del'historien. *Revue de Métaphysique et de Morale*, n. 54, 1949, p. 248-272.

[420] DOSSE, François. *L'Empire du sens: l'humanisation des sciences humaines*. Paris: La Découverte, 1995.

Seguramente, às vezes. Ou ainda, seria uma maneira de considerar a escalada memorial, propondo uma resposta, mais ou menos explícita ou voluntarista, para a interrogação identitária? Os historiadores poderiam tornar-se de novo os preceptores da Nação (à Lavisse) ou de uma nova República (à Claude Nicolet), mesmo pela mediação da televisão? Ou só deveriam ser seus memorialistas, mais bem informados do que outros, mas dentre outros?

Fernand Braudel, em seus últimos anos, quando acabava de publicar, para divina surpresa, a primeira parte de sua *Identidade da França*, foi solicitado a encarregar-se deste magistério entre história e memória. Mesmo que *sua* França evidentemente não seja mais considerada como uma pessoa, pois é construída como um objeto histórico. Ele não está em busca de nenhuma essência, a ser encontrada no passado ou realizada no futuro, já que a *identidade* está, justamente, na longa duração: só está aliás nisso ou é isso. "São as marés, esses fluxos profundos do passado da França, que eu tento detectar, seguir para examinar a maneira como elas se lançam no tempo presente, assim como os rios no mar[421]". Assim, no final do percurso de Braudel historiador, o que parecia mais rebelde às análises que ele propusera com brilho e sucesso desde 1949, essa história de fôlego curto, superficial, a história nacional, em suma, se justificava também na longa duração, a ponto de dar-lhe, afinal, sua face mais expressiva e mais verdadeira. Se o livro só é lançado em 1986, a primeira intuição remonta à experiência do prisioneiro de guerra de 1940: "Nós, os vencidos, no caminho injusto de um cativeiro aberto de uma só vez, nós éramos a França perdida, como a poeira que o vento faz subir em um monte de areia. A verdadeira França, a França em reserva, a França profunda ficava atrás de nós, sobrevivia, sobreviveu. [...] Desde essa época distante, não parei de pensar em uma França em profundidade, como soterrada em si mesma, que escorre de acordo com a inclinação própria de sua história, condenada a continuar seja como for. Dessa fascinação nasceu o título ambíguo ao qual, pouco a pouco, habituei-me [422]".

[421] BRAUDEL. *L'Identité de la France*, t. I, p. 16.
[422] BRAUDEL. *L'Identité de la France*, t. I, p. 18.

História de um vencido, em suma, ao qual foi preciso perto de quarenta anos para poder reinvestir no nacional de maneira diferente.

Quanto à *L'Histoire de la France*, organizada por André Burguière e Jacques Revel, ela deliberadamente substituiu "a clássica narrativa da nação, das origens aos nossos dias", por "um método temático e lógico". Não se tratava absolutamente de "contar", mais uma vez, a história da França, mas de romper com a narrativa convencional, interrogando-se sobre ela, sempre, a partir do presente, "para tentar encontrar em suas gêneses e em suas mutações, as características originais do conjunto nacional"[423]. Longe de ser teleológico, retroativamente teleológico, seu método é regressivo. Aqui também, o presente fornece o ponto de partida, o ponto de vista e o ponto de chegada para questionar o nacional.

De uma maneira mais geral, a abordagem historiográfica, por seu marcado interesse em delimitar os pressupostos, de se interrogar sobre as ferramentas e as categorias mobilizadas, traz uma contribuição a esse novo tratamento do nacional[424]. *Les Lieux de mémoire* exploraram ao máximo essa perspectiva até incluir, já insistimos sobre isso, à medida de sua publicação, a historiografia de sua própria trajetória, o que conduziu a uma ampliação da noção de *lugar*. A partir desses modos de apreensão do nacional como problema rompe-se, em todo caso, com todas as histórias-memórias nacionais, escritas do ponto de vista do futuro. No oposto da história metódica (que jamais falava disso, embora sempre pensasse), o presente tornou-se de fato – explicitamente – a categoria dominante (e suficiente?).

Comemorar

Respondendo à onda da memória, pressentindo sua amplitude e sua força, como Tucídides que reconhecera desde o primeiro dia a importância da guerra que começava na Grécia, *Les Lieux de mémoire* converteram as interrogações que ela continha questionando

---

[423] BURGUIÈRE, André; REVEL, Jacques (Org.). *Histoire de la France*. Paris: Seuil, 1989. Prefácio, p. 18 e 19. As "características originais" são, evidentemente, uma discreta alusão a Marc Bloch.

[424] Ver, por exemplo, BOUTIER, Jean; JULIA, Dominique. *Passés recomposés: champs et chantiers de l'histoire*. Paris: Autrement, 1995.

inicialmente a maneira como haviam sido escritas as principais histórias da França. Como, em certos momentos-chave, o passado (qual passado e o que do passado?) fora retomado no presente, para fazer dele um passado significante. Sem jamais perder de vista que, após ter seguido esses deslocamentos e essas retomadas sucessivas do passado no presente, que toda uma retórica organizou, o objetivo de Nora, claramente estabelecido desde o começo, era voltar para o hoje, para tentar, instruído por esse longo desvio, compreender melhor e fazer melhor compreender. Vai-se exatamente do presente ao presente, para interrogar o momento presente.

Partindo do espanto diante do sucesso contemporâneo do fenômeno comemorativo, Nora podia atualizar, ao fim de seu percurso, o que ele chamou de "inversão da dinâmica da comemoração". Embora não se pare de comemorar em nome da trilogia Memória, Identidade, Patrimônio, o sentido da palavra modificou-se. Assim como a memória e semelhante ao patrimônio, cujo percurso vamos acompanhar no próximo capítulo. E a comemoração? Ela é inicialmente religiosa. "Faça isso em minha memória": justamente no momento em que acontece, a Ceia, imediatamente faz-se comemoração dando-se em primeira instância como a comemorar, incluindo a ausência, quer dizer, também a presença invisível daquele que não se deverá nunca parar de lembrar e de imitar. Já os rituais monárquicos apelam para uma outra lógica, que deseja insistir sobre a continuidade: "O rei está morto, viva o rei". A Revolução e a República trazem a comemoração de volta, que, por transferência de sacralidade, torna-se nacional, republicana e laica.

Tem-se, então, "o 14 de julho", no qual 1880, 1789 e 1790 correspondem-se e complementam-se mutuamente[425]. Péguy soubera dizer isso, de maneira notável, em *Clio*: "A tomada da Bastilha foi propriamente uma festa, foi a primeira celebração, a primeira comemoração e, por assim dizer, o primeiro aniversário da tomada da Bastilha. [...] Não foi a festa da Federação a primeira comemoração, o primeiro aniversário da tomada da Bastilha. A tomada da Bastilha

---

[425] AMALVI, Christian. Le 14-Juillet. In: NORA (Org.). *Les lieux de mémoire, I: La République*, p.423-434.

foi a primeira festa da Federação, uma Federação *avant la lettre*[426]". Hoje, esse traço tornou-se uma regra: todo acontecimento inclui sua autocomemoração. Foi assim com maio de 1968. Assim o é até o extremo com 11 de setembro de 2001, com todas as câmeras que filmavam o segundo avião chocando-se contra a segunda torre do Word Trade Center.

Mas a marca da comemoração contemporânea, valorizada por Nora, é seu caráter "patrimonial": ela é fragmentada ou "desnacionalizada", mesmo quando se dedica a ser reconhecida pelo Estado, cujos serviços, inclusive, tiveram dificuldade em enfrentar a ocupação patrimonial[427]. Mais exatamente ainda, diagnosticava Nora, é a própria nação que se transforma em patrimônio: "Como se a França deixasse de ser uma história que nos divide para tornar-se uma cultura que nos reúne[428]". Faltaria saber quem é esse *nós*, quem o decide, como e em torno de quê? Nesse movimento que leva da política ao cultural, Nora reparava, em todo caso, a emergência de um "nacional sem nacionalismo". A França do fim do século XX estava a um passo de tornar-se uma *Kultur Nation*, enquanto a Alemanha, que tomara por muito tempo esse caminho em resposta à ausência da unidade política, é agora uma nação, talvez "a contragosto", mas de fato, não podendo evitar a questão do nacional? Estaria aí o início de uma interessante alternância histórica, sobre o pano de fundo da integração europeia.

Para permanecer na França, ter-se-ia passado, em todo caso, de uma memória (republicana) transmutada em história, com a Terceira República e sob o magistério de Lavisse, a uma história, ou como se diz mais habitualmente, um *passado*, que hoje em dia se viveria, seria lido e reapropriado seletivamente, por uns e outros, como memória (no sentido novo), às vezes por estímulo do "dever da memória[429]". Os vinte últimos anos marcariam assim a passagem da "nação histórica" à "nação memorial". À maneira de *Em Busca* de

---

[426] PÉGUY. *Clio.* t. III, p. 1083-1084.
[427] LENIAUD, Jean-Michel. *L'Utopie française: essai sur le patrimoine.* Paris: Mengès, 1992, p. 115-150.
[428] NORA (Org.). *Les lieux de mémoire, III: Les France,* t. 1, p. 29.
[429] KATTAN, Emmanuel. *Penser le devoir de mémoire.* Paris: PUF, 2002.

Proust, os *Lieux* terminam pelo livro a vir, que seria a "verdadeira" História da França, e que são esse livro que se acaba de ler! Tal qual se podia escrevê-lo, menos para pôr nossos anais "de acordo com o progresso da inteligência" do que para escrutar uma crise do tempo apreendida através do "nacional", constatar isso e pôr nossos anais de acordo com uma crise do progresso.

O momento dos "Lieux de mémoire"

Se *Les Lieux de mémoire* nos serviram de entrada para os debates entre história e memória, assim como de projetor para lançar luz sobre as relações entre a história nacional e o regime moderno de historicidade, eles são também um revelador. Se eles pertencem, evidentemente, ao momento que se dedicam a configurar, a maneira como procederam nos ensina algo a mais sobre nosso presente. O permanente interesse historiográfico que os atravessa, já destacado, é um testemunho no segundo grau dessa tendência do presente a se historicizar.

A exemplo da unidade nacional criada pela Revolução, que devia ser, para Lavisse, definitiva e indestrutível, sua *História* dava-se como a história definitiva da Nação realizada, endereçada ao presente e ao futuro: um tipo de aquisição para sempre. Tratava-se certamente de aperfeiçoar a República, mas nada de fundamental devia mais ser mudado. Era ainda o que ele gostaria de poder acreditar em 1921, quando, doente, redigia a conclusão de sua história, levada até 1919. *Les Lieux de mémoire* pretendem-se uma história do presente, no presente, integrando o fato de que o presente "tornou-se a categoria de nossa compreensão sobre nós mesmos".

Se há um momento dos *Lieux*, os *Lieux* são, dessa forma, também os *lugares* desse momento, ou *lugares* para esse momento. História da França para hoje, os *Lieux* propõem também (de forma completamente consciente) uma história de nosso presente. Resulta disso que o historiador não pode mais ser o responsável pela passagem entre passado e futuro, pontífice à moda de Monod ou profeta à Michelet, que, no passado, lia o futuro já ocorrido ou a ocorrer e o proclamava. Pode, menos ainda, permanecer, à Fustel, no "esquecimento" do presente ou, particularmente, na sua contestação. Ele é responsável pela passagem, mas somente dentro do círculo do presente "entre a pergunta cega e a resposta esclarecida, entre a pressão pública e a solitária paciência do laboratório, entre o que ele sente e o que ele sabe[430]". Modesto, talvez, mas que se tornou, enfim, historiador do presente em pleno direito e pleno exercício. Quanto à história, quer seja aquela do presente ou de outros períodos, incumbe-lhe assumir-se como história *no* presente.

Mas o presente contemporâneo e o presentismo que o acompanha revelaram-se dificilmente suportáveis. De modo que a demanda de memória pode ser interpretada como uma expressão dessa crise de nossa relação com o tempo, assim como uma maneira de procurar responder a ela. Mesmo tendo se compreendido que a memória reclamada e proclamada seja menos o produto da transmissão do que da reconstrução de um passado ignorado, esquecido, falsificado às vezes, ela deveria permitir a *reapropriação* na transparência. Ora, a epistemologia desenvolvida nos *Lieux* evoca tudo ao mesmo tempo, reivindica até a centralidade do presente (que está no ponto de partida e de chegada), e a contorna ou crê dela escapar. De que maneira? Fazendo, justamente, da passagem do passado ao presente, de sua retomada seletiva, que caracteriza o funcionamento da memória, o ponto de partida de sua operação historiográfica: converter a memória, menos como conteúdo do que como forma, em modo de questionamento histórico e de escrita da história.

Enquanto o historiador clássico começava por fazer a clara separação dos dois, a história devia ser apenas a ciência do passado, ciência pura, e o historiador, somente um olho que decifra seus documentos no silêncio dos arquivos. Contrariamente, a lógica dos *Lieux* leva a conceber o historiador no próprio exercício de seu ofício, como um lugar de memória. Encontra-se, uma vez ainda, a figura inspiradora de Michelet, mas também de Nora, como idealizador e editor dos *Ensaios de ego-história*[431]. Como Chateaubriand, incessante visitante de lugares de memória dele mesmo e para si

---

[430] NORA (Org.). *Les lieux de mémoire, III: Les France*, t. III, 1.
[431] NORA, Pierre (Éd.). *Essais d'ego-histoire*. Paris: Gallimard, 1987.

mesmo, o próprio historiador torna-se "um lugar de memória[432]". Dessa posição e dessa percepção decorre a conduta ego-historiadora que convida o historiador a fazer-se, em segundo grau, historiador de si mesmo. Mas não há só grandes historiadores.

Os *Lieux* são também sintoma no sentido de que o lugar de memória fez sucesso: entrou rapidamente no uso e nos fatos, e até mesmo na lei. Foram classificados a título de lugar de memória do *music-hall* Olympia ao café Le Fouquet's! O *lugar* veio em socorro do monumento histórico, superado e ultrapassado. O *lugar* podia, parece, fornecer-lhe a categoria, de um uso mais fácil e rápido do que os legisladores da Terceira República evidentemente não haviam podido nem desejado conceber. Mas, como consequência, o *lugar* encontrava-se atingido pelo fenômeno histórico que conduzira à sua elaboração e sobre o qual ele desejava projetar, em efeito contrário, inteligibilidade. O instrumento cognitivo, que devia conduzir ao cerne e ser útil para melhor compreender a comemoração invasora, podia ele próprio tornar-se um elemento a mais do dispositivo, chamado a auxiliar o Patrimônio e a comemoração e juntar-se, assim, à panóplia do presentismo! Prova manifesta de que o diagnóstico de Nora tocava no ponto certo, mas também ao risco de ver o trabalho reduzido apenas à atualidade e consumido pelo mesmo fenômeno que ela ajudara a descrever e a compreender.

Sintoma de hoje, os *Lieux* o são ainda na concepção da memória atual. Suponhamos por um momento uma pesquisa feita em meados dos anos 1960: o inconsciente (o lapso, a falha de memória, a amnésia, o deslocamento, a denegação, etc.) teria representado muito provavelmente um papel importante. A memória dos *Lieux* é uma memória sem inconsciente, com exceção da metafórica, não por princípio, mas de fato: falei da concepção retórica do *lugar*. O pesquisador não visa desacomodar o impensado do *lugar*, mas, antes, reconstituir o que o tornou pensável. De onde vem, talvez, uma

---

[432] ROUSSO, Henry. L'histoiren, lieu de mémoire, hommage à Robert Paxton. In: *Vichy: l'événement, la mémoire, l'histoire*. Paris: Gallimard, 2001. p. 453-480, onde mostra como Paxton tornou-se "um tipo de lugar de memória".

certa dificuldade de dizer os "não-lugares", ou os "maus" lugares da história ou da memória nacional?

E veio 1989, simbolizado pelo 9 de novembro, com a queda do muro de Berlim e o fim da ideologia que se concebera como ponto mais avançado da modernidade. De forma alguma, fim da história, nem mesmo no sentido que a entendia Francis Fukuyama, mas seguramente uma cesura na ordem do tempo (inicialmente na Europa e depois, pouco a pouco, em uma grande parte do mundo). Desde 1989, pode-se melhor apreender que se procuram novas relações com o tempo, exatamente como dois séculos mais cedo, quando se desagregava a antiga ordem do tempo e o regime de historicidade que lhe era ligado. O futuro está sempre aqui, também e talvez, ficaríamos tentados a dizer, mais imprevisível do que nunca.

Quanto ao passado, o fim da tirania do futuro também teve por consequência devolvê-lo à sua opacidade e fazer dele igualmente um passado parcialmente imprevisível. Não se tratava mais somente da contingência, tal como Raymond Aron avançava na sua crítica da causalidade de acordo com Simiand[433]. Esse passado a reabrir, que não era nem linear nem unívoco, era um passado que se fazia reconhecer como um campo onde se entrecruzavam passados que haviam sido, por um tempo, futuros possíveis: alguns haviam começado a ser, outros foram impedidos. Historiadores, filósofos, entre os quais Paul Ricœur, sublinharam isso acertadamente[434]. Sem dúvida, mostrando como certos *lugares* cristalizaram-se, foram remodelados, anamorfoseados, esquecidos, *Les Lieux de mémoire* estabeleceram um inventário crítico da história-memória da França. Atentos a toda organização do passado no presente, também indicaram um modo de circulação possível entre passado e presente, deliberadamente, repitamos mais uma vez, a partir do presente.

---

[433] ARON, Raymond. *Introduction à la philosophie de l'histoire: essais sur les limites de l'objectivité historique.* Paris: Gallimard, 1986. p. 227: "Nós entendemos por contingência ao mesmo tempo a possibilidade de conceber o acontecimento outro e a impossibilidade de deduzir o acontecimento do conjunto da situação anterior".

[434] RICŒUR, Paul. *Temps et récit III.* Paris: Seuil, 1985. p. 313. LEPETIT, Bernard. Le présent de l'histoire. In: *Les formes de l'expérience: une autre histoire social.* Paris: Albin Michel, 1995. p. 295-298.

MEMÓRIA, HISTÓRIA, PRESENTE

1989 também conduziu ou reconduziu a nação ao primeiro plano: a nação fez estardalhaço ou, ao menos, causou problema. O que não era previsto nem mesmo por aqueles que, na Europa ocidental, haviam se reconciliado, nos anos precedentes, com o nacional. Na Alemanha ainda não reunificada, que se definia naturalmente como um Estado "pós-nacional", os anos 1980 viram, lembremos, o surgimento de várias histórias da Alemanha, enquanto se multiplicavam os colóquios sobre a identidade alemã e as comemorações, mesmo que houvesse a convicção – dos dois lados do muro – do caráter duradouro do corte em dois Estados. Na França, os *Lieux* levavam, ao mesmo tempo, a reconhecer a presença do nacional e sua profunda transformação. Não era mais a nação messiânica, mas uma nação-patrimônio, ou ainda a nação como cultura compartilhada, portadora de um nacional sem nacionalismo, vivo mas pacificado, em uma França à qual restava cultivar sua memória, como se cultiva o jardim: como pré-aposentada da história. Era essa mutação que os *Lieux* dedicavam-se a mostrar, desenhando-a e formulando-a. O momento dos *Lieux* era aquele.

Isso é tão garantido? Essa transformação brusca de um modelo de nação em um outro é tão clara e irreversível? O que aconteceu em toda uma parte da Europa desde 1989, mas também no oeste do continente, leva a deixar a questão ao menos aberta[435]. Como a Alemanha vive, doravante, com uma Alemanha Oriental refeita? E a Europa, o que pode ser, enquanto ruma à próxima grande ampliação de 2004, como um navio pesado cada vez mais difícil de governar? Caminha-se rumo a uma Europa-patrimônio, fundada em um inventário do que reúne? Uma Europa, mais presentista que futurista, mas onde o "progresso" continua, no entanto, a ocupar um lugar central.

Como *"Faire l'Europe"*, ao menos sua história, para retomar o título da coleção nascida em 1989, da iniciativa de cinco editores de línguas e nacionalidades diferentes, e dirigida por Jacques Le Goff[436]? Projeto voluntarista, seguramente, teleológico, até dizem

---

[435] Ver FABRE, Daniel (Org.). *L'Europe entre cultures et nations.* Paris: Maison des Sciences de L'Homme, 1996, que explora, na Europa, os três termos: patrimônio, identidade, nação.

[436] Trata-se de Beck, em Munique, Basil Blackwell, em Oxford, Critica, em Barcelona, Laterza, em

alguns, que censuram reiterar para a história da Europa o que se produziu no século XIX com histórias nacionais[437]. Le Goff fala do "título ativo" da coleção: fazer história é também uma maneira de fazer a história. Seria uma simples reativação do regime moderno de historicidade, com um futuro que vem, mais uma vez, esclarecer o passado? Não, tal não é evidentemente o ponto de vista do organizador, para quem "hoje vem de ontem e amanhã sai do passado". E precisa:"um passado que não deve paralisar o presente, mas ajudá-lo a ser diferente na fidelidade, e novo no progresso"[438]. São portanto igualmente recusados o futurismo do regime moderno e o passadismo do antigo regime de historicidade, para preservar a possibilidade de um presente, ao mesmo tempo diferente, novo e fiel. Le Goff não é Lavisse! Mas, como para Monod, convém articular em torno do objeto história europeia (e não mais nacional) o passado, o presente e o futuro. Para tal história, a abordagem pela longa duração se oferece como a mais esclarecedora. E o autor de *A Civilização do ocidente medieval*, aquele que defendeu a ideia de uma longa Idade Média, que se estendia do século III de nossa era até as revoluções industriais modernas, sente-se aqui à vontade: a Europa vem de longe. Se há uma *identidade* europeia, é realmente aqui e por aqui que se tem a melhor chance de aprendê-la.

Quanto à nação, ora situada atrás, em um passado mítico ou distante, ora à frente ou, ao mesmo tempo, atrás e à frente, morreu-se novamente em seu nome ou sob seu pretexto[439]. Os nacionalismos étnicos mataram muito e de forma selvagem. De maneira e de intensidade variáveis, esses retornos ou essas aspirações, mais ou menos

---

Roma e em Bari, Le Seuil, em Paris. Os livros são publicados simultaneamente em diferentes países. Até o momento, dezenove títulos foram lançados.

[437] Ver, em torno dessa questão, o debate que prossegue na revista *Vingtième Siècle: Revue d'Histoire*: Nicolas Roussellier, n. 38, 1993, p. 106-108; RIOUX, Jean-Pierre. Pour une histoire de l'Europe sans adjectif, n. 50, 1996, p. 101-110; MARTIN, Jean-Clément. Pour une histoire 'principielle de l'Europe', n. 53, 1997, p. 124-128; e o dossiê "Apprendre histoire de l'Europe", fruto de um colóquio que, de acordo com os próprios termos de J.-P. Rioux, deveria "formular os princípios de precaução científica, que devem envolver o voluntarismo", n. 71, 2001.

[438] LE GOFF, Jacques. Prefácio. Essa página é reproduzida em todos os volumes da coleção.

[439] Ver as estimulantes reflexões do medievalista GEARY, Patrick J. *The myth of nations: the medieval origins of Europe*. Princeton: Princeton University Press, 2002.

exacerbados, ao nacional podem se relacionar, em parte, a uma crise do tempo. Eles não se reduzem a isso, nem são absorvidos, mas são um componente, uma expressão, uma maneira de responder a isso também, que, infelizmente, já dera provas. Mas a *resposta* mostra-se ainda mais defasada porque o regime moderno de historicidade, com sua bandeira futurista ou nacional futurista, perdeu largamente sua evidência e seu impulso.

CAPÍTULO 5

Patrimônio e presente

Após a memória, passemos a seu *alter ego*, o patrimônio, com nossa mesma questão mais uma vez: o que significou do ponto de vista do tempo, de sua ordem, o movimento de extensão e de universalização do patrimônio ao qual assistimos há um bom quarto de século? De que regime de historicidade a patrimonialização galopante dos anos 1990, como foi por vezes qualificada, pode ser a marca? Esse gosto pelo passado, pelo antigo, vinha repentinamente testemunhar uma certa nostalgia por um antigo regime de historicidade, há muito tempo fora de uso? Inversamente, como ele podia ainda se ajustar a um regime moderno, que havia colocado, nos últimos dois séculos, todo seu "fervor de esperança" no futuro? Contrariamente às declarações ou às profecias de Marinetti! Indício de crise do tempo, o patrimônio contemporâneo talvez também possa ser entendido como uma marca clara, mais uma, desse presentismo, o nosso, a cujo surgimento este livro se dedicou? A resposta passa, outra vez, por vaivéns entre diferentes usos da noção em tempos diferentes, estando sempre atentos ao lugar dado ao presente.

Ao longo do período – lembremos mais uma vez que o ano de 1980 havia sido decretado ano do Patrimônio pelo governo francês –, o patrimônio se impôs como a categoria dominante, abrangente, senão devoradora, evidente em todo o caso, da vida cultural e das políticas públicas. Logo se inventariou todo tipo de "novos patrimônios" e se declinaram "novos usos" do patrimônio. O Monumento histórico, nome também da extinta direção do Ministério da Cultura, encontrou-se então alterado, antes de ser absorvido em uma direção do Patrimônio, na qual, feito mais notável, a etnologia era introduzida[440]. Desde 1983, as Jornadas do Patrimônio têm atraído cada vez mais visitantes nos prédios ditos do Patrimônio: mais de onze milhões em setembro de 2002. Esses resultados, devidamente calculados e proclamados a cada ano pela mídia, são como um recorde a ser batido no reinício das atividades do ano seguinte. Quanto mais longas as filas de espera, melhores serão os números. Somente o ano de 2001 terá sido exceção, já que as Jornadas tiveram de ser suspensas de última hora, após os atentados de 11 de setembro. As Jornadas do Patrimônio se difundiram um pouco pelo mundo e se fala atualmente – especialmente por intermédio das iniciativas e das convenções da Unesco – de universalização do patrimônio, enquanto aumenta a lista dos sítios do patrimônio universal da humanidade a cada ano. Disponível no *site* do Centro do Patrimônio Mundial, contavam-se 730 sítios no final de 2002. Uma Escola Nacional do Patrimônio, encarregada de formar os futuros conservadores funciona desde 1991 em Paris. Desde 1996, há também uma Fundação do Patrimônio. Inspirada, ao menos em seus considerandos, no National Trust britânico, ela se mostrou na verdade muito discreta. Enfim, *Encontros de Patrimônio* são organizados desde 1984 pela direção do Patrimônio. Neles se discute tudo o que diz respeito ao patrimônio, incluindo, ultimamente, seus "abusos[441]".

Les Lieux de mémoire levavam ao diagnóstico de uma "patrimonialização" precisamente da história da França, senão da própria França, na medida em que a mudança de um regime de memória para outro nos fazia sair da "história-memória" para entrar em uma "história-patrimônio". De fato, a definição do patrimônio monumental na lei de 1993 é notável: "Nosso patrimônio é a memória de nossa história e o símbolo de nossa identidade nacional". Passando para o

---

[440] A nova direção reúne os Monumentos históricos, o Inventário geral, a Arqueologia, à qual se soma uma Missão etnológica com um Conselho do patrimônio etnológico. Isac Chiva foi o iniciador dessa política. Ver FABRE, Daniel. L'ethnologie devant le monument historique. In: FABRE, Daniel (Org.). *Domestiquer l'histoire: ethnologie des monuments historiques*. Paris: Maison des Sciences de L'Homme, 2000. p. 8-9.

[441] DEBRAY (Dir.). *L'abus monumental*, em particular DEBRAY, Régis. Le monument ou la transmission comme tragédie, p. 11-32. Havia também TODOROV, Tzvetan. *Les abus de la mémoire*. Paris: Arléa, 1995.

lado da memória, ele se torna memória da história e, como tal, símbolo de identidade. Memória, patrimônio, história, identidade, nação se encontram reunidos na evidência do estilo escorreito do legislador.

Nessa nova configuração, o patrimônio se encontra ligado ao território e à memória, que operam ambos como vetores da identidade: a palavra-chave dos anos 1980. No entanto, trata-se mais de uma identidade que se reconhece como inquieta, que corre o risco de se apagar ou que já está muito esquecida, obliterada, reprimida – de uma identidade em busca de si própria, para exumar, montar, ou até mesmo inventar – do que de uma identidade evidente e segura de si. Nessa acepção, o patrimônio acaba definindo menos o que se possui, o que se *tem* do que circunscreve o que se *é*, sem ter sabido, ou mesmo sem ter podido saber. O patrimônio se apresenta então como um convite à anamnese coletiva. Ao "dever" de memória, com sua recente tradução pública, o remorso, ter-se-ia acrescentado algo como "a ardente obrigação", não mais do Plano, como no tempo do General de Gaulle – outros tempos, outros costumes! –, mas do patrimônio, com suas exigências de conservação, de reabilitação e de comemoração. Naqueles anos, o ecomuseu ou museu de sociedade se mostrou, na França pelo menos, como o cadinho ou o laboratório onde se fabricava um novo patrimônio, no cruzamento da cultura, do social e da natureza.

História de uma noção

Noção em uso no direito privado de outrora, como o patrimônio veio se impor no domínio dos bens culturais coletivos? Os dicionários correntes só deram conta disso há pouco tempo[442]. A convenção internacional de 1972 sobre o patrimônio cultural e natural fornece um ponto de referência cômodo. Após ter passado para o plano da natureza, ter sido trabalhada pelos economistas e

---

[442] Conforme uma pesquisa do Ministério da Cultura sobre a imagem do patrimônio para o ano do Patrimônio: em 1979, o patrimônio evoca sobretudo bens materiais, relativos à propriedade privada. Após 1980, mais de um terço dos franceses o veem como "riquezas nacionais, culturais, artísticas e outros": ver GLEVAREC, Hervé; SAEZ, Guy. *Le patrimoine saisi par les associations*. Paris: La Documentation Française, 2002. p. 26.

formalizada pelos juristas, a noção parece ter se reorientado fortemente em direção à cultura. Não sem ter sido fortalecida por uma evidência nova, na medida em que aplicar a categoria de patrimônio à natureza representou de início "forçá-la": com efeito, por designar "o arquétipo do bem apropriado [...], o patrimônio se opõe semanticamente ao natural, ao selvagem, ao inapropriado. Os seres da natureza formam a classe de objetos mais distante das características esperadas para entrar na lógica patrimonial[443]".

Se a observação mostra algo inteiramente justo, resta que o próprio fundamento do patrimônio reside na transmissão. Ora, o meio ambiente foi qualificado como "patrimônio" a partir do momento em que se tomou consciência de que sua degradação, acidental ou comum (a poluição), temporária ou irreversível, engendrava o problema de sua transmissão. De onde emerge também uma primeira resposta: patrimonializar a natureza para se dotar de recursos jurídicos e assim poder preservá-la, desde hoje, para o amanhã. Colocando-se do ponto de vista do futuro, estamos até prontos para agir em seu nome. Fica-se assim no âmbito familiar do regime moderno de historicidade. Mas se trata, na verdade, do mesmo futuro ou do mesmo ponto de vista sobre ele?

Essa evidência, recentemente assumida e muito concreta, do patrimônio não poderia ocultar, no entanto, que a noção tem uma história: ela não ocorreu em todos os lugares, nem em todos os tempos, nem da mesma maneira. Assim sendo, que destino teve essa noção fora da Europa e, mais recentemente, nos ex-países colonizados? Situando-se em uma perspectiva comparatista, tal investigação deveria se dedicar a determinar as condições de sua emergência, antes de seguir os caminhos de sua difusão e as modalidades de sua recepção. Na tradição europeia, o patrimônio é um misto e um produto de uma longa história. Estudos científicos que resgataram seu surgimento mostram que foi necessária, de fato, a convergência de várias condições: a prática da coleção, a preocupação com a conservação e a restauração, a progressiva constituição da categoria

---

[443] GODARD, Olivier. Environnement, modes de coordination et systèmes de légitimité: analyse de la catégorie de patrimoine naturel. *Revue Économique*, v. 41, n. 2, 1990, p. 239.

de monumento histórico[444]. Essas são condições de possibilidade, necessárias, mas não suficientes.

Foi preciso, de fato, algo além disso: uma maneira de ser que as relaciona e dá sentido a essas práticas. Um certo modo de relação com o mundo e com o tempo. Uma consciência, mais comumente inquieta, de que algo (objeto, monumento, sítio, paisagem) desapareceu ou está a ponto de desaparecer do horizonte. Uma crise do tempo é, então, necessária. Retomando-se a classificação proposta por Krzysztof Pomian, os objetos do patrimônio são "semióforos": "objetos visíveis investidos de significações[445]". O fato de que patrimônio e temporalidades estejam indissoluvelmente ligados é uma evidência, já que o patrimônio é a reunião dos semióforos criada por uma sociedade, em um dado momento (e por um momento). Eles traduzem então o tipo de relação que uma sociedade decide estabelecer com o tempo. O patrimônio torna visível, expressa uma certa ordem do tempo, na qual a dimensão do passado conta. Trata-se, porém, de um passado do qual o presente não pode ou não quer se desligar completamente. Quer se trate de celebrá-lo, imitá-lo, conjurá-lo, de extrair prestígio dele ou apenas de poder visitá-lo. Olhando o passado, a preocupação patrimonial seria só ou até mesmo principalmente passadista? Não, já que se trata do passado – de um certo passado – cuja forma de visibilidade importa no presente[446].

Será que isso basta? Sim, caso se queira simplesmente indicar que todo ser ou grupo humano se apega a alguns objetos, não importa quão miseráveis sejam, que ele encontrou, recebeu ou fabricou. Não, caso se queira tentar compreender a especificidade e o lugar que a noção de patrimônio ocupou finalmente na Europa. Além das

---

[444] BABELON, Jean-Pierre; CHASTEL, André. La notion du patrimoine. *Revue de l'Art*, n. 49, 1980, p. 5-32; GUILLAUME, Marc. *La politique du patrimoine*. Paris: Galilée, 1980. Depois, as publicações se multiplicaram, especialmente: CHASTEL, André. La notion du patrimoine. In: NORA (Org.). *Les lieux de mémoire, II: La Nation*, t. 2, p. 405-450; CHOAY, Françoise. *L'Allégorie du patrimoine*. Paris: Seuil, 1992; RECHT, Roland. *Penser le patrimoine: mise en scène et mise en ordre*. Paris: Hazan, 1998; por último, LENIAUD, Jean-Michel. *Les archipels du passé: le patrimoine et son histoire*. Paris: Fayard, 2002 (do mesmo, *L'utopie française*, já citado).

[445] POMIAN. *Sur l'histoire*, p. 215 e, principalmente, "Entre l'invisible et le visible: la collection" (1978), retomado em *Collectionneurs, amateurs et curieux: Paris, Venise: XVIe-XVIIIe siècle*, Paris: Gallimard, 1987. p. 15-59.

[446] DAVALLON, Jean. Le patrimoine: une filiation inversée. *Espaces Temps*, n. 74-75, 2000, p. 7-16.

condições de possibilidade já relembradas, além de uma certa relação com o mundo e o tempo, foi preciso uma valorização particular do vestígio enquanto tal. O que reconduziria até esse acontecimento fundador que se tornou a vida de Jesus, ou seja, a passagem de Cristo pela Terra. As categorias da presença e da ausência, do visível e do invisível se encontraram marcadas por isso de maneira decisiva. O imperador Constantino, como se sabe, mandou erigir em Jerusalém a Basílica do Santo Sepulcro em torno do túmulo vazio, no próprio lugar do vestígio da passagem, que será doravante reconhecido como o epicentro da fé cristã. Já sublinhamos a que ponto a ordem do tempo havia sido transformada por essa história, tomada entre o *já* e o *ainda não*, e em seguida de que forma o peso do *já* – do realizado, do passado, da tradição – havia aumentado à medida que a Igreja se tornava essa instituição que veio se instalar no grande corpo do Império Romano.

Mais concretamente ainda, a relação passou pelos objetos que revelavam a vida e a Paixão de Cristo. No Gólgota, a imperatriz Helena, mãe de Constantino, descobriu a verdadeira cruz. Foi também a coroa de espinhos, a pedra do túmulo, a lança, o santo sudário de Cristo que vieram finalmente para Constantinopla, a nova capital do Império. As relíquias veterotestamentárias, como o "cajado de Moisés", tinham também um lugar preciso no cerimonial das grandes festividades do calendário religioso. Novo Moisés, o imperador era herdeiro dos reis de Israel, mas se inclinava também diante da "cruz de Constantino". Gilbert Dagron, estudando com rigor essas procissões com seus "lugares de memória", desenhou os contornos dessa realeza sacerdotal[447].

São Luís soube aproveitar alguns desses elementos para a monarquia francesa: a coroa de espinhos em particular, em 1239, que mandou colocar no tesouro da igreja Sainte-Chapelle[448]. Essas insígnias de legitimação de um poder de direito divino haviam sido

---

[447] DAGRON, Gilbert. *Empereur et prêtre: étude sur le césaropapisme byzantin*. Paris: Gallimard, 1995. p. 106-109.

[448] LENIAUD. *Les archipels du passé*, p. 42. O soberano capeto se consagra como "herdeiro da coroa de Cristo".

primeiramente os signos pelos quais se reconhecia esta nova "nação" dos cristãos. Assim, instaurou-se a regra de que um altar que servia ao culto devia ser consagrado e, frequentemente, autenticado por uma relíquia. Desenvolveu-se depois, ao longo da Idade Média, o culto às relíquias dos mártires e dos santos. As pessoas vinham vê-las, tocá-las, recolher-se diante delas. Ao mesmo tempo tesouros espirituais e fontes de riquezas materiais, esses semióforos sofreram roubos, tráficos e geraram doações múltiplas e peregrinações. As relíquias corporais pertenciam tanto à Terra quanto ao Céu: no dia do Julgamento Final, os santos não deixariam de reclamá-las[449]. Vestígios do passado, demonstrando a santidade de seus proprietários, elas também pertenciam integralmente ao presente. Inseridas nos rituais da Igreja, eram incessantemente reatualizadas e suas capacidades de intercessão faziam delas objetos sempre contemporâneos, *imagines agentes* ou "lugares de memória", particularmente eficientes.

Fora do mundo cristão, o caso do Japão sempre chamou a atenção. O fato de o país ter adotado, logo após a restauração de Meiji (1868), uma legislação de proteção às obras arquiteturais e artísticas antigas permitia compreender, mais facilmente do que em outro lugar, as semelhanças e diferenças em relação ao conceito europeu de patrimônio[450]. Uma primeira diretiva de inventário de 1871 é seguida, em 1897, de uma lei sobre a preservação dos antigos santuários e templos, onde é introduzida a noção de "tesouro nacional". A palavra "tesouro" indica que o objeto extrai seu valor do pano de fundo imaterial (sua origem divina, por exemplo)[451]. Há um interesse então pelo patrimônio religioso (xintoísta) antes de tudo. Depois, em 1919, vem se somar a esse contexto a lei sobre a preservação dos sítios históricos, pitorescos e dos monumentos naturais. Enfim, a lei de 1950 sobre a proteção dos bens culturais abre um espaço, pela

---

[449] GEARY, Patrick J. *Le vol des reliques au Moyen Âge. Furta sacra*. Tradução de P.-E. Dauzat. Paris: Aubier, 1993.

[450] BOURDIER, Marc. Le mythe et l'industrie ou la protection du patrimoine culturel au Japon. *Genèses*, n. 11, 1993, p. 82-110.

[451] FIÉVÉ, Nicolas. Architecture et patrimoine au Japon: les mots du monument historique. In: DEBRAY (Dir.). *L'abus monumental*, p. 333.

primeira vez, ao "patrimônio cultural intangível". Desse conjunto legislativo e das práticas patrimoniais que ela codifica, analisaremos apenas duas particularidades.

A reconstrução periódica de alguns edifícios religiosos é prevista. O fato de que sejam edificados em madeira não explica tudo, já que a reconstrução se faz de acordo com um calendário estabelecido previamente e realizada de maneira idêntica. É o caso, em particular, do grande santuário de Ise. O templo da deusa Amaterasu, ancestral mítica da casa imperial, é na verdade reconstruído da mesma maneira, em madeira de cipreste do Japão, a cada vinte anos. Instaurado no século VII, o rito permanece até hoje (sem dúvida, com períodos de interrupção). A próxima reconstrução está prevista para 2013. O que importa antes de mais nada é a permanência da forma. O dilema ocidental "conservar ou restaurar[452]" não acontece. Por outro lado, um japonês que visita Paris ficará (mais precisamente, teria ficado outrora) tocado pelo esforço despendido para conservar os objetos e monumentos históricos do desgaste do tempo[453]. De fato, a política cultural japonesa não tinha como primeira preocupação nem a visibilidade dos objetos nem a manutenção dessa visibilidade. Ela repousava em uma outra lógica, preferencialmente a de uma atualização.

É isso que a denominação "tesouro nacional vivo" permite compreender melhor, tal como especificada na lei de 1950. Ela é, de fato, conferida a um artista ou a um artesão, não como pessoa, mas somente enquanto "detentor de um importante patrimônio cultural intangível". O título, que pode recompensar um indivíduo ou um grupo, obriga o escolhido a transmitir seu saber. Ele se beneficia, para tanto, de uma compensação. Dessa disposição original fica claro que o objeto ou sua conservação conta menos do que a inovação de um *savoir-faire*, que se transmite justamente ao se atualizar. Como o

---

[452] Este é o título de um texto do arquiteto italiano Camillo Boito, publicado em 1893, em que tenta definir uma posição intermediária entre aquela ilustrada por Viollet-le-Duc – "Restaurar um edifício, não é mantê-lo, repará-lo ou refazê-lo, é restabelecê-lo em um estado completo que pode nunca ter existido em um dado momento" (*Dictionnaire de l'architecture*) – e a de Ruskin – conservar absolutamente, até termos ruínas se for preciso; ver LENIAUD. *Les archipels du passe*, p. 186-188.

[453] OGINO, Masahiro. La logique d'actualisation: le patrimoine au Japon. *Ethnologie Française*, n. XXV, 1995, p. 57-63.

templo de madeira, a arte tradicional existe na medida em que está no presente ou dentro do presente. Disso resulta que as noções, tão centrais na constituição do patrimônio ocidental, de original, cópia ou autenticidade não existem ou não têm, em todo caso, os mesmos valores no Japão. Certamente, o passado contava, mas a ordem do tempo operava diferentemente da Europa. De um tempo que não era inicialmente linear, derivava uma outra figuração da permanência e uma outra relação com o vestígio. Trata-se aqui de um esboço rápido demais, de um mero rascunho de olhar distanciado, mas suficiente para afastar a evidência do conceito europeu de patrimônio. Podemos retomar agora alguns momentos de sua longa história, começando por um tempo anterior, quando o tempo não era nem ator nem processo e quando reinava o modelo da *historia magistra*.

Os Antigos

O fato de que a palavra patrimônio venha do latim *patrimonium*, de que os romanos tenham sido grandes amantes de antiguidades, inicialmente gregas, é suficiente para transportar ou repatriar a noção de patrimônio ao mundo antigo[454]? Monumentos, estátuas, quadros foram certamente restaurados nas pólis gregas, em Roma ou na Itália. Assim como existiram coleções e colecionadores famosos, tais como os Atálidas, em Pérgamo, ou Ático, sem esquecer o corrupto Verres, em Roma[455]. Existiu também toda uma legislação imperial sobre a proteção dos centros urbanos. Poderíamos enfim lembrar a biblioteca de Alexandria, mesmo que seu objetivo fosse mais enciclopédico do que patrimonial: reunir todos os livros gregos e bárbaros para produzir saber sobre o saber, saber melhor e mais[456].

---

[454] Yan Thomas observa que o vocabulário do direito arcaico romano não distingue claramente as pessoas e as coisas: o *patrimonium* significa o "estatuto legal do *pater*", ou seja, uma espécie de prolongamento social de sua pessoa ("*Res*, coisa e patrimônio", *Archives de philosophie du droit*, n. 25, 1980, p. 422). MOATTI, Claudia. La construction du patrimoine culturel à Rome aux Ier siècle av. et Ier siècle ap. J.-C. In: CITRONI, Mario. *Memória e identità: la cultura romana construisce la sua imagine*. Florença, 2003. p. 79-96.

[455] CHEVALLIER, Raymond. *L'Artiste, le collectionneur et le faussaire: pour une sociologie de l'art romain*. Paris: Armand Colin, 1991.

[456] JACOB, Christian. Lire pour écrire: navigations alexandrines. In: BARATIN, Marc; JACOB,

Mas o que falta é a categoria de monumento histórico, que pressupõe um distanciamento. Chega um momento em que um monumento pode ser olhado além do que era ou foi durante muito tempo: ele volta a ser visível de outra maneira, um semióforo portador justamente de "valores artísticos e históricos".

O Renascimento está associado a esse momento: "Pode-se considerar o nascimento do monumento histórico em Roma em torno de 1420"[457]. É preciso então uma mudança na ordem do tempo, marcada por um duplo movimento, que aumenta e preenche ao mesmo tempo uma distância entre o presente e o passado. Esse passado passou e está ali como fonte ou modelo. Uma tal relação com o tempo não se deu na Antiguidade. Foi isso talvez que levou Roland Mortier, autor de um estudo pioneiro sobre a poética das ruínas, a escrever que "a ruína – curiosamente inexistente para os gregos – interessa os latinos apenas como imagem material do Destino: ela não é uma presença, mas uma *ausência*, ou um *vazio*, a demonstração de uma grandeza desaparecida, a marca negativa da grandeza destruída[458]". Do ponto de vista de uma psicologia histórica, a asserção não é falsa, mesmo que seja inegável que as ruínas não estavam ausentes nem das paisagens nem dos pensamentos dos Antigos.

Tomemos somente um exemplo, o de Pausânias, autor da *Periegese da Grécia*. Com ele, temos um autor antigo, que parece o mais próximo de uma consciência patrimonial. De fato, alguém que, no século II, se dispôs a fazer um *tour* pelos lugares da memória grega. Os modernos também o viram frequentemente como um antiquário, ocupado em redigir o primeiro guia de viagem Baedeker, dizia-se então, ou *Guide bleu*, guia cultural da Grécia. Seu livro é, de fato, um percurso dos lugares ou locais significativos da história e da memória gregas. Em um dado momento, ele não hesita, inclusive, em atacar

---

Christian. *Le pouvoir des bibliothèques*. Paris: Albin Michel, 1996. p. 47-56.

[457] No dia seguinte ao retorno do papado a Roma. CHOAY. *L'Allégorie du patrimoine*, p. 25. Sobre Roma e o tempo, ontem e hoje, ver MOATTI, Claudia. *Roma*. Arles: Actes Sud, 1997.

[458] MORTIER, Roland. *La poétique des ruines en France: ses origines, ses variations de la Renaissance à Victor Hugo*. Genève: Droz, 1974. p. 15-16, e os comentários de SCHNAPP, Alain. Vestiges, monuments, ruines: l'Orient face à l'Occident. In: BANSAT-BOUDON, Lyne; SCHEID, John (Org.). *Le disciple et ses maîtres*. Paris: Seuil, 2002. (Le Genre Humain, 37). p. 173-174.

os gregos, sempre prontos a admirar nos outros as maravilhas que não conseguem ver na sua própria terra. Louvam as pirâmides do Egito, diz ele, mas esquecem o Tesouro do rei Minos ou as muralhas de Tirinto, que são, no entanto, igualmente maravilhosos[459]. Fazendo efetivamente memória dos lugares, Pausânias parece seguir as pegadas de uma identidade grega há muito esquecida, perdida. Porém ele está, na verdade, constituindo-a pelo próprio movimento de seu itinerário, ele que tem a intenção de "prosseguir sua narrativa, percorrendo paralelamente todas as coisas gregas[460]". É sua maneira de retomar o programa inicial de Heródoto, em um tempo em que não se realizam mais *erga* (grandes feitos) que mereçam ser preservados do esquecimento, mas em que subsistem somente ruínas (justamente) de outrora. Roma já vem reinando há mais de três séculos.

No entanto, não se deveria de modo algum imaginá-lo, tal um predecessor distante de Prosper Merimée, como um fiscal dos Monumentos históricos em turnê[461]. Para ele, grego originário da Ásia, não se trata absolutamente, ao longo de seus dez livros que começam por Atenas e terminam por Delfos, de inventariar ou classificar, muito menos de convidar a salvaguardar. Há muito tempo, o Orcomênio do rei Minos e a cidade de Tirinto são ruínas devastadas e, para dizer a verdade, sem a ciência e as palavras do viajante, elas seriam apenas o que são: alguns pedaços de muros desmoronados. Ele escolhe frequentemente descrever como se ainda estivesse de pé o que o visitante já não pode ver há muito tal como era. E ainda, não se sente obrigado a descrever tudo o que um viajante poderia ver, já que ignora deliberadamente os prédios posteriores aos anos 150 a.C.: o período helenístico quase não existe. De modo que, em sua obra, há mais coisas sabidas (pelo escrito e pelo oral) do que coisas efetivamente vistas. Não se trata de restaurar ou pregar

---

[459] Pausânias, 9, 36, 5.

[460] Pausânias, 1, 26, 4; ver HARTOG. *Mémoire d'Ulysse*, p. 151-158.

[461] Guizot cria o cargo de inspetor dos Monumentos históricos, primeiramente confiados a Ludovic Vitet, e que Prosper Merimée ocupou a partir de 1834. O inspetor é aquele que "classifica" os monumentos como "históricos".

a restauração dos templos da Grécia; esta simplesmente jamais foi a questão[462]. Seu livro deve bastar.

Neste ponto, voltemo-nos àquele que se tornou, em torno de 1980, uma das figuras tutelares das reflexões sobre os monumentos e patrimônio: Alois Riegl. Ele havia proposto, em 1903, uma classificação dos monumentos em função do que chamava de "valor de rememoração". Como presidente da comissão dos Monumentos históricos em Viena, havia sido encarregado de conceber uma nova lei sobre a conservação dos monumentos. Seu ponto de partida não era, de modo algum, a Antiguidade ou o Renascimento, mas o presente e o que denominava "seu culto moderno aos monumentos". Como compreendê-lo e enfrentar isso? De acordo com ele, os monumentos podem ser distribuídos em três classes, em função de três valores de rememoração. Primeiramente, os monumentos "intencionais", todos aqueles construídos pela Antiguidade e pela Idade Média. Foi na época do Renascimento que surgiu o monumento "histórico", do qual já falamos: "Voltou-se a apreciar então", observava Riegl, "os monumentos da Antiguidade, mas por seu valor artístico e histórico". Enfim, continuava ele, se o século XIX apostou tudo no valor histórico, "o século XX parece dever ser o do valor da ancianidade"[463]. Nessa categoria dos monumentos antigos, entram também "todas as criações do homem, independentemente de sua significação ou de sua destinação original, desde que elas mostrem evidentemente ter sofrido a experiência do tempo"[464]. Encontram-se

---

[462] Sobre Pausânias, ver ALCOCK, Susan; CHERRY, John; ELSNER, Jas (Ed.). *Pausanias, travel and memory in Roman Greece*. Oxford: Oxford University Press, 2001.

[463] *Ancianidade* é o termo que tem sido utilizado para a tradução de "ancienneté", por sua vez tradução francesa para o conceito (e neologismo) de Aloïs Riegl (*Der Alterswert*: valor de ancianidade) para se referir a um valor de rememoração que difere do valor histórico e que só surge na segunda metade do século XIX. Para uma melhor compreensão do significado do conceito de Riegl, ver: RIEGL, Aloïs. *Le culte moderne des monuments: son essence et as genèse*. p. 56-57; CHOAY, Françoise. *A alegoria do patrimônio*. Tradução de Luciano Vieira Machado. São Paulo: Estação Liberdade; Editora UNESP, 2001; p.168-169. (N.E.)

[464] RIEGL. *Le culte moderne des monuments, son essence et sa genèse*, p. 56, 49 e 47. O livro foi redescoberto nesses anos. Sobre Riegl, ver as observações de FABRE, Daniel. Ancienneté, altérité, autochtonie. In: *Domestiquer l'histoire*, p. 196-204; ANTOINE, Jean-Philippe. *Six rhapsodies froides sur le lieu, l'image et le souvenir*. Paris: Desclée de Brouwer, 2002. p. 258-289 (sobre A. Riegl).

assim ligados o antigo e o moderno: o valor de ancianidade como que acompanhando a modernidade, senão reclamado por ela.

Munidos dessas precisões úteis, que têm elas próprias sua história, voltemos mais uma vez à Antiguidade. Conserva-se, restaura-se, coleciona-se, sem dúvida, mas o que significam tais práticas, enquanto o próprio monumento artístico e histórico (no sentido de Riegl) não acontece? Tentemos ir um pouco mais longe a partir de um exemplo que traz Augusto. Em suas *Res Gestae*, obra curta redigida em sua glória e destinada à prosperidade, ele escreve na primeira pessoa *feci*, "eu fiz", "eu construí" (e segue uma lista de templos e monumentos) e, logo depois, *refeci*, "eu refiz, restaurei, reconstruí" (nada menos do que oitenta e dois templos só em Roma). O mesmo *refeci* vale igualmente, aliás, para evocar a restauração da Via Flamínia ou a de várias pontes[465]. Quanto ao *feci*, que deveria designar novas construções, constata-se não ser necessariamente isso. Assim, o templo de Júpiter Feretriano, supostamente "construído" por Augusto no Capitólio, é na verdade um dos prédios mais antigos, que a tradição data da época de Rômulo. Trata-se, portanto de uma restauração[466]. Do ponto de vista do modo de exercício do poder e do benefício almejado, parece não haver diferença notável entre as duas práticas: o *refeci* vale tanto quanto o *feci*, ou até mais para aquele que ambicionava se apresentar como um novo fundador de Roma: seu *restitutor*.

Da mesma forma, Vespasiano, conta Suetônio, começa a *restitutio* do Capitólio, devastado por um incêndio: ele o restaura portanto. Todavia, ele mandou, ao mesmo tempo, "restituir" três mil barras de bronze (dos arquivos, na verdade), que haviam fundido no mesmo incêndio[467]. Como restaurá-las se haviam desaparecido? Evidentemente, servindo-se de cópias que se encontravam em outro lugar. Assim, desta vez, a *restitutio* não significava uma "restauração", mas uma refeitura, uma nova fabricação na verdade, a partir de uma cópia guardada fora dali. Restaurar, restituir, reconstruir, refazer como

---

[465] *Res Gestae Divi Augusti*, 20, 1-5 (Edição de Jean Gagé. Paris: Les Belles Lettres, 1977).

[466] SABLAYROLLES, Roland. Espace urbain et propagande politique: l'organisation du centre de Rome par Auguste (*Res Gestae*, 19 a 21). *Pallas*, n. 28, 1981, p. 61 e 68.

[467] SUÉTONE. *Vie de Vespasien*, 8.

novo, esse é o campo da refeitura ou da *restitutio*. No Renascimento, os humanistas invocarão uma *restitutio* de Roma e de sua glória, jogando com todos os sentidos da palavra.

Restaurar um monumento era, dessa forma, restituí-lo como monumento "intencional". Um poder reafirma a intenção que havia presidido à sua edificação, responsabilizando-se por ela. Ele inscreve ali sua própria legitimidade e torna assim manifesto, em particular, um retorno à ordem. Tratando-se de Roma, ele reafirma solenemente a eternidade da *Urbs* e a validade do contrato que a liga a seus deuses. A restauração, nesse sentido, faz parte do destino do monumento intencional. Com Augusto se desenvolveu a lógica do *novus ordo saeclorum* e da refundação, ele que é, em todos as áreas – inclusive na paisagem urbana –, o *restitutor* (restaurador) da tradição[468].

Como o tempo dos Antigos era "inércia e não evolução criadora", citando Paul Veyne – passando por Bergson[469] –, construir queria dizer construir para hoje, mas também para sempre. Enquanto no presente (o nosso), tende-se a construir para hoje, e somente para ele. Os prédios duram pouco. Sabe-se disso, mesmo fingindo surpresa. Daqui a trinta anos, observa um historiador da arquitetura, "eles não existirão mais. [...] Não poderemos nem mesmo nos permitir mantê-los, porque é preciso reconstruí-los continuamente[470]". De modo idêntico ou renovando-os inteiramente. Uma maneira de inovar é jogar com o paradoxo da duração e do efêmero, transformando um monumento em evento. Como Christo fez frequentemente, com suas embalagens. Reduzido à sua invisibilidade comum e à monotonia do tempo histórico, o monumento "embalado" ganha novamente uma visibilidade e uma brilhante atualidade, mas por pouco tempo.

Quanto à preocupação de preservar o aspecto dos prédios e das cidades, pode-se percebê-lo, datá-lo, por exemplo? Conhece-se com certeza o *senatus-consultos* imperial do século I, que visava proteger os centros urbanos, mas seu objetivo, segundo os especialistas, era,

---

[468] MOATTI, Claudia. *La raison de Rome: naissance de l'esprit critique à la fin de la République*. Paris: Seuil, 1997. p. 150-151.

[469] VEYNE, Paul. *Le pain et le cirque*. Paris: Seuil, 1976. p. 643.

[470] LOYER, François. Les échelles de la monumentalité. In: DEBRAY (Dir.). *L'abus monumental*, p. 187.

acima de tudo, impedir ou controlar a especulação[471]. Yan Thomas dedicou um notável estudo aos ornamentos urbanos do ponto de vista jurídico, no qual mostra que o *ornatus* (os mármores, as colunas) era considerado em bloco, como que formando uma unidade não com um ou outro monumento, mas com a Cidade, e como tal, provinha do poder do príncipe[472]. Assim, encontramos, do século I ao IV, toda uma legislação atenta ao aspecto, à forma, à aparência dos prédios e, por meio deles, ao espetáculo das cidades que os desmantelamentos, as demolições e as ruínas ameaçam. Porém, e isso é evidentemente o importante para nós, "essas degradações eram menos combatidas por sua própria feiúra do que pelos sinais que davam da incúria do poder, dos desastres das guerras civis e da impotência em assegurar a eternidade do tempo: as negligências ou as violências feitas aos prédios asseguravam o triunfo de uma velhice (*vetustas*) diretamente contrária à eternidade de Roma, da Itália, do Império[473]". Normalmente, "utilizar *spolia*, dar novamente vida aos mármores era um atributo da Sua majestade o príncipe".

Desse modo, "os imperadores do Oriente conservaram por algum tempo ainda a jurisdição sobre os mármores de Roma, governada no entanto por seu bispo". Depois o movimento passou de centrífugo a centrípeto: não são mais os despojos que convergem em direção a Roma, para se aglomerar "em uma universalidade corporal", mas, pelo contrário, tudo o que "arrancado dela, vai constituir a substância romana do mundo cristão"[474]. Com o consentimento do papa, Carlos Magno mandou levar os mosaicos e os ornamentos dos palácios imperiais de Ravena e de Roma para a cidade de Aix-la-Chapelle.

No século V, na Itália ostrogótica, Cassiodoro, senador romano, conta que Teodorico, o rei dos ostrogodos, preocupava-se com a manutenção do palácio cuja beleza era ameaçada pela "velhice que se avizinhava". Assim, ele compreendia que se mantivesse "em seu

---

[471] *Sénatus-consulto* proclamado em 44-56 d.C., citado por SCHNAPP, Alain. *La conquête du passé: aux origines de l'archéologie.* Paris: Carré, 1993. p. 334.

[472] THOMAS, Yan. Les ornements, la cité, le patrimoine. In: *Images romaines.* Paris: Presses de l'École Normale, 2001. p. 263-283.

[473] THOMAS. Les ornements, la cité, le patrimoine, p. 275.

[474] THOMAS. Les ornements, la cité, le patrimoine, p. 283.

primeiro esplendor os monumentos antigos", fazendo construir ao mesmo tempo novos a partir do modelo dos antigos"[475]. No entanto, quanto ao resto, sua chancelaria continuava controlando a reutilização dos blocos de mármore, colunas e outros materiais preciosos[476]. Em 608, o papa Bonifácio IV autoriza (recebera, por sua vez, autorização do imperador bizantino, Focas) a reutilização de templos pagãos, em particular do Panteão convertido em igreja consagrada à Virgem. Continua-se ainda, por um lado, na lógica dos despojos. A reutilização é primeiramente o sinal evidente do triunfo da nova religião.

Ainda em Roma, a coluna Trajano é um exemplo surpreendente. Como era percebida pelos romanos? Tem-se notícia de um édito de 1162 que prevê sua proteção com a justificativa de que "Queremos que ela permaneça intacta enquanto o mundo durar". Se Roma não está mais certa de sua eternidade, ela bem que queria durar tanto quanto o mundo! Evidentemente, a coluna não pode mais ser tida como o monumento intencional de uma Roma triunfante, mas é identificada como algo diferente: um emblema de Roma e um símbolo patriótico. Nesse sentido, ela é Roma no presente, sem que aumente mais a distância que permite vê-la como um monumento histórico. Esses poucos exemplos bastam para indicar um estado compósito, intermediário, feito de diversas montagens. Se o monumento intencional não é mais simplesmente aceito, o monumento histórico ainda não é, seguramente, uma categoria disponível.

Do lado francês, a primeira decisão de conservação é ainda atribuída a Francisco I que, durante uma visita à cidade de Nîmes em 1533, ordena a demolição dos prédios que cercavam o templo romano conhecido como Maison Carrée para liberá-lo. No entanto, a execução não ocorreu[477]! Em Paris, o mesmo Francisco I não hesitou inclusive em ordenar a demolição da "grande torre do Louvre", ou seja, o torreão de Filipe Augusto, cujas fundações o Grande Louvre de hoje valorizou. Ainda em 1788, Luís XVI assinava sem

---

[475] SCHNAPP. *La conquête du passé*, p. 334.

[476] THOMAS. Les ornements, la cité, le patrimoine, p. 282.

[477] LENIAUD. *Les archipels du passé*, p. 69.

muita preocupação um édito que prescrevia a demolição ou venda dos castelos La Muette e de Madri no Bois de Boulogne, de Vincennes e de Blois. Os bens da coroa são teoricamente inalienáveis, mas a necessidade de dinheiro justifica. Os dois primeiros foram demolidos, a Revolução salvou os outros dois[478].

Em francês, o primeiro uso da expressão "monumento histórico" – para designar um prédio – é atribuído a Louis Aubin Millin: em 1790[479]. Só em 1790?, poderíamos retrucar. Deveríamos concluir disso que não houve monumento histórico, aceito plenamente como tal, antes dessa data na França? Seria provavelmente excessivo, mas acrescentemos essa precisão: o primeiro monumento histórico descrito por Millin era a Bastilha, que estava sendo demolida; histórico e em vias de desaparecimento. A própria razão de seu *Recueil* era inventariar o conjunto de edifícios e de objetos que, de repente transformados em bens nacionais, haviam mudado completamente de *status* e de modo de visibilidade. Por esse gesto, ele contribuía para fazer deles semióforos de um novo tipo.

Roma

Voltemos mais uma vez a Roma e passemos, graças a Cícero que evoca o sábio Varrão, primeiramente da *Urbs* do final da República romana à do *Quattrocento*, antes de visitar rapidamente aquela que Winckelmann desejou conhecer por muito tempo.

Cícero traçou o inesquecível retrato de Varrão, o santo patrono dos antiquários, autor de uma obra imensa, em sua maioria desaparecida, como os quarenta e três volumes de *Antiquitates rerum humanarum et divinarum*: "Nós vagávamos por nossa cidade como estrangeiros", escreve ele, "visitantes de passagem; teus livros nos fizeram, de alguma maneira, penetrar na casa, graças a eles descobrimos quem éramos e

---

[478] BABELON; CHASTEL. La notion du patrimoine, p. 13, e observações de LENIAUD. *Les archipels du passé*, p. 67.

[479] MILLIN, Louis Aubin. *Antiquités nationales ou recueil de Monuments pour servir à l'histoire générale et particulière de l'Empire français, tels que tombeaux, inscriptions, statues, vitraux, fresques... titrés des Abbayes, Monastères, Châteaux et d'autres lieux devenus Domaines nationaux*. Paris, 1790. Ver BERCÉ, Françoise. La conservation des monuments, une mesure d'exception. In: DEBRAY (Dir.). *L'abus monumental*, p. 169.

onde vivíamos. Tu nos revelaste a idade de nossa pátria, os períodos sucessivos de seu desenvolvimento, as regras aplicáveis às cerimônias religiosas e aos sacerdócios, as instituições civis e militares, quer se tratasse das instalações dos homens, de sua localização, de sua situação na pólis, de todos os elementos de que se compõem a vida humana e o culto aos deuses, foste tu quem nos ensinou (*aperuisti*) os termos empregados, as funções destinadas, os motivos invocados[480]". O antiquário está no papel daquele que abre os olhos: ele mostra o que não se via, permite compreender os gestos realizados e as palavras pronunciadas sem realmente conhecê-las. Se ele observa o passado e "resgata a lembrança" (*commemorat*), traz, porém, conhecimentos úteis para agir na Roma de hoje. Enquanto a República está em crise e sua *aeternitas* está ameaçada, não se trata de forma alguma de propor um percurso nostálgico em uma Roma de outrora, esquecida ou desaparecida. A urgência é um presente que esquece, porque em crise.

Como na Roma do Renascimento se articularam o passado e o presente, enquanto emergia esse novo valor de rememoração dos monumentos e dos sítios do qual Riegl partiu para fazer sua classificação? Qual vai ser o estatuto de todos esses monumentos arruinados, mas também de todos esses textos que se leem e se editam com paixão[481]? Será o momento do triunfo completo da *historia magistra* pela reativação dos modelos antigos? Se a resposta for positiva, ele implica uma visão e um uso passadistas da *historia magistra*?

Comecemos, na primavera de 1337, com Petrarca. Mesmo já tendo relatado com emoção sua primeira descoberta de Roma (maior do que ele pensava), ele escreve a seu correspondente, o dominicano Giovanni Colonna, uma longa carta. Sob pretexto de lembrar-lhe os passeios que faziam na cidade, oferece-lhe uma longa descrição da Roma antiga, em meio a uma meditação sobre sabedoria pagã e sabedoria cristã. O percurso começa com o palácio de Evandro, antes de atravessar toda a história, até a gruta onde Constantino supostamente se curou de lepra, sem esquecer o lugar onde Pedro

---

[480] CÍCERON, *Académiques*, 1, 3, 9. Ver MOATTI. *La raison de Rome*, p. 121 ss.

[481] WEISS, Renaldo. *The Renaissance discovery of Classical Antiquity*. Oxford: Blackwell, 1969.

foi crucificado e Paulo, decapitado. Encontra-se aí toda a matéria de um *De viris illustribus* e de uma gesta da Igreja primitiva[482].

Assim como Varrão, Petrarca queria então mostrar aos romanos a sua cidade que eles não sabiam mais ver. Só que há um detalhe, a carta foi redigida não nos próprios lugares, mas depois, em seu gabinete de trabalho (mesmo que datada "em viagem"). A evocação, sobretudo literária, fundamenta-se "em particular nos textos de Tito Lívio, Floro, Suetônio, escritores da *História Augusta*, e de Plínio, o Velho[483]". Esse passeio histórico é antes de tudo textual. Do ponto de vista da experiência do tempo, Petrarca faz, ao longo da carta, uma distinção, que se tornou famosa, entre dois tempos: "Falávamos muito de história (*historiis*)", diz ele, "[...] tu parecias versado na história nova (*in novis*), e eu na antiga (*in antiquis*)". E acrescenta: "Antigos são chamados todos os fatos que aconteceram antes que o nome de Cristo fosse conhecido e venerado pelos imperadores romanos, e novos aqueles que se deram dessa época até a nossa"[484]. A história "nova" que começou com Constantino ainda permanece.

Além disso, essa lista de nomes famosos, nomes próprios e nomes de lugares não leva a uma meditação sobre as ruínas, mas, pelo contrário, leva a uma moral para uso direto no presente. Petrarca insiste de fato com seu correspondente sobre a ignorância dos romanos de hoje: "Eu não lamento apenas a ignorância [sempre condenável], mas a fuga e o exílio de numerosas virtudes. Quem pode, efetivamente, duvidar de que Roma se ergueria de imediato se começasse a se conhecer?[485]" Aparece aí uma primeira formulação do grande tema, abundantemente declinado em seguida pelo humanismo, da *renovatio* (restauração) de Roma. Conhecê-la já seria restabelecê-la, restaurá-la logo em seu *imperium* e acabar com a falsa doutrina da *translatio*, da transferência do Império, e depois dos Estudos fora da

---

[482] MORTIER. *La poétique des ruines en France*, p. 30.

[483] PÉTRARQUE. *Letttres familières, IV-VII*. Tradução de A. Longpré. Paris: Les Belles Lettres, 2002. nota, p. 473.

[484] PÉTRARQUE. *Letttres familières, IV-VII*, 6, 2, p. 252.

[485] PÉTRARQUE. *Letttres familières, IV-VII*, p. 250. Convite ao passeio, ou seja, à leitura, mas também à reformulação de si, a descrição também é enquadrada por reflexões filosóficas e religiosas, em que Cristo aparece em "cidadela da verdade". Não se trata evidentemente de abandonar essa cidadela.

Itália. É o início dessas trocas entre a filologia e a realidade, entre as palavras e as coisas: reencontrar a pureza do latim será (como que) restabelecer Roma.

Como editor de textos, Lorenzo Valla se consagrará, um século mais tarde, campeão da assimilação entre o latim e Roma. Para ele, a língua é a própria realidade: "Se Roma como império desapareceu, Roma como latim vive ainda[486]". Desse modo, restaurar o latim em sua excelência clássica equivale a *refundar* Roma. Tal é, para ele, o horizonte da *renovatio*. Tito Lívio, em particular, iguala a glória do Império: ele *é* Roma. Restituir seu texto é, portanto, como escreveu Valla, uma ação de *restitutio in patriam*, "uma restauração da (em direção à) pátria", e uma negação da *translatio* do Império ou das Letras[487]. O humanista luta para que Roma esteja novamente em Roma. Valla deseja ardentemente, em particular, que um novo Camilo venha salvar a pátria e livrá-la da opressão gaulesa (francesa). Filologia, polêmica, política e preocupação com o presente se encontram então estreitamente imbricadas.

Em 1448, ainda em Roma, Poggio Bracciolini publica *De Fortunae Varietate,* no qual faz uma longa descrição das ruínas da Cidade. Personagem notável e múltiplo, Bracciolini, que ocupou funções importantes na Cúria romana junto a diversos papas, foi epigrafista – justamente em Roma –, caçador de manuscritos, tradutor, atento à edição dos textos. Naqueles mesmos anos, Flavio Biondo, Ciríaco de Ancona, Leon Battista Alberti, Lorenzo Valla também estavam em Roma, onde existe doravante todo um ambiente erudito. A ignorância deplorada por Petrarca não parece mais usual portanto, como tampouco o seria uma evocação sobretudo literária da Cidade Antiga. A descrição do Poggio Bracciolini é saudada pelos arqueólogos modernos como "decisiva para o nascimento de uma arqueologia

---

[486] LIGOTA, C. R. From Philology to History: ancient Historiography between Humanism and Enlightenment. In: *Ancient History and the antiquarian.* London: The Warburg Institute, 1995. p. 108.

[487] LIGOTA. From Philology to History. Ver RICO, Francisco. *Le rêve de l'humanisme: de Pétrarque à Érasme.* Tradução de J. Tellez, Paris: Les Belles Lettres, 2002: p. 41.

científica[488]". Qual é, portanto, o estatuto das ruínas descritas por Bracciolini? Elas são o indício de que relação com o tempo?

Apresentando-se sob a forma de um diálogo, o texto do tratado está organizado em duas partes. A descrição das ruínas é seguida por uma meditação sobre a fortuna, construída a partir de vários autores antigos. Do alto do Capitólio, Bracciolini e seu amigo Antonio Loschi descobrem primeiramente a cidade que "jaz como um imenso cadáver decomposto e ruído por toda parte". Em seguida, vem a identificação dos restos do cadáver. Bracciolini, que lembra então seus esforços para recolher inscrições e identificar diferentes edifícios, desfia uma longa lista de monumentos. Essa descrição nada tem a ver com o *digest* histórico e abstrato de Petrarca. Caminhamos verdadeiramente na cidade em companhia dele, que pontua sua caminhada por "eu vi", "eu li [em uma inscrição]", "eu constatei".

Porém, o tratado não para por aí: ele não é apenas uma descrição. Mais exatamente, o passeio toma sentido em relação ao tema central da inconstância do destino. As ruínas surgem em sua grandeza e sua miséria para dar provas justamente da injustiça da fortuna. Elas estão ali, portanto, ao mesmo tempo pelo que são (monumentos que tentamos identificar com a maior precisão possível) e como a grandiosa ilustração de um tema que, este é o último ponto, não vale só pelo passado. Não se está num espírito de lamúria.

O diálogo acaba de fato numa reviravolta cuidadosamente conduzida. As intrigas contemporâneas da fortuna não são inferiores nem em importância nem em repercussão às do passado; o que faltou e falta ainda são os escritores capazes de reverberá-las, mas doravante a situação poderia mudar: "Eu não sou homem", esclarece vigorosamente Poggio Bracciolini, "de esquecer o presente pela lembrança do passado, apegado à antiguidade, totalmente atento somente a ela a ponto de desprezar os homens de nosso tempo e julgar que nada foi feito que fosse comparável às épocas anteriores ou que pudesse permitir o brilho do talento do historiador[489]".

---

[488] COARELLI, Philippe, em LE POGGE. *Les ruines de Rome, De varietate fortunae.* Livro 1. Tradução de J.-Y. Boriaud. Paris: Les Belles Lettres, 1999. p. XLVI.

[489] LE POGGE. *Les ruines de Rome,* 14, 20-25, p. 70.

Se, de uma descrição de Roma à outra, de um século ao seguinte, diferenças claras aparecem, a preocupação do presente, no entanto, permanece igualmente forte.

Presente em Roma ao mesmo tempo em que Poggio Bracciolini, Flavio Biondo se lança, justamente tendo como referência e modelo as *Antiquitates rerum humanarum et divinarum* de Varrão, em seus grandes trabalhos de descrição dos monumentos dessa cidade. Com os três volumes de *Roma instaurata*, publicados em 1447, pretende participar, à sua maneira, da grande obra de *renovatio* da Cidade iniciada por Eugênio IV. Ele também defende a Roma contemporânea, cuja glória e majestade estão ligadas à sede de São Pedro. Dedicando-se à topografia antiga, aos nomes dos monumentos, mostrando em sua precisão esse grande *modelo* que fora Roma, ambiciona acompanhar as restaurações materiais desejadas pelo papa. Apresentando esse "espelho" de Roma, ele age também pelo presente[490]. Da mesma forma, em vista das restaurações projetadas por Nicolau V, Leon Battista Alberti desenvolve um método de levantamento cartográfico dos monumentos, o que permite colocá-los em um plano orientado e de acordo com uma escala preestabelecida. De sua *Descriptio urbis Romae* obtém-se uma lição de arquitetura: "O canteiro romano é lido ali como uma lição de construção, além de uma introdução ao problema da beleza [...] no qual os arquitetos do *Quattrocento* vão poder vir formar-se a partir de seus vestígios[491]".

A compreensão de um "valor artístico e histórico" dos monumentos só se tornaria então realmente manifesta com as súmulas papais estipulando medidas de proteção? Quando, em 1534, Paulo III toma as primeiras medidas? No entanto, Yan Thomas nos mostrou a que ponto o *ornatus* havia sido outrora discutido pelos imperadores. A isso também os papas dão continuidade. Além do mais, afirmar uma preocupação de conservação não basta evidentemente para impedir as espoliações nem mesmo as reutilizações de materiais: a multiplicação das súmulas papais é aliás um indicativo disso. As

---

[490] RIEGL. *Le culte moderne des monuments*, p. 12-13 e 59-53; SCHNAPP. *La conquête du passé*, p. 122; FORERO-MENDOZA, Sabine. *Le temps des ruines: le goût des ruines et les formes de la conscience historique à la Renaissance*. Seyssel: Champ Vallon, 2002. p. 68-70.

[491] CHOAY. *L'Allégorie du patrimoine*, p. 41.

antiguidades são, em todos os sentidos da palavra, um recurso de Roma, que vive delas e sobre elas. Assim, o papa Nicolau V, que se pretendia, no entanto, o restaurador da Cidade antiga, não hesitou em utilizar o Fórum, o Coliseu, o Circus Maximus como pedreiras de travertino. Da mesma forma, Pio II publica uma bula contra essas práticas, extraindo ao mesmo tempo da Vila Adriana os materiais de construção necessários para seus próprios palácios. É significativo que o responsável pelas antiguidades no Vaticano tenha recebido o título, dado por uma bula de 1573, de "comissário dos tesouros, das outras antiguidades e das minas". Colocando no mesmo plano tesouros, antiguidades e minas, "a administração pontifícia revela [...] que o domínio das antiguidades é um instrumento de poder[492]".

A preocupação com a proteção coincide também com o momento da fundação dos primeiros museus. Em torno de 1470, o papa Sisto IV oferece "ao povo romano" uma coleção de bronzes antigos para que sejam expostos no Capitólio. Pouco tempo depois, seu sobrinho Júlio II cria um museu rival, mas no Vaticano: a coleção do Belvedere[493]. Um século mais tarde, será a Galeria dos Ofícios em Florença, na qual coexistem obras antigas e obras modernas[494]. A justaposição das duas é evidentemente uma indicação significativa. Mesmo que o passado não esteja separado do presente, o museu não deixa instaurar um novo regime de visibilidade dos objetos.

Em 1515, Leão X confia a Rafael a responsabilidade de elaborar um plano completo de Roma. Retomando, após Poggio Braccioli-ni, o tema do cadáver de Roma, Rafael se apresenta como "vendo, digamos assim, com grande pesar o cadáver dessa nobre pátria que foi a rainha do mundo assim miseravelmente dilacerado". Encarregado das Antiguidades romanas, ele marca, no entanto, uma clara distinção entre os edifícios "antigos e muito antigos, que duraram até o momento da ruína de Roma", e aqueles construídos em seguida sob a ação "dos godos e outros bárbaros"; os primeiros devem ser

---

[492] SCHNAPP. *La conquête du passé*, p. 125.

[493] HASKELL, Francis; PENNY, Nicholas. *Pour l'amour de l'antique: la statuaire gréco-romaine et le goût européen, 1500-1900*. Tradução de François Lissarague. Paris: Hachette, 1988. p. 23.

[494] POMIAN. Musée et patrimoine. In: JEUDY, Henri-Pierre. *Patrimoines en folie*. Paris: Maison des Sciences de L'Homme, 1990. p. 186.

preservados, os outros não. A percepção de um corte se faz necessária: com um antes (valorizado) e um depois (sem valor). Porém, conservar o antigo não implica de forma alguma que se proíba tocar neles. Pode-se conservar, recolhendo as inscrições, mas nada impede que se recolha no Coliseu e nas Termas de Diocleciano seu revestimento de travertino, justamente para construir a nova basílica São Pedro, que nasce, aliás, das ruínas da antiga basílica de Constantino[495].

Montaigne, por fim, pode ser nosso último andarilho do Renascimento. Ele fica em Roma por alguns meses, entre novembro de 1580 e abril de 1581, e parte com o título de "cidadão romano". Os *Ensaios* lembram a força de sua ligação com a Cidade e sua familiaridade de sempre com os romanos de antigamente: "Eu conhecia o Capitólio e sua planta antes de conhecer o Louvre, e o Tibre antes do Sena[496]." Desse modo, ver os mesmos lugares "que nós sabemos terem sido assombrados por pessoas das quais a memória está em recomendação nos emociona ainda mais do que ouvir a narrativa de seus feitos ou ler seus escritos[497]". Montaigne sabe ser sensível à memória dos lugares. Contudo, estabelece imediatamente uma ligação com o presente. Seria de fato ingratidão desprezar "as relíquias e imagens de tantos honestos homens e tão valorosos", que nos dão "tantas boas instruções através de seus exemplos, caso saibamos segui-las". Por meio do exemplo a ser seguido, a "relíquia" toma sentido então no e para o presente. Nisso ele repete a lição de Cícero e faz seu o modelo da *historia magistra*.

O *Diário de viagem* nos mostra, de fato, um Montaigne turista insaciável, que se torna rapidamente mais sábio do que seu guia: "Em poucos dias, ele guiara facilmente seu guia", comenta seu secretário admirativo. Da cidade antiga, dizia "que não se via nada além do céu sob o qual ela havia sido construída e a superfície de seu abrigo [...] que aqueles que diziam que se viam pelo menos as ruínas de Roma diziam demais; pois as ruínas de uma tão terrível

---

[495] CHOAY. Prefácio para RIEGL. *Le culte moderne des monuments*, p. 13.

[496] MONTAIGNE. *Essais*, III, 9, p. 440 (da edição Garnier).

[497] MONTAIGNE. *Essais*, III, 9, p. 441.

máquina trariam mais honra e reverência à sua memória; eram apenas seu sepulcro"[498]. Isolada, essa frase poderia levar a crer que Montaigne tinha perdido o interesse pelas ruínas. Na verdade, é bem o contrário. Sepulcro, e nem mesmo ruínas de Roma, pois o mundo, "inimigo de sua longa dominação", se obstinou sobre esse corpo e, após tê-lo destruído, "havia soterrado a própria ruína". O que ainda se percebe não é portanto nada em comparação com o que está soterrado.Ver a Cidade como sepulcro é, na realidade, uma maneira de homenagear sua grandeza passada e uma variação sobre o tema da injustiça da fortuna, já desenvolvido anteriormente por Poggio Bracciolini.

De Petrarca a Montaigne, as ruínas de Roma assumem então mais e mais importância, sua grandeza permanece, mas elas também são cada vez mais ruínas. Petrarca as via ainda através de Virgílio e Tito Lívio, Montaigne percebia só um sepulcro. De um lado, elas se distanciam e se desencantam; elas requerem, mais e mais, como a execução dos procedimentos eruditos, como a epigrafia, para que possam falar. Por outro lado, elas se encontram presas, como todo passado antigo, em uma relação estreita com o presente. É nesse ponto que a força do exemplo intervém. O humanismo se organiza, de fato, em torno do paradoxo "de um fervor de esperança dirigido ao passado", retomando a fórmula surpreendente de Alphonse Dupront, ou "de uma visão de um mundo novo reconstruído sobre uma palavra antiga", citando agora Francisco Rico[499]. A audácia do Renascimento "precisava de um exemplo, e ele não podia ser outro [...] que não toda a realidade, literariamente conhecida, de um mundo antigo reluzente de glória e se bastando antes que o cristianismo nascesse[500]". A audácia consistia em eleger esse passado. Daí, uma "ordem de reverência", que era também uma ordem do tempo. O passado antigo passou *e* seu exemplo cria autoridade.

---

[498] MONTAIGNE. *Journal de voyage*. Paris: PUF, 1992. p. 111.

[499] RICO. *Le rêve de l'humanisme*, p. 19.

[500] DUPRONT, Alphonse. *Genèse des temps modernes*. Paris: Gallimard; Seuil, 2001. p. 49. (Hautes Études).

Vai-se então do passado ao presente, de acordo com o esquema da *historia magistra*. Porém, ao mesmo tempo, sob o efeito da ruptura de continuidade proclamada com o que se torna a Idade Média, esse passado antigo se dá também como um presente "disponível", com o qual nos sentimos "em pé de igualdade". Ou ainda, ele é "uma maneira do eterno ao alcance de si". Esse é exatamente o sentido da *renovatio*, palavra de ordem e fórmula de união dos humanistas: é uma lembrança e um recomeço. Certamente, essa filosofia do "retorno" era uma filosofia do tempo, desde que se acrescente imediatamente, ainda com Dupront, que era uma "certeza do tempo, uma plenitude do presente". Os homens do Renascimento "não atingirão a filosofia moderna do progresso: esta exige um tempo aberto: o deles cessa neles mesmos. [...] Esse sentimento de um tempo que só eles preenchem exprime sua melhor dependência, já que é nessa plenitude mesma que se dá a sucessão[501]". O tempo cristão, esse presente aberto por Cristo e que se abrirá para a eternidade no Juízo Final, permanece o horizonte.

Quando, quase dois séculos depois de Montaigne, em 1755, Johann Joachim Winckelmann, ao chegar de Dresden, entrou pela primeira vez em Roma, suas disposições eram outras e seu olhar, bem diferente. Não as ruínas e o cadáver, mas as estátuas. Para aquele que ia abrir novamente o caminho da Grécia para os alemães, o nome de Roma significava a própria Antiguidade, ou seja, o lugar onde jazia a Beleza. Para poder se aproximar, ele havia resolvido abjurar o luteranismo e se converter ao catolicismo. Para ele, fazer a viagem de Roma representava a promessa de um novo nascimento: um renascimento. Trinta anos mais tarde, Goethe, ele também muito emocionado, descobre Roma e experimenta a sensação de renascer. Quando o dia 29 de outubro de 1786 chega, ele vai ao albergue do Urso, o mesmo em que Montaigne havia se hospedado. No dia 3 de dezembro, obtém a nova edição italiana da *História da Arte da Antiguidade* de Winckelmann e observa: "Toda a história do mundo

---

[501] DUPRONT. *Genèse des temps modernes*, p. 51.

se liga a esse lugar, e eu conto um segundo dia de nascimento, um verdadeiro renascimento, a partir do dia em que cheguei a Roma[502]".

Há, porém, um paradoxo. Roma é o lugar da Arte e, no entanto, a arte não é romana, mas grega. Os romanos só imitaram os gregos[503]. Então, por que Roma, e não Atenas, onde Winckelmann, ainda que tenha imaginado mais de uma vez esse projeto, jamais irá? Roma, para a qual ele voltava, não conseguindo tomar a decisão de deixá-la, quando foi assassinado em Trieste. Porque Atenas é um ideal e não, ou não mais, um *lugar* onde se possa alcançar, um dia, completamente. Enquanto, para Roma, vale o "venha e veja", do evangelho de João, do qual Winckelmann se utiliza várias vezes para incitar seus correspondentes a ir nesses próprios lugares[504]. Não deixa de ser verdade que a presença não conseguiria se dar na completude. Ela é também feita de ausência, pois o que vê aquele que aprendeu a ver é o vestígio do que não se pode mais ver. Aprender a ver nessas condições leva a escolher a história: aclimatar a perda, assumindo o olhar historiador. Assim é a surpreendente conclusão da *História da Arte*: "Nós temos apenas, por assim dizer, a sombra do objeto de nosso anseio; mas sua perda aumenta nossos desejos, e contemplamos as cópias com mais atenção do que os originais se eles estivessem em nossas mãos[505]". Dessa forma, qualquer nascimento, mesmo sendo um novo nascimento, é também separação e conscientização de uma distância que nada poderá vir a preencher. A ruptura é reconhecida e contestada, ou melhor, dessa distância pode resultar um gozo estético, mas também o projeto de uma história da

---

[502] GOETHE, J. W. *Voyage en Italie*. Tradução de J. Porchat. Paris: Bartillat, 2003. p. 170.

[503] HARTOG, François. Faire le voyage d'Athènes: J. J. Winckelmann et sa réception française. In: *Winckelmann et l'antique: entretiens de la Garenne Lemot*. Nantes, 1995. p. 127-143. Ver o excelente livro de DÉCULTOT, Élisabeth. *Johann Joachim Winckelmann: enquête sur la genèse de l'histoire de l'art*. Paris: PUF, 2000. p. 121-188.

[504] Evangelho segundo João 1, 46 (tradução de J. Grosjean). São as palavras de Filipe a Natanael que, inicialmente, não quer acreditar que Jesus de Nazaré é o Messias.

[505] WINCKELMANN, Johann Joachim. *Histoire de l'Art*. Tradução de 1789, t. III, p. 263. Ver também a descrição do Torso do Belvedere: "Eu lamento a irremediável alteração deste Hércules, após ter conseguido apreender a beleza. [...] Mas a arte nos mostra o quanto podemos aprender com o que ainda resta e com qual olhar o artista deve considerar esses vestígios" (citado por DÉCULTOT. *Johann Joachim Winckelmann*, p. 227).

arte. O tempo mudou. Nesse ponto, Winckelmann está claramente mais próximo de Chateaubriand do que de Poggio.

A Revolução Francesa

Nessa breve evocação de Roma como lugar efetivo e simbólico onde a Europa forjou largamente sua noção de patrimônio, detenhamo-nos em um último episódio, que nos leva novamente ao coração desse momento de profunda crise da ordem do tempo: a Revolução Francesa.

São publicadas, em julho de 1796, as *Lettres sur le déplacement des monuments de l'art de l'Italie* (Cartas sobre o deslocamento dos monumentos da arte da Itália), ou *Lettres à Miranda* (Cartas a Miranda), do nome de seu destinatário, o general Miranda. Seu autor é Antoine Chrysostome Quatremère de Quincy, totalmente desconhecido na época. Oriundo de uma família da burguesia parisiense, ele havia morado muito tempo na Itália[506]. De volta à França, lançara-se na redação de um *Diccionaire d'architecture* (Dicionário de arquitetura). Em 1791, a Assembleia nacional francesa o encarregava da transformação da igreja Sainte-Geneviève em um templo dedicado à memória dos grandes homens. No tratado *Considérations sur les arts du dessin*, publicado igualmente em 1791, ele se inspirava em Winckelmann para celebrar a "proporção correta" alcançada pelos gregos, que tinham "a natureza como modelo"[507]. Deputado de direita na Assembleia Legislativa, é preso e depois liberado após o 9 Termidor; é condenado por ter "provocado a revolta armada" contra a Convenção durante as jornadas do Vendemiário, ano IV. Sendo assim, esconde-se em Paris entre outubro de 1795 e julho de 1796.

Em suas cartas, Quatremère ataca os confiscos de obras de arte praticados pela "grande Nação", por intermédio de seu braço secular que era então o exército da Itália, que agiu mediante instruções do Diretório. "As artes e as ciências formam há muito tempo uma

---

[506] SCHNEIDER, René. *Quatremère de Quincy et son intervention dans les arts*. Paris: Hachette, 1910.

[507] POMMIER, Édouard. *L'art de la liberté*. Paris: Gallimard, 1991. p. 74.

república na Europa", escreve; assim, foi como "membro dessa República", cujo ideal fora propagado pelo Iluminismo, que ele interveio. Aquele que quisesse apropriar-se desses "bens comuns" cometeria um crime contra a instrução e a razão e contra a melhoria da espécie humana[508]. O protesto é lançado em nome da República das Letras e invocando o Iluminismo. Contudo, ele cita também Cícero, que observava sobre a transferência das obras de arte gregas: "Estas coisas [estátuas gregas] perdem seu valor em Roma"; para usufruir delas, é preciso "o repouso e a quietude filosófica da Grécia[509]". Quatremère recorre ainda à autoridade de Winckelmann, do qual é leitor e admirador. Visto que Winckelmann foi "o primeiro a ter o verdadeiro espírito de observação nesse estudo [da Antiguidade], o primeiro a ter pensado em analisar os tempos, a descobrir um método[510]". É ao historiador da arte, que descobriu um "método" para "analisar os tempos", que é feita a homenagem. Ora, sem Roma, justamente, teria sido impossível para ele conceber seu projeto e será impossível dar-lhe sequência. Como se pode esperar, Quatremère glorifica Nicolau V que, por sua vez, é o primeiro a ter tido "a ideia de restabelecer a Roma antiga em todos seus edifícios". É o momento da interpretação da *restitutio* ou da *renovatio* como apenas restauração dos monumentos antigos por eles mesmos.

As *Lettres* não se entregam, no entanto, a uma deploração a mais sobre o desmembramento do cadáver de Roma. Muito pelo contrário, Quatremère cogita o futuro da arte e argumenta em vista do tempo vindouro. De fato, é do desbravamento da Antiguidade, tal como conduzido atualmente com ardor, e que ele acompanha passo a passo, que amanhã as artes terão um "novo aspecto[511]" na Europa. Eis por que Roma é e deve permanecer o único "domicílio" da Antiguidade. A doutrina da imitação se encontra claramente reafirmada. O que é, então, a antiga Roma, senão um "grande livro", cujas páginas o tempo destruiu e dispersou? Ou, em uma outra imagem,

[508] QUINCY, Quatremère de. *Lettre à Miranda*. Paris: Macula, 1989. p. 88, 89 e 105.
[509] CÍCERO, citado por QUINCY. *Lettre à Miranda*, p. 116.
[510] QUINCY. *Lettre à Miranda*, p. 103.
[511] QUINCY. *Lettre à Miranda*, p. 97.

a Cidade é, em si mesma, um verdadeiro *"museum[512]"*, "imóvel na sua totalidade". Mais ainda, o próprio país, com sua luz e suas paisagens, pertence também ao *museum*. Fora de seu meio e de seu contexto, "o povo de estátuas", o qual Pirro Ligorio, antiquário e arquiteto a serviço do cardeal d'Este em meados do século XV, se dizia o historiador[513], "morria, por assim dizer, uma segunda vez".

Assim, será sempre necessário para os artistas fazer a viagem de Roma, com o intuito de "aprender a ver". O museu, tal como concebido pela Revolução, em nome da razão e com vistas à educação, só pode ser então energicamente recusado: em nome da memória dos lugares e de uma certa concepção do patrimônio. Essa hostilidade de princípio ao museu, ao próprio gesto museológico, logo se focalizará no museu dos Monumentos franceses. Porém, de imediato, é de Roma e da Itália que se trata. Contra aqueles que querem desmembrá-lo e repatriá-lo para Paris, é preciso manter a unidade deste *museum* que é Roma, e na verdade, o país como um todo: "Roma se tornou para nós o que a Grécia fora antigamente em Roma[514]." Contra a doutrina, produzida no mesmo momento em Paris, do "último domicílio" para as obras-primas da arte da humanidade, Quatremère defende uma concepção localizada e enraizada do patrimônio: transferir seria mutilar. Qualquer projeto de desmembramento "é um atentado contra a ciência, um crime de lesa-instrução pública[515]". A verdadeira instrução passa e deve passar por Roma. Como o progresso das artes. Dois séculos mais tarde, Marinetti vai querer "desembaraçar a Itália dos inúmeros museus que a cobrem de inúmeros cemitérios".

---

[512] O termo *museum,* em francês, refere-se a todo e qualquer museu dedicado às ciências naturais, por isso a decisão de manter essa terminologia no texto, para diferenciar de *museu*, instituição dedicada a buscar, conservar, estudar e expor objetos de interesse duradouro ou de valor artístico, histórico, etc. (N.E.)

[513] Sobre Pirro Logorio, ver SCHNAPP. *La conquête du passé*, p. 125-126.

[514] QUINCY. *Lettre à Miranda*, p. 116.

[515] QUINCY. *Lettre à Miranda*, p. 105.

No momento em que redigia as *Lettres à Miranda*, Quatremère estava escondido em Paris, mas falava em defesa de Roma, senão a partir de Roma. Ora, já desde 1789, Paris havia naturalmente se apresentado como uma nova Atenas. A que título? Em nome e em virtude da liberdade e sob o efeito da regeneração, que é a grande palavra de ordem da Revolução, a fim de criar um homem novo. "Sob o império da liberdade, as artes se erigem", dizia Jansen, o tradutor de Winckelmann, "à augusta assembleia de nossos representantes resta apenas querer, e assim, as mesmas maravilhas que ilustraram os mais belos séculos da Grécia vão acontecer entre nós[516]." Não se trata de retraçar, depois de Édouard Pommier, o que se deu em Paris entre 1789 e 1796 do ponto de vista das artes, mas somente de sublinhar a reviravolta que faz passar, no período de alguns anos, das "marcas do despotismo a ser apagado", conforme a palavra de ordem dos primeiros tempos da revolução, "à herança a ser conservada e transmitida". Essa passagem combina com um outro deslocamento. Aquele que conduz da Grécia e de Roma às Antiguidades nacionais, da Antiguidade à Idade Média e "do iconoclasmo ao patrimônio[517]".

Em termos das grandes categorias organizadoras do pensamento e da ação, isso quer dizer que se passa rapidamente de uma politização intensa a uma temporalização cada vez mais ativa. O decreto do dia 14 de agosto de 1792 mostra bem isso. Seu preâmbulo afirma que não se deve "deixar muito mais tempo à vista do povo francês os monumentos erguidos ao orgulho, ao preconceito, à tirania". É novamente retomado o tema do "olhar ferido" pelos emblemas do despotismo. Mas nem todos os artigos que se seguem pregam a supressão ou a destruição dessas marcas, alguns fazem valer contraditoriamente a preocupação em preservar e conservar. Nos meses seguintes, singularmente por intermédio das intervenções de Roland, ministro do Interior, um discurso de conservação se estabelece, em nome da glória da França e com uma preocupação educativa. O museu se impõe então como o

---

[516] H. Jansen, livreiro e tradutor de Winckelmann, citado por POMMIER, Édouard. Winckelmann et la vision de l'antiquité dans la France des Lumières et de la Révolution. *Revue de l'Art*, 1988, p. 9. OZOUF, Mona. *L'Homme régénéré: essais sur la Révolution française.* Paris: Gallimard, 1989.

[517] Para retomar o título de um capítulo do livro de POMMIER. *L'Art de la liberté*, p. 93-166.

próprio instrumento dessa política. Para Roland, o Louvre tem vocação para se tornar um "Monumento nacional" no qual, como na Grécia, as artes brilharão.

Nesses meses de debates calorosos e contraditórios, emerge um novo argumento que vai unir revolução e patrimônio, ou melhor, vai buscar o patrimônio nacional na própria revolução. As artes, as ciências, a filosofia são, de fato, apresentadas como credoras, às quais a revolução deve restituir o que elas fizeram para preparar seu advento, sendo-lhes devedora. O presente novo se reconhece endividado. Vem a *Instrução do ano II* [15 de março de 1794] *sobre a maneira de inventariar e de conservar, em toda a extensão da República, todos os objetos que podem servir às artes, às ciências e ao ensino.* Esse texto capital fixa a doutrina e permite uma articulação dos dois discursos. Não há mais como ficar "ferido" pela visão desses monumentos do passado a partir do instante em que são vistos como pertencendo, doravante, à nação. Ao contrário, esses testemunhos podem servir à instrução de todos. "As lições do passado podem ser recolhidas por nosso século que saberá transmiti-las, com novas páginas, à lembrança da posteridade." A *Instrução* estabelece, em particular, que os povos livres podem encontrar nas artes da Antiguidade "modelos". Assim, "esse gênero de estudo, que liga a Grécia e a Itália republicana à França regenerada, é um daqueles em que o que mais importa é expandir o gosto e favorecer o ensino"[518].

Exatamente no mesmo período (13 de fevereiro de 1794), François-Étienne Boissy d'Anglas leva ao conhecimento da Convenção um tratado intitulado *Quelques idées sur les arts, sur la necessité de les encourager, sur les institutions qui peuvent en assurer le perfectionnement et sur divers établissements nécessaires à l'enseignement*[519]. Nesse texto dedicado às artes, dá-se lugar ao tempo e à história: ao futuro e ao passado. O tempo, escreve o autor, "pode *completar* a grande obra da regeneração do espírito humano". A regeneração não é, como a unção do batismo ou a descida do Espírito Santo no Pentecostes,

---

[518] POMMIER. *L'Art de la liberté*, p. 142-143.
[519] POMMIER. *L'Art de la liberté*, p. 153-166.

instantânea, torna-se também questão de tempo: um "horizonte"[520]. Não façamos tábula rasa do passado, pois dele nos vem uma herança a ser transmitida: "Conservai os monumentos das artes, das ciências e da razão [...] eles são o apanágio dos séculos e não sua propriedade particular. Só se pode dispor deles para assegurar sua conservação[521]". Ressalte-se a fórmula *o apanágio dos séculos*.

Doravante, o tempo é apresentado como o proprietário eminente desse aglomerado de obras-primas. Ele se torna o grande ator da história. A herança, desta vez, estava "precedida de um testamento". E a Grécia, cuja época já passou há muito tempo (como um dia passará a da França), permanece no entanto exemplar. Mas por quê, então? Porque foi justamente a "reciprocidade" que os gregos haviam sabido instaurar entre a cultura e a liberdade que os salvou, permitindo-lhes escapar à ruína do tempo. A tal ponto que, "mesmo quando deixaram de ser, eles ainda pareciam, depois de milhares de anos, o modelo das nações policiadas e livres[522]".

A politização intensa, que, na inquietude e na chama apenas do presente, curto-circuitava o tempo ou só o evocava como começo absoluto, cedeu lugar então a uma operação de temporalização: com olhar sobre o passado e abertura para o futuro. Ao expirar, escreve ainda Boissy d'Anglas, o despotismo deixou à França regenerada uma vasta herança: "Ele lhe *restituiu*, por séculos e para o universo, o imenso depósito de todos os conhecimentos humanos[523]". A regeneração legitima a restituição, compreendida como retorno de um bem a seu proprietário legítimo. Com a condição de que logo se esclareça que é apenas um depósito, que vale por séculos e para o universo. Estamos longe da ativa *restitutio* dos humanistas, que ia do passado ao presente pelo presente, pela plenitude desse presente. Aqui, o tempo restitui e é preciso restituí-lo: ele se abre para o futuro. O que implica, a partir de então, uma tal herança para quem a recebe? Da restituição surge, em toda sua novidade e acuidade, o problema da conservação e da restauração dos semióforos.

---

[520] POMMIER. *L'Art de la liberté*, p. 156.
[521] POMMIER. *L'Art de la liberté*, p. 157.
[522] POMMIER. *L'Art de la liberté*, p. 160.
[523] POMMIER. *L'Art de la liberté*, p. 163.

A combinação da doutrina de liberdade – que a nova França encarna – e da teoria do depósito, do qual ela é responsável em relação à posteridade, encontra sua formulação mais extraordinária na afirmação do "último domicílio", à qual já aludimos, onde se misturam mística da nação, mística da liberdade e argúcias para cobrir um puro e simples saque. As obras-primas do passado estavam como que na espera de que a França viesse libertá-las, acolhendo-as enfim em seu território. Somente nesse momento, elas poderiam passar realmente a mensagem de que eram portadoras desde sua concepção. "Será que as obras-primas das repúblicas gregas", dizia o abade Gregório, "devem decorar o país dos escravos?[524]" Não, e o Louvre, lugar onde eles deviam "suceder aos tiranos", estava pronto para recebê-las. Foi primeiramente contra essa maneira extrema de compreender o museu e de conceber o patrimônio que Quatremère quis lutar, lançando seu panfleto, mesmo sendo, na realidade, hostil a qualquer museu.

A festa de 9 Termidor de 1798 marca o resultado dessas reflexões. Nesse momento, François de Neufchâteau, então ministro do Interior da França, pronuncia um espantoso discurso para celebrar a entrada triunfal das obras de arte confiscadas na Itália por Bonaparte:"Guardem religiosamente essa propriedade legada por grandes homens de todos os séculos à República, esse depósito que lhe é dado pela estima do universo [...] seus quadros sublimes foram o testamento pelo qual eles legaram ao gênio da liberdade o cuidado de lhes oferecer a verdadeira apoteose e a honra de outorgar-lhes a autêntica palma de que se sentiam dignos[525]". Depósito, testamento, palma, tudo está presente: a França recebe ao mesmo tempo um depósito e é chamada a pronunciar um julgamento derradeiro. É uma herança com testamento, mas um testamento que permaneceu por muito tempo esperando seu legítimo destinatário, que toma consciência de sua eleição. Com o passado, a ligação não somente está restabelecida, ultrapassando os séculos de despotismo, mas é atualizada novamente, enquanto é instaurada uma relação, fundada

---

[524] Abade Grégoire, citado por LENIAUD. *Les archipels du passé*, p. 87.
[525] POMMIER. *L'Art de la liberté*, p. 453-454.

sobre as obrigações novas em que se reconhece o destinatário do testamento, com o futuro. Podemos assim nos arriscar em direção a uma retomada do modelo da *historia magistra*. Mais exatamente, por intermédio do patrimônio nacional-universal, uma forma renovada da *historia magistra* começa a surgir, na qual apelo ao passado e abertura para o futuro procuram se articular. Uma maneira de fechar novamente a brecha do tempo ou de se desvencilhar dela.

Quatremère de Quincy se opôs também com constância e, no final, com sucesso a um outro museu revolucionário: o museu dos Monumentos franceses, criado pouco a pouco por Alexandre Lenoir, a partir da reunião dos bens nacionais no convento dos Petits-Augustins. Deixado um pouco de lado por Napoleão, que não lhe perdoou suas *Lettres*, Quatremère é homenageado no período da Restauração, que o nomeia, em 1816, secretário perpétuo da Academia das Belas-Artes. Ele dispõe então de todos os meios para agir. Diversos textos prepararam a ofensiva, como suas *Considérations morales sur la destination des ouvrages de l'art* [*Considerações morais sobre o destino das obras de arte*], publicadas em 1815, em que ele denuncia esses depósitos chamados "conservatórios", onde todos os objetos transferidos "perderam seu efeito, perdendo seu motivo": "Quem dirá ao nosso espírito, pergunta-se, o que significam essas estátuas, cujas atitudes não têm mais objeto, cujas expressões são apenas caretas, cujos acessórios se tornaram enigmas? [...] O que me dizem esses mausoléus sem sepulcro, esses cenotáfios duplamente vazios, esses túmulos que a morte não anima mais?[526]"

E para ser mais esclarecedor ainda, como se fosse ainda necessário, já que cada palavra visa Lenoir: "Deslocar todos os monumentos, recolhendo assim seus fragmentos decompostos, classificando metodicamente seus destroços e fazer de tal reunião um curso prático de cronologia moderna; é, devido a uma razão existente, constituir-se em estado de nação morta; é assistir, em vida, aos funerais; é matar a

---

[526] QUINCY, Quatremère de. *Considérations morales sur la destination des ouvrages de l'art* [1815]. Paris: Fayard, 1989. p. 48. Ver SCHNEIDER. *Quatremère de Quincy et son intervention dans les arts*, p. 179-197; FLUCKIGER, Carine. L'investissement affectif de l'objet historique (Winckelmann, Quatremère de Quincy e Augustin Thierry). In: BARDAZZI, Giovanni; GROSRICHARD, Alain (Sel.). *Dénouement des Lumières et invention romantique*. Genève, Librairie Droz, 2003.

Arte para fazer dela a história; isso não é fazer sua história, mas seu epitáfio[527]". O epitáfio de Lenoir e de seu museu já está, de toda forma, pronto.

Aluno de David, Lenoir identificou-se, de fato, completamente com o destino do convento dos Petits-Augustins. Nomeado inicialmente, em 1791, "guarda" do Depósito Parisiense dos Monumentos das Artes, que se tornaram bens nacionais, Lenoir obtém, em 1794, o título de *conservador*, do que ele consegue levar a reconhecer, após múltiplas tribulações, em 1795, como Museu dos Monumentos Franceses[528]. Entre essas duas datas, Lenoir se lançou em uma intensa atividade de *lobby*, mas também não parou de inventariar, adquirir, salvar, restaurar, reconstituir e até fabricar todo tipo de objetos, estátuas, retratos, cenotáfios, dando pouco a pouco um lugar crescente à Idade Média[529]. Ora, assim como Quatremère, Lenoir se refere a Winckelmann, cujo busto acolhe o visitante na entrada do museu. Único estrangeiro presente, ele está ali certamente por duas razões: primeiro ou também como profeta de Atenas e da liberdade, mas igualmente e talvez sobretudo como descobridor da história da arte. Tanto como homem da politização, como aquele da temporalização, aquele das *Réflexions sur l'imitation* [*Reflexões a respeito da imitação*] e aquele da *História da Arte da Antiguidade*.

Sob seus auspícios Lenoir vai conseguir transformar seu "depósito" em museu, ou seja, em percurso da história, de uma história que não é a da arte, mas que mostraria pouco a pouco, de acordo com suas próprias palavras, "uma verdadeira história monumental da monarquia francesa[530]". O que Quatremère chamava depreciativamente de "curso prático de cronologia moderna". No entanto, não será na visita a esse museu e a "nenhum outro lugar" que Michelet vai contar ter tido "a nítida impressão da história"?: "Eu enchia esses túmulos com a minha imaginação, eu sentia esses mortos através dos mármores, e não era sem

---

[527] QUINCY. *Considérations morales sur la destination des ouvrages de l'art*, p. 48.

[528] POULOT, Dominique. Alexandre Lenoir et les musées des Monuments français. In: NORA (Org.). *Les Lieux de mémoire, 2: la Nation*, v. 2, p. 497-531; POULOT, Dominique. *Musée, nation, patrimoine, 1789-1815*. Paris: Gallimard, 1997. p. 285-339.

[529] POMMIER. *L'Art de la liberté*, p. 371-379.

[530] POULOT. *Musée, nation, patrimoine*, p. 305.

terror que eu entrava nas baixas abóbadas onde dormiam Dagoberto, Chilpérico e Fredegonda[531]". Assim, iniciado e acompanhado por Winckelmann, Lenoir encontra, no caminho, as Antiguidades nacionais e organiza a viagem, como ele bem diz em suas Notas, passando "sucessivamente de século em século". A ordem do tempo começa a se dar por séculos, enquanto o visitante caminha em direção à luz. A Antiguidade que pertence *historicamente* apenas a nós, *nosso* patrimônio, não é, no final das contas, nem Grécia nem Roma, mas a Idade Média. Na mixórdia do seu depósito, este homem amplamente autodidata, sonha, monta, restaura, fabrica contexto e, por fim, produz a primeira representação visual de uma "história nacional" pós-revolucionária[532].

Porém Quatremère não descansou enquanto não conseguiu fechar esse primeiro museu histórico, mesmo que este estivesse muito longe, na verdade, do Louvre de Vivant Denon e nada tivesse a ver com a doutrina do "último domicílio". Ele consegue isso em 1816: dispersão das coleções, restituição às igrejas e às famílias dos monumentos, designação dos prédios à Escola de Belas-Artes. Originar--se do vandalismo era um pecado inexpiável para o museu. Pouco importava que, da ruptura, tivessem saído finalmente uma teoria da herança e uma filosofia do tempo. Ainda que, ao lado do Museu dos Monumentos Franceses, fosse patente que, entre 1793 e 1795, a Revolução fora levada a criar vários estabelecimentos que assumiam ou ao menos consideravam a dimensão da conservação: o *Muséum* Central das Artes, a Antiga Biblioteca do rei, os Arquivos Nacionais, o Conservatório das Artes e Ofícios. Criadas para responder a certas necessidades, essas instituições nacionais eram igualmente um dos cadinhos nos quais novas relações do tempo, que ligam passado e futuro, estavam sendo formuladas.

A Revolução é este momento de apropriação coletiva, no qual seus atores sentem "o orgulho de ver um patrimônio de família se tornar um patrimônio coletivo[533]". Da mesma forma que, se há transferência de soberania, há transferência de propriedade: em

---

[531] MICHELET, Jules. À M. Edgar Quinet. In: *Le peuple*. Paris: Flammarion, 1974. p. 67-68.

[532] HARTOG. Faire le voyage d'Athènes, p. 141.

[533] A fórmula é de François Puthod de Maisonrouge, citado por LENIAUD. *Les archipels du passé*, p. 85.

nome e com o nome da Nação. É o primeiro tempo, propriamente político e presentista, prontamente seguido de um outro, que leva a reconhecer o tempo como ator. Um ator por inteiro e duplamente da operação. Há o tempo longo, aquele que restitui e a quem é preciso restituir; e o tempo imediato, aquele da experiência inédita da aceleração. A antiga ordem do tempo se quebra e, uma vez passado o momento tábula rasa, a ordem moderna não sabe ainda muito como se formular.

Como passar de *suprimir* a *conservar* quando, à evidência febril, obtusa ou exaltada do primeiro imperativo, sucede-se um outro, que exige, no entanto, uma argumentação? De que forma? Apelando para as categorias da herança e, sobretudo, conferindo ao tempo, o estatuto de agente. É ele quem dá e é a ele que se deve devolver. Encontra-se assim uma maneira de ligar novamente o passado ao presente, mas também ao futuro. Uma forma de *historia magistra* pode então reassumir, mas profundamente reorganizada, já que ela se abre para o porvir e não nega, muito pelo contrário, a ruptura do presente (de fato, é porque a França está regenerada que pode receber esse depósito das obras-primas do passado). Uma *historia magistra* que está de acordo com o regime moderno: em sintonia com ele, passível de expressá-lo, articulando de maneira diferente as categorias temporais. Quatremère, por sua vez, continua um clássico, ao menos no que diz respeito às artes: a relação com o passado não mudou. Não há brecha do tempo, nem entremeio, não pode e não deve haver nada. Para aquele que se tornou, a partir de 1816, o secretário perpétuo da Academia das Belas-Artes, todos os caminhos partem da Academia de Roma e a história da arte deve seguir seu caminho, do passado, com suas lições, para o presente.

Em compensação, para todos aqueles que experienciaram a ruptura, a brecha e a aceleração – Chateaubriand, para quem ela sempre foi a fonte viva de sua escrita, se impõe uma última vez –, sua relação com o tempo mudou profundamente. Para alguns, o passado se transformou em nostalgia, incumbiu-se do arrependimento do que desapareceu, do *nevermore* efetivo ou, mais ainda, imaginado. Logo, a juventude romântica vai declinar o tema sob todas as formas possíveis. A partir de 1802, porém, publicando o *Gênio do cristianismo*,

Chateaubriand tem um imediato reconhecimento público e até político. Enquanto ainda era "um tipo de divertimento ir passear nessas ruínas" que as igrejas e os monastérios haviam se tornado, incita seus leitores "a olhar com pesar o passado": todo o passado[534]. Ele gostaria de converter o divertimento (que é apenas uma versão *light* do olhar ferido) em desgosto.

Com as igrejas góticas, chegamos, efetivamente em um passado longínquo, muito longínquo, já que "as florestas das Gálias passaram" pela sua arquitetura. Quando passeamos em Versalhes, trata-se do passado recente: lá onde "as pompas da idade religiosa da França haviam se reunido. Recém passado um século, e esses pequenos bosques, que reverberavam o som das festas, não são mais animados a não ser pela voz da cigarra e do rouxinol". O passado imediato surge com a evocação de Saint-Denis, deserto: "O pássaro usou-o como passagem, a hera cresceu sobre seus altares quebrados; e no lugar de um cântico da morte que retumbava sob seus domos, escutam-se apenas gotas de chuva, que caem sobre seu telhado descoberto, a queda de alguma pedra que se desprende de suas paredes em ruínas, ou o som de seu relógio, que vai reverberar nos túmulos vazios e nos subterrâneos devastados"[535]. Em suma, todo o passado da antiga França, que é um passado religioso, pode ser objeto da conversão. As ruínas sucedem às ruínas que os passos dos visitantes ligam umas às outras: até os túmulos vazios, que sinalizam a morte da monarquia e da "era religiosa". No entanto, àquele que sabe deixar impregnar-se Chateaubriand gostaria de acreditar de novo, esse passado sabe indicar um futuro, que deveria ser religioso.

Rumo à universalização

O século XIX é certamente um período essencial, já que ali se forjam e se dispõem os instrumentos e as orientações de uma política do patrimônio. Porém, por essas mesmas razões, ele chamou a atenção desde que memória e patrimônio tomaram lugar em nosso

---

[534] CHATEAUBRIAND. Génie du christianisme. In: *Essai sur les Révolutions: génie du christianisme*, p. 459 e 460.

[535] CHATEAUBRIAND. Génie du christianisme. p. 802, 799 e 939.

espaço público e em nossas pesquisas. Desse modo, para resgatar nosso ponto de partida, a patrimonialização contemporânea e as relações com o tempo que a sustentam, podemos avançar rapidamente. *Les Lieux de mémoire* procederam aos repertórios necessários, abrindo em particular todo seu espaço à Monarquia de Julho, com suas instituições de história, sua preocupação dos inventários e sua política da memória nacional. Ao lado de François Guizot, o principal líder do movimento, os nomes de Arcisse de Caumont, de Mérimée e também de Viollet-le-Duc foram justamente reconhecidos.

Um serviço dos Monumentos históricos é criado após 1830 pelo Ministério do Interior. Pela classificação e restauração, o passado da antiga França torna-se assunto do Estado central. Luís Felipe decide transformar Versalhes em um museu histórico, para glória de um passado nacional: a galeria das Batalhas conduz de quadro em quadro até 1830. Após 1840, Viollet-le-Duc se dedica às grandes restaurações, de Vézelay à Carcassonne, passando pela Catedral Notre-Dame de Paris e muitas outras. Proust ou Rodin lamentam que ele tenha dessa forma "arruinado a França[536]". Com a fixação de uma história nacional, a Terceira República mantém o movimento. As leis de 1887 e de 1913 estabelecem por muito tempo a doutrina em matéria de monumentos históricos.

De início extremamente restritiva na lei de 1887, já que intervinha somente em nome do "interesse nacional", a classificação é um pouco ampliada com aquela de 1913, que admite a consideração do "interesse público do ponto de vista da história ou da arte". Contudo, somente os monumentos de interesse nacional estavam protegidos pela classificação. Após a separação da Igreja e do Estado, a campanha de Maurice Barrès sobre "a grande comiseração das igrejas da França" (1911) vem de repente propor outra definição do patrimônio: é preciso salvaguardar todas as igrejas, não somente as mais belas ou mais representativas. Pois "gerações de ancestrais, cuja poeira forma o morro onde a igreja tem suas fundações, chegam ainda por ela à vida,

---

[536] Marcel Proust em uma carta dirigida à Sra Strauss, citado por LENIAUD. *Les archipels du passé*, p. 180.

e o que ela proclama é proclamado por monumentos semelhantes em todos os vilarejos da França através dos séculos[537]". Entretanto, o legislador não podia sustentar uma tal definição descentralizada e enraizada do patrimônio. As reconstruções dos pós-guerras reforçam mais uma vez a centralidade do serviço dos Monumentos históricos.

Ainda em 1959, entre as missões do primeiro Ministério da Cultura, então confiado a André Malraux, figura a de "tornar as obras capitais da humanidade acessíveis". Permanecemos na lógica do monumento histórico e da obra-prima. Todavia, vinte e três anos mais tarde, o mesmo Ministério, tendo como titular Jack Lang, recebe a tarefa de "preservar o patrimônio cultural nacional, regional ou dos diversos grupos sociais em benefício comum de toda a coletividade"[538]. O patrimônio se multiplicou e se descentralizou: 1980, ano do Patrimônio, passou por isso. Os alemães, por sua vez, já haviam se dedicado à ampliação da noção de monumento, enquanto os ingleses não deixaram de se questionar sobre o aparecimento desta *Heritage Industry*[539].

Ao longo desses anos, a onda patrimonial, em sintonia com a da memória, aumenta cada vez mais até tender a esse limite que seria "todo o patrimônio". Assim como se anunciam ou se reivindicam memórias de tudo, tudo seria patrimônio ou suscetível de tornar-se. A mesma inflação parece reinar. A patrimonialização ou museificação venceu, aproximando-se cada vez mais do presente[540]. Foi preciso até estipular, por exemplo, "que nenhuma obra de arquiteto vivo poderia ser considerada legalmente monumento histórico[541]". Aqui está um indício muito claro, já evocado, deste presente que historiza a si mesmo.

Uma manifestação, no caso urbana, da incidência do tema do patrimônio e desses jogos do tempo se deu nas políticas de reabilitação,

---

[537] BARRÈS, citado por LENIAUD. *Les archipels du passé*, p. 232.

[538] LENIAUD. *Les archipels du passé*, p. 287 e 298.

[539] SAUERLÄNDER, Willibald. Erweiterung des Denkmalbegriffs?. In: LIPP, Wilfried. *Denkmal-Werte-Gesellschaft: zur Pluralität des Denkmalbegriffs*. New York; Frankfurt: Campus, 1993. p. 120-149; HEWISON, Robert. *The heritage industry: Britian in a climate of decline*. London: Methuen, 1987.

[540] CAUQUELIN, Anne. Un territoire-musée. *Alliage*, n. 21, 1994, p. 195-198.

[541] CHOAY. Prefácio para RIEGL. *Le culte moderne des monuments*, p. 9.

renovação, revitalização dos centros urbanos. Deseja-se museificar, mas mantendo vivo, ou melhor, revitalizar reabilitando. Ter um museu, mas sem o fechamento do museu: aqui de novo, um museu "fora dos muros"? Um museu propriamente de sociedade senão um museu social. Esse projeto implicava, ultrapassando a noção de monumento histórico, que a proteção do patrimônio devia se conceber, evidentemente, como um projeto urbano de conjunto. O que validava a passagem da Carta de Atenas, em 1931, àquela de Veneza, em 1964[542]. O que resulta neste paradoxo: o mais autenticamente moderno hoje seria o passado histórico, mas colocado nas normas modernas. No final das contas, conservam-se apenas as fachadas.

Quando esse passado fazia falta, contribuindo ao mal-estar das periferias e das cidades-dormitórios, ele foi trazido à tona. Produziram-se lugares de patrimônio urbano para construir identidade. Como? Escolhendo uma história, que se torna a história, a da cidade ou do bairro, a sua história: história encontrada, reencontrada ou exumada, depois mostrada, em torno da qual se organiza, em todos os sentidos da palavra, "a circulação". Dessa forma, em Port-de-Bouc escolheu-se o canteiro naval, fechado em 1966 para criar uma praça central. Em Épinay-sur-Seine, estabeleceu-se como ponto de referência os estúdios Éclair, para produzir uma identidade urbana. Com o patrimônio vem também "temporalidade e singularidade". Mas será que podemos consumir patrimônio e viver em um patrimônio, perguntava-se um antropólogo[543]? A cidade nova de Sénart, aglomeração com cem mil habitantes, tratou do problema de forma diferente. Ela esperou que 2002 chegasse, ou seja, quase 30 anos depois, para construir um centro, um "espaço de centralidade", como é chamado por seus criadores. Essa cidade no campo acaba de se munir, efetivamente, de um espaço quadrado verde, o Carré Sénart, que acolhe atualmente um grande centro comercial, primeira cadeia do futuro "centro-vida" da cidade[544]. Esse projeto parece se

---

[542] A conferência de Atenas fora reunida com a iniciativa da Comissão Internacional para Cooperação Intelectual da SDN e do Conselho Internacional dos Museus.

[543] ALTHABE, Gérard. Productions des patrimoines urbains. In: JEUDY. *Patrimoines en folie*, p. 270.

[544] *Le Monde*, 4 sept. 2002.

contentar em aliar o meio ambiente (ou seja, uma sinalização do meio ambiente como patrimônio) e o comércio.

Os patrimônios se multiplicam. Assim, exemplo dentre outros, a lei relativa à Fundação do Patrimônio, preocupada em não omitir nada, repertoriou o "patrimônio cultural protegido", o "patrimônio cultural de proximidade" (esse "tecido conjuntivo" do território nacional), o "patrimônio natural" (que compreende a "noção de paisagens"), o "patrimônio vivo" (os animais e vegetais), o "patrimônio imaterial" (com seu *savoir-faire* tradicional, as tradições populares, o folclore)[545]. O patrimônio genético é doravante um *habitué* da mídia e o patrimônio ético fez sua entrada. O ritmo acelerado da constituição, ou mesmo da produção do patrimônio, em qualquer lugar do mundo, é uma constatação que todos podemos fazer. Uma série de cartas internacionais veio aprovar, coordenar e dar forma a esse movimento. Mesmo se a seu respeito os princípios estejam longe.

A primeira, a Carta de Atenas para a restauração dos monumentos históricos, centrava-se apenas nos grandes monumentos e ignorava o resto. Trinta anos mais tarde, a Carta de Veneza ampliava consideravelmente os objetivos, já que pretendia levar em conta a "Conservação e Restauração dos Monumentos e dos Sítios". O artigo 1° dá, de fato, uma definição muito mais extensa do monumento histórico: "A noção de monumento histórico compreende a criação arquitetural isolada tanto quanto o sítio urbano ou rural que testemunha uma civilização particular, uma evolução ou um evento histórico. Ela se estende não somente às grandes criações, mas também às obras modestas que adquiriram com o tempo uma significação cultural". O preâmbulo insiste muito sobre a salvaguarda e introduz a noção de patrimônio comum da humanidade: "A humanidade, que toma consciência diariamente da unidade dos valores humanos, considera [as obras monumentais dos povos] como um patrimônio comum, e, em relação às gerações futuras, reconhece-se solidariamente responsável por sua salvaguarda. Ela deve transmitir-lhes em toda a riqueza a autenticidade dessas obras". O patrimônio é constituído de testemunhos, grandes ou pequenos.

---

[545] Relatório em nome da Comissão das Questões Culturais, Familiares e Sociais, 18 de abril de 1996.

Como em relação a qualquer testemunha, nossa responsabilidade é saber reconhecê-los em sua autenticidade, mas também nossa responsabilidade encontra-se engajada em relação às gerações futuras.

Nessa tomada de consciência, a salvação dos templos de Abu-Simbel, em 1959, durante a construção da grande barragem de Assuã, teve certamente um importante papel. Fora uma experiência, muito midiatizada, de sensibilização das opiniões públicas. E, felizmente, passado longínquo e técnicas modernas pareciam se aliar: o futuro não se instalava nas ruínas do passado. Ele lhes dava, muito pelo contrário, a chance de permanecerem visíveis no futuro, um tipo de semióforo duplicado. O discurso feito por André Malraux no momento dessa campanha demonstra isso de forma admirável: "O apelo não pertence à história do espírito porque vocês precisam salvar os templos da Núbia, mas porque, com ele, a primeira civilização mundial reivindica publicamente a arte mundial como sua indivisível herança". Sem esquecer a cartada final: "O Ocidente, no tempo em que acreditava que sua herança começava em Atenas, olhava distraidamente a Acrópole desmoronar".

Quanto mais o patrimônio (pelo menos a noção) tomava forma, mais o monumento histórico (a categoria) se pulverizava. A lei de 1913, como se viu, havia substituído o "interesse nacional", como critério único de classificação de um monumento, "pelo interesse público do ponto de vista da história e da arte", já consagrando dessa forma uma ampliação do campo da noção. Mas, hoje em dia, o privilégio real da definição da história-memória nacional sofre concorrência ou contestação em nome de memórias parciais, setoriais, particulares (de grupos, associações, empresas, coletividades, etc.), que querem ser reconhecidas como legítimas, tão legítimas, ou mesmo mais legítimas. O Estado-nação não precisa mais impor seus valores, mas salvaguardar mais rapidamente o que, no momento presente, imediatamente, ou até na necessidade, é tido como "patrimônio" pelos diversos atores sociais[546]. O próprio monumento tende a ser suplantado pelo *memorial*: menos monumento do que lugar de memória onde se busca fazer viver a memória, mantê-la

---

[546] O número dos edifícios protegidos passou de 24.000 em 1960 para 44.709 em 1996.

viva e transmiti-la. Quanto à história, segundo a observação de Daniel Fabre, ela tende a se fundir no *passado*, tido como uma "entidade pouco diferenciada, que se situa mais como sensação do que como narrativa, que suscita mais a participação emocional do que a espera de uma análise". É mais um "passado sensível" do que história, observa o autor ainda com precisão, cuja presença o produtor de história local busca fazer sentir, com o auxilio de todas as técnicas de presentificação[547]. Encontramo-nos em pleno uso presentista do passado.

De 1980 a 2000, foi feito o recenseamento de 2.241 associações cujo objeto declarado era o patrimônio ou o quadro de vida: o "pequeno patrimônio". Em sua grande maioria, essas associações são jovens, foram criadas depois de 1980. Às vezes, criando definições muito extensivas do patrimônio, que não se ajustam necessariamente às categorias oficiais da administração interessada pelo "grande patrimônio", elas tendem a desestabilizar a máquina administrativa de classificação. Com efeito, para elas, o valor dos objetos que elegem reside, em parte, no fato que elas mesmas estão na origem de seu reconhecimento[548]. Trata-se, na verdade, mais de patrimônio local, que associa memória e território, e de operações, que visam produzir território e continuidade para aqueles que moram nesse lugar hoje: "As associações do patrimônio mostram a construção de uma memória que não é dada, portanto não é perdida. Elas trabalham para a constituição de um universo simbólico. Desse modo, o patrimônio não deve ser observado do passado, mas preferencialmente do presente, como categoria de ação do presente e sobre o presente[549]". Enfim, o patrimônio, que se tornou um ramo-chave da indústria do lazer, é objeto de questões econômicas importantes. O "vale a pena o desvio" dos guias, retomado pelas agências de viagem, inscreve-o na globalização. Sua "valorização" insere-se então diretamente nos

---

[547] FABRE, Daniel. L'histoire a changé de lieux. In: BENSA, Alban; FABRE, Daniel (Org.). *Une histoire à soi*. Paris: Maison des Sciences de L'Homme, 2001. p. 32-33.

[548] GLEVAREC; SAEZ. *Le patrimoine saisi par les associations*, p. 129-193.

[549] GLEVAREC; SAEZ. *Le patrimoine saisi par les associations*, p. 263.

ritmos e nas temporalidades rápidas da economia de mercado atual, choca-se com ela ou, em todo caso, aproxima-se dela.

O século XX foi aquele que mais invocou o futuro, mais construiu e massacrou em seu nome, levou mais longe a produção de uma história escrita do ponto de vista do futuro, conforme os postulados do regime moderno de historicidade. No entanto, também foi aquele que, sobretudo nos seus últimos trinta anos, deu a maior extensão à categoria do presente: um presente maciço, onipresente, invasivo, que não tem nenhum horizonte a não ser o próprio, fabricando cotidianamente o passado e o futuro de que necessita, dia após dia. Um presente já passado antes mesmo de ter ocorrido completamente. Mas, desde o final dos anos 1960, esse presente se encontrara inquieto, em busca de raízes, obcecado por memória. Se procurávamos então, citando Michelet em 1830, retomar o fio da meada da tradição, era preciso quase que inventar tanto a tradição quanto o fio. A confiança no progresso foi substituída pela preocupação em salvaguardar, preservar, mas preservar o quê? E quem? Esse mundo, o nosso, as gerações futuras, nós mesmos.

Por essas razões, surge esse olhar museal sobre o que nos cerca. Gostaríamos de preparar, começando por hoje, o museu de amanhã e reunir os arquivos atuais como se já fosse ontem, visto que estamos presos entre a amnésia e a vontade de não esquecer nada. Para quem, senão para nós antecipadamente? A destruição do Muro de Berlim, seguida de sua museificação instantânea, foi um belo exemplo disso, com sua mercantilização tão imediata. Amostras também foram postas à venda, devidamente estampilhadas *Original Berlin Mauer*. Se o patrimônio é agora o que define o que somos hoje, o movimento de patrimonialização, esse imperativo, tomado ele próprio na "*aura*" do dever de memória, permanecerá um traço distintivo do momento que vivemos ou acabamos de viver: uma certa relação com o presente e uma manifestação presentista.

O tempo do meio ambiente

Na análise da trajetória do patrimônio, ele é um componente que já assinalamos e encontramos, mas cuja avaliação, em toda sua extensão, ainda não dispomos: a patrimonialização do meio ambiente. A Unesco fornece uma boa entrada, pois ela é ao mesmo tempo uma potente caixa de ressonância e um vasto laboratório mundial no qual se elabora uma doutrina e se proclamam princípios[550]. Em 1972, a conferência geral adotou a "Convenção para a Proteção do Patrimônio Mundial Cultural *e* Natural". O texto parece não deixar nada de fora: o patrimônio é mundial, cultural e natural. Por que uma convenção internacional? Porque, e o preâmbulo parte desta constatação, o patrimônio universal está cada vez mais ameaçado de destruição, "não somente pelas causas tradicionais de degradação, mas também pela evolução da vida social e econômica que as agrava por meio de fenômenos de alteração ou destruição ainda mais temíveis". Esses considerandos levam também a introduzir uma nova noção: a da proteção. Ela é incumbência de toda a coletividade internacional e deve dotar "o patrimônio cultural e natural de valor universal excepcional".

O que vem a ser um patrimônio de valor universal excepcional? Como se articulam o universal e o excepcional? Quais são os critérios? Como estabelecer uma lista do patrimônio mundial? Tantas perguntas sobre as quais *experts* se debruçaram em numerosas reuniões. Todas elas apontavam para uma ampliação dos critérios de seleção. Não dar mais tudo ao monumento histórico (e, portanto, à Europa), mas conservar a noção de "paisagem cultural", não se limitar apenas à autenticidade formal (pensemos no Japão), referir-se a uma definição antropológica da cultura[551]. Em junho de 2002, chegava-se a 730 bens inscritos nessa lista, enquanto 175 países haviam ratificado a Convenção, apresentada a partir de então como um instrumento a serviço do desenvolvimento sustentável.

Como seu diretor-geral anunciou, a Unesco está inclusive empenhada na preparação de uma nova convenção internacional que trata do patrimônio imaterial, considerado como um "espelho da diversidade cultural": cinquenta anos após *Raça e história* de Claude

---

[550] Isabelle Vinson defendeu, em 2001, um mestrado na EHESS sobre *Le concept de patrimoine international: théorie et praxis*.

[551] BOUCHENAKI, Mouchir; LÉVI-STRAUSS, Laurent. La notion de monument dans les critères du *Patrimoine de l'humanité* de l'Unesco. In: DEBRAY (Dir.). *L'abus monumental*, p. 121-129.

Lévi-Strauss, no qual o autor salientava a necessidade de ficar atento ao "fato" da diversidade. Esse projeto de ampliar a noção foi precedido, em 2001, por uma Declaração universal sobre a diversidade cultural. Hoje, a Unesco gostaria de unir a consideração da diversidade cultural, a preocupação da biodiversidade e os esforços para um desenvolvimento sustentável[552]. O que reúne esses três conceitos e esses três objetivos é a preocupação ou o imperativo da proteção ou, melhor, da preservação. Trata-se de proteger o presente ou de preservar o futuro? A resposta: os dois, evidentemente. A pergunta não é, no entanto, necessariamente inútil. Será que raciocinamos indo do futuro ao presente, ou do presente ao futuro? Voltaremos a esse assunto. Para o diretor do Centro do Patrimônio Mundial, a conservação deve ser pensada, de qualquer forma, não para um ou dois anos, mas "para sempre".

Assim, pelo menos desde 1972, cultura e natureza foram reunidas sob a mesma noção unificadora: o patrimônio, que doravante é ao mesmo tempo cultural e natural. Quais foram, na França, as etapas do reconhecimento da natureza como patrimônio? Os parques naturais começaram, somente ao longo dos anos 1960, a efetuar uma reserva de parte da natureza, delimitando um espaço protegido. Aberto aos visitantes, o parque respondia a uma lógica de conservação da fauna e da flora. Pela primeira vez, um texto oficial falava de "patrimônio natural e cultural[553]". A etapa seguinte, a dos ecomuseus, cuja multiplicação foi o sinal mais visível, mas também o que mais se carregou de sentido, de uma política recente do patrimônio, em que se encontra inclusive o papel das associações[554].

Preservar, aqui também, mas mais do que objetos, *savoir-faire*, modos de agir, paisagens: do patrimônio imaterial e atualizado. Se o ecomuseu se apresenta de início como um "museu-território", trata-se do território de uma população. O meio ambiente está bem

---

[552] MATSUURA, Koïchiro. Éloge du patrimoine culturel immatériel. *Le Monde,* 11 sept. 2002.

[553] Um decreto entre ministérios de 1967 oficializa a noção de "parque natural regional"; ver DAVALLON, Jean *et al. L'environnement entre au musée.* Lyon: PUL; MC, 1992. p. 64-66, em que se lembra o papel de Georges-Henri Rivière. Já existia uma lei de 21 de abril de 1906 sobre a "proteção dos sítios e dos monumentos naturais de caráter artístico".

[554] O nome "ecomuseu" é forjado em 1971. DEBARY, Octave. *La fin du Creusot ou l'Art d'accomoder les restes.* Paris: CTHS, 2002.

visado, na medida em que é socializado. No fundo, "o verdadeiro patrimônio [do ecomuseu]", como observava Max Querien, um de seus principais idealizadores, "é apenas a memória coletiva, de onde emerge uma identidade que, em sua singularidade, pretende se envolver com a história presente e o nascimento do futuro". Desse modo, ele também está "mais preocupado com a salvaguarda dos *savoir-faire* do que com a museificação dos objetos". Sua vocação é, de fato, "fazer perceber o despercebido mais frequente"[555]. Ele deve, gostaria de levar a ver o que não se vê, o que logo não se conseguirá ver, o que já não estamos mais vendo.

Será que ele vem a ser, então, um museu "grau zero" ou um museu "fora dos muros"? Ele não deve se contentar em, dizem, "embalar nostalgicamente as lembranças de um patrimônio natural, material e humano em vias de desaparecimento, ou já desaparecido – e que precisa certamente ser lembrado, como constituindo as raízes sem as quais nada se pode construir. [...] Ele deve, pelo seu conhecimento do passado, explicando as lições tiradas, ajudar a construir o futuro; deve ser um dos instrumentos (agente e lugar ao mesmo tempo) das mutações ao mesmo tempo tecnológicas e sociais. É preciso que ele saiba explicar o espírito de adaptação e a engenhosidade dos ancestrais para que sirvam de exemplo àqueles que se encontram confrontados com difíceis mutações. [...] Cabe ao ecomuseu ensinar a conhecer para não se desencorajar e para reviver[556]". Era uma lista de tarefas tão prescritiva (*deve, é preciso*) quanto ambiciosa, já que, de acordo com seus teóricos, o ecomuseu queria fugir do passadismo, da nostalgia, do turismo, para operar como espaço interativo e uma passagem entre passado e futuro. Devia existir uma pedagogia do ecomuseu, uma lição a tirar de um modo de convívio ou mesmo lúdica. Não se tratava de imitar o passado, visto que o ecomuseu parte da ruptura, constata o fim de uma atividade (industrial, artesanal, agrícola), de

---

[555] QUERRIEN, Max. Écomusées. *Milieux*, n. 13, 1983, p. 24-25. Presidente do Fundo dos Monumentos históricos, M. Querrien havia redigido, em 1982, um relatório dirigido ao ministro da Cultura intitulado "Pour une nouvelle politique du Patrimoine".

[556] DESVALLÉES, Alain. L'écomusée: musée degré zéro ou musée hors les murs. *Terrains*, n. 5, 1985, p. 84-84.

um modo de vida. Museu, no presente, pretende ser produção de um lugar de memória vivo.

O ecomuseu tem a intenção de ser uma provocação à memória e o instrumento de uma tomada de consciência. Aqui, a sociedade (uma comunidade) é ela mesma chamada a se conscientizar de um patrimônio. O museu, dizem, não tem visitantes, tem "habitantes". O objetivo: "Mobilizar o patrimônio com fins criativos e não mais somente museais[557]". Bem se vê a esperança que foi depositada no ecomuseu. Sinal da crise do regime moderno de historicidade, sua incitação à memória é uma resposta do presente, destinada primeiramente ao presente, mas ansiosa, contudo, em escapar ao presentismo. Será que o desafio foi cumprido, será que ele podia ser cumprido, na medida em que os "habitantes" tornar-se-iam "visitantes" e até turistas no meio de outros turistas? Parques naturais e ecomuseus contribuíram, em todo caso, para tornar visível a passagem de uma percepção estética da natureza a uma representação patrimonial do meio ambiente, ligando fortemente memória e território. O curso rápido dessa patrimonialização criou a universalização da noção de patrimônio, com a preocupação, ou mesmo dever, de preservar o que já desapareceu, acaba de desaparecer, desaparecerá amanhã, quase já antecipando a passagem do valor de uso ao de ancianidade.

Do ponto de vista da relação com o tempo, esta proliferação patrimonial foi e é ainda sinal de quê? Ela é sinal de ruptura, certamente, entre um presente e um passado, sendo o sentimento vivido da aceleração uma maneira de experimentá-lo: deslocamento de um regime de memória para outro, o qual Pierre Nora fez o ponto de partida de sua interrogação[558]. O percurso da noção mostrou

[557] QUERRIEN, Max. *Les monuments historiques demain.* Direção do Patrimônio, 1987. p. 265. Quais monumentos preservar para o amanhã? A argumentação deste colóquio, organizado em 1984, partia da distância entre a exigência social e os meios disponíveis. M. Querrien também notava que, ao final de um período de grande mutação, e enquanto as ameaças de destruição eram cada vez mais numerosas e irremediáveis, manifestava-se uma conscientização do significado do patrimônio para o nosso futuro, interpretando-o como "o sobressalto salutar de uma coletividade desejosa de construir lucidamente seu futuro ao restabelecer a ligação entre passado, presente e futuro" (p. 7).

[558] Para o diagnóstico de uma etnóloga, ver ZONABEND, Françoise. *La mémoire longue.* Paris: Jean-Michel Place, 1999. p. 9: "Nos anos 1970, a sociedade francesa começa a se conscientizar das formidáveis mudanças que o crescimento econômico dos anos pós-guerra provocaram. A

indubitavelmente que o patrimônio nunca se alimentou da continuidade, mas, muito pelo contrário, de cesuras e de questionamentos da ordem do tempo, com todos os jogos da ausência e da presença, do visível e do invisível que marcaram e guiaram as incessantes e sempre cambiantes maneiras de produzir semióforos. Começando pela intrusão deste ausente inaugural que foi Jesus no que se tornou, há muito e por muito tempo, a tradição ocidental, com o desencadeamento de uma nova ordem do tempo. Um vestígio indelével, inesquecível: *o próprio vestígio*.

O patrimônio é uma maneira de viver as cesuras, de reconhecê-las e de reduzi-las, localizando, elegendo, produzindo semióforos. Inscrita na longa duração da história ocidental, a compreensão da noção teve vários estados, sempre correlacionados com tempos fortes de questionamento da ordem do tempo. O patrimônio é um recurso para tempos de crise. Se há, desse modo, momentos do patrimônio, seria ilusório se fixar em uma única acepção da palavra. Ao longo dos séculos, práticas de tipo patrimonial desenham tempos do patrimônio, que correspondem a maneiras de articular primeiro o presente e passado, mas também, com os questionamentos da Revolução, o futuro: presente, passado e futuro.

Delimitamos algumas dessas configurações temporais. Quando Varrão se dedica a fazer um registro por escrito das antiguidades de Roma, ele o faz porque está convencido de que a crise da República corre o risco de colocar em perigo a eternidade da *Urbs*. Quando os humanistas do Renascimento ambicionam a *renovatio* de Roma, seu "fervor de esperança" dirigido ao passado tem como primeiro destinatário seu presente. Mesmo permanecendo em uma ordem cristã do tempo, a *historia magistra* pode ser ainda plenamente responsável, por meio do exemplo e da imitação. Em resposta às brechas revolucionárias e à experiência traumatizante da aceleração

---

modernização dos campos leva a um deslocamento das populações em direção às cidades, e se observa em um ou outro lugar ao final de um certo tipo de vida: as solidariedades tradicionais, laicas ou religiosas, se rompem, os saberes artesanais e técnicos desaparecem, os particularismos das regiões e das comunidades se separam. O mundo onde vivemos, que nossos bisavós conheceram, oscila rumo a um *mundo que perdemos*".

do tempo, os revolucionários conseguem formular, no período de alguns anos, uma proposta de *historia magistra* renovada, na qual o tempo se torna um ator. Passado e futuro se encontram novamente ligados, mas a circulação só pode se dar pela passagem do presente regenerado (a França da liberdade). Caberá ao século XIX assumir, classificar, restaurar, limitar esse patrimônio moderno, retomando-o na grande narrativa da história nacional: da Restauração à Terceira República. Com o monumento histórico, aquele que a lei de 1887 decreta como interesse nacional, entramos na era da nação "consumada". Embora o monumento impressione, já que é história, ele não convida o visitante à identificação.

Após as catástrofes do século XX, as numerosas rupturas, as fortes acelerações tão perceptíveis na experiência do tempo vivido, nem o surgimento da memória nem o do patrimônio são finalmente surpresas. A pergunta poderia até ser: por que foi preciso esperar tanto tempo? Certamente, porque é preciso tempo, mas também porque, anteriormente, não se teve nem a possibilidade nem o tempo de fazer isso? A ordem do mundo e do tempo quase não os tornava possíveis. Foi necessária a reunião de toda uma série de condições, inclusive geracionais, lembradas na abertura dessa travessia dos tempos. Em compensação, o que distingue a ofensiva patrimonial contemporânea das precedentes é a rapidez de sua extensão, a multiplicidade de suas manifestações e seu caráter fortemente presentista, embora o presente tenha tomado uma extensão inédita (ele é sexagenário). Vimos diversos sinais disso. Prefere-se o memorial ao monumento ou esse último vem em forma de memorial, o passado atrai mais do que a história; a presença do passado, a evocação e a emoção sobrepujam o distanciamento e a mediação; a valorização do local se combina com a busca de uma "história própria[559]"; por fim esse próprio patrimônio é trabalhado pela aceleração; é preciso agir rápido antes que seja tarde demais, antes que a noite caia e que hoje tenha desaparecido completamente.

---

[559] Para retomar o título da pesquisa orientada por Alban Bensa e Daniel Fabre, citada acima, nota 547, p. 237.

Quer ela se manifeste como demanda, se afirme como dever ou se reinvidique como direito, a memória vale, no mesmo movimento, como uma resposta ao presentismo e como um dos seus sintomas. O mesmo se dá com o patrimônio. No entanto, com algo a mais do ponto de vista da experiência e, finalmente, da ordem do tempo. A patrimonialização do meio ambiente, que designa a extensão provavelmente mais concreta e mais nova da noção, abre incontestavelmente para o futuro ou para novas interações entre presente e futuro. Será que não saímos então apenas do círculo do presente, já que a preocupação do futuro se apresenta, de fato, como a razão de ser deste fenômeno? Salvo que esse futuro não é mais promessa ou "princípio de esperança", mas ameaça. Tal é a reviravolta. Uma ameaça que lançamos e da qual devemos nos reconhecer, hoje na falta do ontem já, como os responsáveis. Assim, interrogar o patrimônio e seus regimes de temporalidade nos conduziu, de maneira inesperada, do passado ao futuro, mas um futuro que não está mais disponível para ser conquistado ou trazido à tona, sem hesitar em brutalizar o presente, se for preciso. Esse futuro não é mais um horizonte luminoso rumo ao qual caminhamos, mas uma linha de sombra que colocamos em movimento em nossa direção, enquanto parecemos patinar no campo do presente e ruminar um passado que não passa.

CONCLUSÃO[560]

A dupla dívida ou
o presentismo do presente

As relações com o tempo podem esclarecer, mas não se decretar. Como se pronunciar sobre o que é deste presente: empoleirado sobre quais pernas de pau! Ou montado sobre os ombros de quais gigantes! Seria necessária a capacidade de acelerar mais e para mais longe ainda a tendência à historicização imediata do presente, que reconhecemos como um traço de época. Levar o presentismo até a borda extrema!

Há muito tempo, as posturas que ainda assumia Chateaubriand não são mais acessíveis para nós. Evocá-las uma última vez será nossa maneira de despedirmo-nos do nadador entre as duas margens do tempo, entre o antigo e o novo regime de historicidade. Tendo pintado as jornadas de julho de 1830, à medida que se desenrolaram, ele constata que se espalha no quadro "uma certa cor de contemporaneidade", que é "verdadeira no momento em que decorre", mas "é falsa após o momento findado". Para "julgar imparcialmente a verdade que deve permanecer, é preciso, assim, instalar-se no ponto de vista de onde a posteridade contemplará o fato concluído". E ele não duvida um segundo de conseguir isso, visto que intitula o capítulo das *Memórias* de "O que será a Revolução de Julho" ou, variante, "De Julho no futuro"[561]. Se ainda estamos mais ansiosos por historicização imediata, só podemos ficar claramente menos

---

[560] Traduzido por Maria Cristina de Alencar Silva e Andréa Sousa de Menezes.
[561] CHATEAUBRIAND. *Mémoires d'outre-tombe*, t. II, 34, 9, p. 477.

seguros da possibilidade de lá chegar: de 1989 no futuro? De 11 de setembro de 2001 no futuro?

Dez anos mais tarde, quando se prepara para parar de escrever e para morrer, Chateaubriand observa que "o mundo atual, o mundo sem autoridade consagrada, parece estar entre duas impossibilidades: a impossibilidade do passado [pois a antiga sociedade se afunda nela] e a impossibilidade do futuro[562]". Mas dessa aporia, desse tempo de interrupção ou dessa situação de brecha, resgatando nosso vocabulário, ele sabe sair quase imediatamente. Inicialmente, recorrendo uma vez mais ao exemplo romano, no mesmo momento em que prepara o atestado de óbito da *historia magistra*. Se os excessos da liberdade conduzem ao despotismo, é constante, ele lembra, que o excesso de tirania só leve à tirania: "Tibério não fez Roma remontar à República, só deixou Calígula depois dele[563]." Em seguida, no que tange ao futuro, apelando à esperança cristã, pois, "mais longa que o tempo", é a única capaz de ajudar esse futuro a existir, conjugando crença escatológica e fé no progresso. O que explica a última frase: "Eu vejo os reflexos de uma aurora da qual não verei levantar-se os raios do sol[564]". Independentemente dos remédios (provados) propostos, um diagnóstico desse tipo, que repousa sobre o reconhecimento de uma dupla impossibilidade, poderia ainda esclarecer, mesmo pouco, nossa própria contemporaneidade? Seria uma tal formulação capaz de explicá-la? A imagem do nadador ou, igualmente, aquela da brecha, são adequadas para nossa contemporaneidade?

"Diga-me como tratas o presente e te direi que filósofo és." A frase é tomada de Péguy[565]. Quais são, afinal, os traços marcantes que podemos reconhecer em nosso presente? E como o tratamos? Ou seja, de que ordem do tempo ele é a marca? E, questão imediatamente seguinte levantada desde o início destas páginas: deve-se induzir o estabelecimento de um outro regime de historicidade?

[562] CHATEAUBRIAND. *Mémoires d'outre-tombe*, t. II, 44, 5, p. 922.
[563] CHATEAUBRIAND. *Mémoires d'outre-tombe*, t. II, p. 922.
[564] CHATEAUBRIAND. *Mémoires d'outre-tombe*, t. II, 44, 7, p. 933; 44, 9, p. 939.
[565] PÉGUY, Charles. *Note conjointe sur M. Descartes*. In: *Œuvres en prose complète*, t. III, p. 1428.

Regime do qual se poderiam hoje determinar formulações locais, setoriais, até mesmo disciplinares, mas talvez não ainda uma expressão geral ou unificada? A menos que seja vão buscá-la, se a dispersão ou simplesmente uma multiplicidade de diferentes regimes de temporalidade fosse um traço constitutivo e distintivo de nosso presente? A menos ainda que seja prematuro, tendo em vista que aprendemos que a atualização e a formulação de um regime de historicidade levavam tempo e reconhecemos também que um regime jamais existia em estado puro.

Adicionemos, no entanto, para concluir, alguns traços suplementares ao quadro do presente, que este livro, direta e indiretamente, sempre teve em vista. Em seu percurso todo feito de idas e vindas entre presentes e passados, sempre atento à categoria do presente em suas relações com o passado e o futuro, ele de fato esforçou-se, um capítulo após outro, para esclarecer o tratamento do presente: ontem, anteontem e hoje. Cada capítulo poderia constituir, sem dúvida, um estudo autônomo. O que significa reconhecer que cada travessia foi rápida demais. Começando com a travessia da Polinésia, com os quiproquós do encontro entre os maoris e os europeus lá, e, aqui, com um momento do debate entre a antropologia e a história sobre a questão dos tipos de história; a travessia do mundo de Ulisses, com o encontro da questão do passado que nos conduziu da costa da Feácia até as margens agostinianas da ordem cristã do tempo; a Revolução e as corredeiras da crise do tempo justamente com, entre o Antigo e o Novo Mundo, Chateaubriand, com quem passamos das margens do antigo regime da *história magistra* àquelas do regime moderno de historicidade.

Em seguida, lançada pela crise do futuro e pelo questionamento desse regime moderno, a travessia do continente recentemente exumado da memória e da história, servindo-nos do poderoso projetor dos *Lieux de mémoire*, orientado sobre a paisagem dos anos 1980 e iluminando o objeto antigo e familiar da história nacional; última travessia, enfim, já recapitulativa, feita na longa duração da cultura europeia, a do patrimônio, com seus tempos fortes, que são também momentos de crise do tempo, a ponto de podermos concluir, pelo capítulo precedente, que o patrimônio era uma noção de ou para crise do tempo, onde o presente, a dimensão do presente, sempre representou um papel motor.

Esses cinco capítulos equivalem a reconhecimentos, exigentes pelos saberes que mobilizam e pelas durações que manifestam, já ricos de esboços, mesmo que restasse estabelecer uma cartografia mais precisa de cada uma dessas crises do tempo. Por isso, em relação ao movimento global de que trata este livro, esses reconhecimentos entre ontem e hoje, lá e aqui, só podem ter o *status* e o valor de *escalas*. Onde o leitor é confrontado com algumas metamorfoses da ordem do tempo e é convidado a avaliar o lugar atribuído ao presente.

Para o teor do hoje, propus, ao longo destas páginas, falar do presentismo. Inicialmente, por oposição ao futurismo que reinara antes e que desapareceu do horizonte europeu, enquanto se abria um tempo desorientado e que ascendiam as incertezas, mas também a incerteza, como categoria do pensamento e objeto de trabalho para os estudiosos. Em seguida, para melhor confrontar o presente de hoje com os do passado, com alguns entre eles pelo menos, os mais notáveis, aqueles que deixaram mais traços na cultura europeia: o presente homérico, o antigo dos filósofos, o renascente dos humanistas, o escatológico ou o messiânico, o presente moderno, aquele produzido pelo regime moderno de historicidade.

"E de repente vira-se as costas. E o mundo inteiro mudou de aparência", escreveu ainda Péguy[566]. Para nós também, tudo mudou, e o presente encontrou-se marcado pela experiência da crise do futuro, com suas dúvidas sobre o progresso e um porvir percebido como ameaça. O futuro não desaparece, de forma alguma, mas parece obscuro e ameaçador. Inicialmente apresentada como "uma revolução científica", a bomba lançada sobre Hiroshima abriu, na verdade, esta era: a da ameaça nuclear. Enquanto esse período via a Europa perder definitivamente sua "centralidade espacial e temporal"[567]. O percurso mesmo da noção de patrimônio, desde as ruínas de Roma – vindas seguramente do passado, mas com vistas a uma *renovatio*

---

[566] PÉGUY. *Clio*, p. 1206.

[567] GILLIS, John. The future of European History. *Perpectives: American Historical Association Newsletter*, n. 34, 4, 1966, p. 5. O jornal *Le Monde* de sexta-feira, 8 de agosto de 1945, anunciava em manchete: "Uma revolução científica. Os americanos lançam suas primeiras bombas atômicas sobre o Japão."

de Roma no presente – até o reconhecimento do meio ambiente e dos genes humanos como patrimônio, levou-nos a perceber essa virada. O apelo à noção de patrimônio não traduz mais somente uma tomada de consciência e uma resposta a uma ruptura, mas torna-se uma maneira de designar um perigo potencial e de enfrentá-lo, instaurando precisamente uma lógica de tipo patrimonial, que se proclama cada vez mais preocupada com a transmissão e que abre cada vez mais espaço ao patrimônio "imaterial".

A partir deste novo componente da experiência do tempo foram formuladas duas proposições fortes, que enfatizaram a responsabilidade e a precaução: "o princípio responsabilidade" elaborado e defendido pelo filosofo Hans Jonas e, mais recentemente, o princípio de precaução[568]. Mesmo que os dois princípios difiram – eles não têm nem a mesma formação, nem o mesmo impacto, nem o mesmo uso –, pode-se considerar o primeiro como o "suporte filosófico" do segundo[569]. Por que evocá-los na conclusão? Por que permitem completar a resposta à questão feita por Péguy? Tanto com um quanto com o outro, temos a impressão, de fato, de dar as costas ao presentismo, entendido como retraimento sobre o presente apenas e o ponto de vista do presente acerca de si mesmo. Levar em conta e, se possível, encarregar-se do futuro, mesmo frente a suas incertezas, é toda sua razão de ser: até o futuro o mais distante pelo princípio de responsabilidade, um futuro, inicialmente e antes de tudo, apreendido como incerto pelo princípio de precaução. A menos que se trate mais de crença do que de incerteza. Na realidade, nós sabemos o suficiente sobre as catástrofes que estão por vir, mas não gostaríamos de acreditar nisso. É, em todo caso, a linha de argumentação recentemente

---

[568] JONAS, Hans. *Le principe responsabilité*. Tradução de J. Greisch. Paris: Cerf, 1990. Sobre o princípio de precaução, as obras e os artigos multiplicaram-se; ver também KOURILSKY, Philipe; VINEY, Geneviève. *Le principe de précaution: rapport au Premier ministre*. Paris: Odile Jacob, 2000 (com bibliografia), assim como GODARD, Olivier (Org.). *Le principe de précaution dans la conduite des affaires humaine*. Paris: MSH; INRA, 1997. Do próprio Olivier Godard, De l'usage du principe de précaution en univers contreversé. *Futuribles*, fév.-mars 1999, p. 37-60.

[569] EWALD, François. Le retour du Malin génie: esquisse d'une philosophie de la précaution. In: GODARD (Org.). *Le principe de précaution dans la conduite des affaires humaine*, p. 119; KOURILSKY; VINEY. *Le principe de précaution*, p. 274-275.

desenvolvida pelo filósofo Jean-Pierre Dupuy, que busca fundar o que chama de catastrofismo racional[570].

O Princípio de responsabilidade surge em 1979, mas sua gênese, precisa Jonas, remontava ao início dos anos 1960. Partia, de fato, da constatação que "Prometeu está definitivamente desacorrentado". Transformado em mestre da natureza, o próprio homem vem agora tomar-se como objeto da técnica. Se o adversário inicialmente visado era (ainda) a utopia marxista e seu futurismo, a crítica valia também (já) para a tecnologia "em previsão de suas possibilidades extremas[571]". Uma parte do sucesso do livro provavelmente deveu-se ao fato de que ele ocupava uma posição-chave do ponto de vista das relações com o tempo: de um futuro radiante a um futuro ameaçador. Ele buscava fazer uma crítica às ilusões do "princípio de esperança[572]", em nome das ameaças que fazia o próprio futuro correr, enquanto sacrificava tranquilamente o presente. O livro encontrou a efervescência do pensamento ecologista. Quando é lançada a tradução francesa, em 1990, estamos claramente do outro lado, um ano após a queda do muro de Berlim e a destruição derradeira da utopia, mas também da crise do futuro.

Persuadido da necessidade de elaborar uma ética do futuro, Hans Jonas levanta-se contra a política da utopia, para a qual é legítimo "utilizar os vivos de hoje como um simples meio[573]". Já que está fora de dúvida que "o agir se faz em vista de um futuro do qual não se beneficiarão nem os atores, nem as vitimas, nem os contemporâneos". Em outras palavras, "a obrigação que se dirige ao agora procede deste futuro"[574]. Assim, a ética da "escatologia revolucionária", como a nomeia Jonas, é uma ética de "transição", enquanto a que ele busca fundar deveria ser não escatológica e antiutópica, mas preocupada ao mesmo tempo com o futuro e o presente, os

---

[570] DUPUY, Jean-Pierre. *Pour um catastrophisme éclairé: quand l'impossible est certain*. Paris: Seuil, 2002. p. 213, no qual ele propõe a máxima de um catastrofismo racional: "Obter uma imagem do futuro suficientemente catastrofista para ser repulsiva e suficientemente crível para provocar as ações que impediriam sua realização, a um passo de um acidente".

[571] JONAS. *Le principe responsabilité*, p. 417.

[572] BLOCH, Ernst. *Le principe espérance*. Tradução de F. Wuilmart. Paris: Gallimard, 1976-1991.

[573] JONAS. *Le principe responsabilité*, p. 42.

[574] JONAS. *Le principe responsabilité*, p. 49.

contemporâneos e os homens futuros em nome da ideia de homem. Contra a tentação "de violar o presente em benefício do futuro", ela estabelece, de fato, que "cada presente do homem é seu próprio fim", mas acrescenta imediatamente este segundo imperativo: "Aja de maneira que os efeitos de sua ação sejam compatíveis com a Permanência de uma vida autenticamente humana sobre a Terra"[575]. De maneira diferente do imperativo categórico kantiano, que não excede meu ato presente, essa consciência dos últimos efeitos do agir pode dizer-se igualmente nesta formulação de Paul Ricœur: "A responsabilidade estende-se tão longe quanto nossos poderes o fazem no espaço e no tempo[576]".

O presente encontra-se de certo modo investido de todo o futuro, visto que deve saber que uma "herança degradada degradará ao mesmo tempo os herdeiros[577]". Para aprender essa "futurologia da recomendação", que nos permite reconhecer este "destino que nos observa com insistência desde o futuro", é manifesto, segundo Jonas, que "o sentimento adequado é uma mistura de medo e de culpabilidade: medo, porque a previsão mostra-nos justamente terríveis realidades; culpabilidade porque somos conscientes de nosso próprio papel na origem de seu encadeamento"[578]. Deste modo, para ceder lugar à ameaça, essa ética não hesita em recorrer a uma "heurística do medo". Se ela inscreve-se resolutamente contra o futurismo (utópico) e seus perigos, também olha esse futuro que nos observa, e que nós colocamos em perigo por nossas ações. Do ponto de vista da relação com o tempo, trata-se simultaneamente de um futuro sem futurismo e de um presente sem presentismo: de um a outro, relacionando-os de alguma maneira, há uma herança que não se deve "degradar", pois degradaria aqueles que transmitem e aqueles que recebem. A responsabilidade dos contemporâneos,

---

[575] JONAS. *Le principe responsabilité*, p. 416, 423 e 40.

[576] RICŒUR, Paul In: KOURILSKY; VINEY. *Le principe de précaution*, p. 274; JONAS. *Le principe responsabilité*, p. 42: "Nosso imperativo extrapola em direção a um futuro calculável que forma a dimensão inacabada de nossa responsabilidade".

[577] JONAS. *Le principe responsabilité*, p. 424.

[578] JONAS, Hans. *Pour une éthique du futur*. Tradução de S. Cornille e P. Ivernel. Paris: Rivages, 1998. p. 102.

endividados com os homens do futuro, começa hoje e faz parte de cada dia para que perdure a humanidade do homem[579].

A segunda resposta é a que o princípio de precaução instaura, onde se encontra, outra formulação da dívida e um mesmo contexto marcado pela crise do progresso e pelos perigos de novas tecnologias. Aos temores diante das ameaças de modificações irreversíveis do meio ambiente se acrescentam aqueles suscitados pelas biotecnologias. O aparecimento e a ascensão do princípio de precaução no espaço público internacional foram muito rápidos. Conduzida pelo pensamento ecologista, por várias catástrofes recentes e por vários "escândalos", a precaução tornou-se uma palavra mestra no mundo dos anos 1990. Assim, um relatório recente para o primeiro-ministro francês de então registrava, em suas conclusões, que ele "responde a uma demanda social evidente[580]". Depois de ser por um período o pesadelo dos políticos, ele se tornou seu talismã ou, mais trivialmente, um guarda-chuva fácil de abrir. Foi, de fato, indicada a tendência ou a tentação de reduzir a precaução a princípio de abstenção. Uma nova versão de "Na dúvida, abstém-te!", que um outro ditado – "Excesso de precaução faz mal!" – viria contrabalancear.

Seu reconhecimento partiu do meio ambiente, com a declaração ministerial sobre a proteção do Mar do Norte em 1987 e, em seguida, por meio da declaração da Eco 92, realizada no Rio de Janeiro, sobre o meio ambiente e o desenvolvimento, que levaram na França à lei de 1995, que dispõe que "a ausência de certezas, em vista dos conhecimentos científicos e técnicos do momento, não deve retardar a adoção de medidas efetivas e proporcionais visando a prevenir um risco de prejuízos graves e irreversíveis ao meio ambiente a um custo econômico aceitável[581]". Do meio ambiente, sua aplicação se estendeu aos problemas ligados à alimentação e à saúde. Mais amplamente ainda, é um ponto de ancoragem forte de todas as iniciativas que

---

[579] Jonas precisa que "nós não temos que prestar contas para o homem do futuro, mas para a ideia de homem que é tal que exige a presença de suas encarnações no mundo" (JONAS. *Le principe responsabilité*, p. 95). Trata-se de um imperativo ontológico.

[580] KOURILSKY; VINEY. *Le principe de précaution*, p. 213. O jornal *Le Monde* relata, em sua edição de 25 de abril de 2003, que o presidente da República decidiu-se pela inscrição do princípio de precaução na Carta do meio ambiente. Esse texto em curso de elaboração terá valor constitucional.

[581] KOURILSKY; VINEY. *Le principe de précaution*, p. 253-276.

procuram fazer prevalecer a noção de desenvolvimento sustentável. É sobre ele que se articula a problemática da dívida com relação às gerações futuras e aos deveres que disso decorrem[582].

O princípio de precaução é justamente concebido para afrontar a incerteza em todas suas incertezas, em um momento em que a ciência encontra-se na incapacidade de resolver. Voltando-se para conjecturas de risco, ainda não corroboradas e que talvez nem o sejam, ele quer distinguir-se do procedimento, familiar senão sempre implantado, da prevenção. As temporalidades sobre as quais ele opera não são as mesmas: elas são longas ou muito longas. De acordo com que protocolos, determinar e tratar estes "sinais pouco claros que vêm do futuro", segundo os termos de um economista[583]? É aqui que uma junção pode operar-se com a meditação ética de Hans Jonas sobre o "destino que nos observa desde o futuro", mas também com a crítica da precaução exposta por Jean-Pierre Dupuy.

As atitudes diante da incerteza assumiram, segundo François Ewald, três formas: a previdência, a prevenção e, hoje, a precaução[584]. A previdência corresponde ao paradigma da responsabilidade (ligado à ascensão do liberalismo); a prevenção, ao da solidariedade (ilustrado pelo Estado de Bem-Estar Social); a precaução, talvez a um novo paradigma, que ainda não encontrou seu nome. Ewald propõe "segurança", ao qual viria corresponder o nascimento de um "Estado de precaução[585]". O primeiro levava em conta os acasos da existência, o segundo apoiava-se nas certezas da ciência para avaliar os riscos, o terceiro parte do reconhecimento das incertezas da ciência. Com ele encontra-se encetada uma nova relação com o dano e com o tempo: "Há o irreparável, o irremediável, o

---

[582] "Satisfazer às necessidades de desenvolvimento das gerações presentes sem comprometer a capacidade das gerações futuras de responder às suas" (artigo 1° da lei de 1995).

[583] HOURCARDE, Jean-Charles. Précaution et approche séquentielle de la décision face aux risques climatiques de l'effet de serre. In: GODARD (Org.). *Le principe de précaution dans la conduite des affaires humaine*, p. 293.

[584] EWALD, François. In: GODARD (Org.). *Le principe de précaution dans la conduite des affaires humaine*, p. 99-126.

[585] EWALD, François. Vers un État de précaution. *Revue de Philosophie et de Sciences Sociales*, n. 3, 2002, p. 221-231.

incompensável, o imperdoável, o imprescritível[586]". Do ponto de vista da temporalidade, as noções de irreversibilidade e de desenvolvimento sustentável encerram, de fato, a visão de um tempo contínuo, sem rupturas: de nós até as gerações futuras ou dessas gerações até nós. Olha-se o futuro, com certeza, mas a partir de um presente contínuo, sem solução de continuidade nem revolução.

Os analistas do princípio de precaução empregam-se a delimitar um mau uso da precaução que convidaria à abstenção ou à inação ou, pelo menos, a frear excessivamente a inovação. De maneira que, paradoxalmente, ele poderia conduzir, então, a privilegiar um tipo de retraimento sobre o presente e vir reforçar ainda mais o presentismo. Na mesma direção, François Ewald chama atenção para "a forma extrema da figura da precaução": a hipótese do risco do desenvolvimento. Imaginemos um produto, "afetado por um defeito imperceptível e imprevisível, cujo conhecimento só se manifestará após um certo tempo e cuja imputação ao produto ou ao produtor não poderá ocorrer senão num estado da ciência distinto daquele em que o produto foi posto em circulação, utilizado e consumido[587]". De quem é a responsabilidade, penal ou civil, em uma situação dessas *a posteriori*? Como ser julgado responsável pelo que não se podia saber? Isso não se opõe ao princípio, estabelecido desde 1789, da não retroatividade da lei? "A lei só dispõe para o futuro, ela não tem efeito retroativo", anuncia o Código Civil francês. Com o risco de desenvolvimento, pode-se ter, em todo caso, um risco no futuro que, se um dia for verificado, não será considerado como do passado. Em suma, não se escapa ao presente, jurídico em todo caso: ainda não verificado, o risco (já) é presente; verificado mais tarde, ficará no presente.

Delineia-se, então, toda uma configuração na qual, por meio da responsabilidade, opera-se uma transferência da problemática da dívida em direção ao futuro. Assim, Paul Ricœur propõe conferir à responsabilidade "uma orientação mais prospectiva, em função da qual à ideia de prevenção dos estragos futuros se adicionaria aquela da reparação dos danos já cometidos[588]". Pois, ao mesmo tempo, o

---

[586] EWALD. Vers un État de précaution, p. 111.

[587] EWALD, François. Vers un État de précaution, p. 117.

[588] RICŒUR, Paul. Le concept de responsabilité, essai d'analyse sémantique. In: *Le juste*, 1995. p. 65.

CONCLUSÃO – A DUPLA DÍVIDA OU O PRESENTISMO DO PRESENTE

reconhecimento da responsabilidade para com o passado, especialmente sob a forma do dever de memória, encontrara-se reforçado. Desde a carta do tribunal de Nuremberg, a ação pública tornou-se, como se sabe, imprescritível no caso dos crimes contra a humanidade. Finalmente inscrito no Código Penal francês em 1994, esse regime de imprescritibilidade é doravante reconhecido por uma maior parte dos Estados (desde a decisão de criar uma Corte penal internacional, ratificada pela França em 2000).

Imprescritível quer dizer que, neste caso, o ordinário da justiça, o fato de que o tempo prescreve, não se aplica. Como tampouco se aplica o princípio de não retroatividade da lei. Conforme observou o jurista Yan Thomas, "o contrário do imprescritível não é o tempo que passa, mas o tempo prescrito": um e outro são igualmente construídos[589]. Imprescritível quer dizer que o criminoso permanece contemporâneo de seu crime até sua morte, exatamente como nós somos os contemporâneos dos fatos julgados por crimes contra a humanidade. Determinado em sua recusa, não importa que Maurice Papon tenha noventa e dois anos, ele não "envelhece". Permanecerá até sua morte o secretário-geral da Prefeitura da Gironde. A imprescritibilidade "por natureza" do crime contra a humanidade funda uma "atemporalidade jurídica" que pode ser percebida como uma forma de passado no presente, de passado presente, ou, antes, de extensão do presente, a partir do próprio presente do processo. O historiador que entra nessa temporalidade jurídica só pode ocupar a posição de uma testemunha, cuja memória se solicita oralmente, como deve ser. Pode-se, assim, constatar deslizamentos entre o tempo do direito, com seus regimes próprios de temporalidade, e o tempo social, inclusive de intercâmbios, por intermédio da responsabilidade. Uma retomada no espaço público do regime de temporalidade do imprescritível é provavelmente uma das marcas da judiciarização desse espaço, que é um outro traço de nossa contemporaneidade.

Assim, o presente *estendeu-se* tanto em direção ao futuro quanto ao passado. Em direção ao futuro: pelos dispositivos da precaução e

---

[589] THOMAS, Yan. La vérité, le temps, le juge et l'historien. *Le Débat*, n. 102, 1998, p. 27.

da responsabilidade, pela consideração do irreparável e do irreversível, pelo apelo à noção de patrimônio e a de dívida, que reúne e dá sentido ao conjunto. Em direção ao passado: pela mobilização de dispositivos análogos. A responsabilidade e o dever de memória, a patrimonialização, o imprescritível, já a dívida. Formulado a partir do presente e pesando sobre ele, esse duplo endividamento, tanto na direção ao passado quanto ao futuro, marca a experiência contemporânea do presente. Pela dívida, passa-se das vítimas do genocídio às ameaças à espécie humana, do dever de memória ao princípio de responsabilidade[590]. Para que as gerações futuras tenham ainda uma vida humana e para que se lembrem também da inumanidade do homem.

A extensão do presente na direção do futuro dá lugar, seja, de maneira negativa, a um catastrofismo (neste, caso não "esclarecido"), seja positiva, a um trabalho sobre a própria incerteza. É todo o campo da "revolução probabilística" de acordo com uma expressão que o matemático Henri Berestycki emprega[591]. Graças às possibilidades oferecidas pelo desenvolvimento da informática, constituiu-se toda uma "tecnologia do risco", que apela para o virtual e para as simulações. Em um universo incerto, a escolha permite mais de uma projeção no futuro. Não se trata mais de "prever o futuro", mas de "medir os efeitos deste ou daquele futuro concebível sobre o presente", avançando virtualmente em várias direções antes de escolher uma delas[592]. Fala-se, então, de presente "multidirecional" ou "múltiplo". Detendo-me só no ponto que me diz respeito, o da relação com o tempo, pergunto-me se tal postura não leva a "estender" ainda mais as dimensões do presente. "Parte-se" do presente e não "se sai" dele. A luz vem dele. Em certo sentido, só há mesmo presente: não infinito, mas indefinido. Em sua versão gerencial, a incerteza traduz-se pela flexibilidade: antecipar menos do que ser a todo o momento o mais flexível possível, quer dizer, poder estar

---

[590] KATTAN. *Penser le devoir de mémoire*, p. 134-136. Em sua alocução durante o aniversário da prisão em massa dos judeus no Velódromo de Inverno em Paris, em 1942, em 16 de julho de 1995, Jacques Chirac, presidente da República, fala de "dívida imprescritível".

[591] BERESTYCKI, Henri. La conquête du hasard. In: ASSOCIATION DROIT DE SUITE. *À la recherche du réel*, mai 2001, p. 22.

[592] RACHLINE, François. Qu'arrive-t-il au présent?. In: ASSOCIATION DROIT DE SUITE. *À la recherche du réel*, p. 18. Rachline apresenta uma interpretação positiva, senão otimista, da crise do presente.

presente imediatamente ("estar na hora"). Observemos que essa centralização da incerteza e do presente não serve só para o tratamento do futuro, pode igualmente encontrar aplicação na abordagem do passado, que pode também ser reconstruído como multidirecional ou múltiplo. Até certo ponto pelo menos.

"Diga-me, como tratas o presente?". Estendido e mesmo interminável (o que faz justamente com que o passado não passe), nosso presente não é só isso. Existe uma variedade de "tempo que dura", aquele do traumatismo, o que habita os sobreviventes dos campos de concentração e que, em certos momentos, ressurge. Espécie de presente involuntário e que permanece, é aquele que envolve o velho Marinheiro de Coleridge, invocado por Primo Levi, que, toda vez que "em uma hora incerta reaparece a agonia", devia contar sua história[593]. Quando seguimos, no capítulo três deste livro, a ascensão do presentismo, discernimos um presente tendendo à onipresença e à eternidade. Ao ponto de que poderia ser considerado como um quase-análogo do *tota simul*, com o qual Santo Agostinho, e Plotino antes dele, definiam a eternidade, onde "nada acontece e tudo é presente ao mesmo tempo". Lembremo-nos de Marinetti (em 1909) e seu "trágico lirismo da ubiquidade e da onipresença da velocidade". Talvez eterno, reconhecemos também que esse presente é igualmente ávido e ansioso de historicização, como se estivesse forçado a projetar-se à frente de si mesmo para olhar-se imediatamente como já passado, esquecido. Para conjurar a insuportável incerteza do que acontece? Lembremo-nos do regime do acontecimento contemporâneo, que inclui de saída sua autocomemoração, que é já esta comemoração. Mas, contraditoriamente em aparência, esse presente dilatado, carregado de sua dupla dívida, de sua memória dupla do passado e do futuro, é também espreitado pela entropia. O instante, o efêmero e o imediato capturam-no, e só a amnésia pode ser seu destino.

Esses são os principais traços desse presente multiforme e multívoco: um presente monstro. É ao mesmo tempo tudo (só há presente) e quase nada (a tirania do imediato). "Então, o espírito não olha nem para frente, nem para trás. Só o presente é nosso prazer":

---

[593] LEVI, Primo. *Les naufragés et les rescapés*. Tradução de A. Maugé. Paris: Gallimard, 1989. p. 10. LANGER, Lawrence. *Admitting the Holocaust: collected essays*. Oxford: Oxford University Press, 1995.

basta ouvir mais uma vez esses versos do *Segundo Fausto* para perceber que esse presentismo não é mais o nosso. Nós, ao contrário, não paramos de olhar para frente e para trás, mas sem *sair* do presente do qual fizemos nosso único horizonte.

Permanecendo fiéis ao regime temporal da história da Salvação, os humanistas estavam animados por um "fervor de esperança voltada ao passado". A luz vem do passado antigo e a relação com esse passado glorioso passa pelo dever-ser do exemplo e da imitação. Mas o presente, que é o que se visa, pela operação da *renovatio*, pode elevar-se à altura desse passado. Com o regime moderno de historicidade, o fervor da esperança voltou-se para o futuro, de onde provém a luz. O presente é, então, percebido como inferior ao futuro, o tempo torna-se um ator: se é levado por sua aceleração. É preciso acelerá-lo mais. O futuro está na velocidade. Pode-se também querer romper o tempo, quebrá-lo em dois, para inscrever de vez o futuro no presente.

Hoje, a luz é produzida única e exclusivamente pelo presente. Neste caso (somente), não há mais nem passado, nem futuro, nem tempo histórico, se for verdade que o tempo histórico moderno encontrou-se posto em movimento pela tensão criada entre campo de experiência e horizonte de expectativa. Será preciso estimar que a distância entre a experiência e a expectativa aumentou a tal ponto que culminou na ruptura ou que estamos, em todo caso, em um momento em que as duas categorias encontram-se desarticuladas uma em relação à outra? Que se trate de uma situação transitória ou de um estado duradouro, resta que esse presente permanece o tempo da memória e da dívida, da amnésia no cotidiano, da incerteza e das simulações. Nessas condições, não convém mais descrever esse presente – esse momento de crise do tempo –, retomando e prolongando as sugestões de Hannah Arendt, como uma "brecha" entre o passado e o futuro. Nosso presente não se deixa apreender ou mal se deixa como "este estranho entremeio" no tempo, "onde se toma consciência de um intervalo que é inteiramente determinado por coisas que não são mais e por coisas que não são ainda". Ele se desejaria determinado apenas por si próprio. Esta seria, portanto, a fisionomia do presentismo desse presente: o nosso.

O AUTOR

François Hartog, ex-aluno da École Normale Supérieure, é professor de Historiografia antiga e Moderna na École de Hautes Études en Sciences Sociales de Paris.

Obras de François Hartog

Editadas no Brasil

A arte da narrativa histórica *in* JULIA, Dominique; BOUTIER, Jean (orgs.). *Passados recompostos*: campos e canteiros da história. Tradução de Marcella Mortara e Anamaria Skinner. Rio de Janeiro: Editora da UFRJ: Editora FGV, 1998, p. 193-202.

O espelho de Heródoto. Tradução de Jacyntho Lins Brandão. Belo Horizonte: Editora da UFMG, 1999.

A história de Homero a Santo Agostinho. Tradução de Jacyntho Lins Brandão. Belo Horizonte: Editora da UFMG, 2001.

Os antigos, o passado e o presente. Tradução de José Otávio Guimarães. Brasília: Editora da UnB, 2003.

O século XIX e a história. O caso Fustel de Coulanges. Tradução de Roberto Cortes de Lacerda. Rio de Janeiro: Editora da UFRJ, 2003.

Memória de Ulisses: Narrativas sobre a fronteira na Grécia antiga. Tradução de Jacyntho Lins Brandão. Belo Horizonte: Editora da UFMG, 2004.

Tempo do mundo, história e escrita da história *in* GUIMARÃES, Manoel Luiz Salgado (org.). *Estudos sobre a escrita da história.* Tradução de Temístocles Cezar. Rio de Janeiro: 7Letras, 2006, p. 15-25.

Evidência da história: o que os historiadores veem. Tradução de Guilherme João de Freitas Teixeira. São Paulo: Autêntica, 2011.

Editadas na França

Le miroir d'Hérodote. Essai sur la représentation de l'autre. Paris: Gallimard, 1980.

Mémoire d'Ulysse: récits sur la frontière en Grèce ancienne. Paris: Gallimard, 1996.

L'histoire d'Homere a Augustin. Paris: Points, 1999.

Le XIX siecle et l'histoire. Le cas Fustel de Coulanges. Paris: Points, 2001.

Les usages politiques du passé (avec Jacques Revel). Paris: Éditions EHESS, 2001.

Régimes d'historicité. Présentisme et expériences du temps. Paris: Éditions du Seuil, 2003.

Évidende de l'histoire. Ce que voient les historiens. Paris: Éditions EHESS, 2005.

Anciens, modernes, sauvages. Paris: Galaade Éditions, 2005.

Vidal-Naquet, historien en personne. L'homme-memoire et le moment-memoire. Paris: La decouverte, 2007.

ÍNDICE REMISSIVO

A

aceleração 14, 15, 21, 39, 103, 111, 112, 118, 159, 161, 162, 230, 242, 243, 244, 260

acontecimento 23, 37, 44, 47, 48, 49, 54, 55, 56, 58, 59, 60, 62, 64, 70, 71, 74, 75, 89, 90, 103, 111, 117, 136, 137, 149, 150, 153, 156, 159, 160, 167, 169, 174, 184, 188, 198, 259

adivinho 69, 83, 104

Agostinho (Santo) 12, 31, 32, 65, 83, 84, 85, 87, 88, 89, 91, 93, 121, 259

Alberti, L. 212, 214

Alemanha 21, 103, 133, 157, 184, 189

América 23, 25, 31, 94, 95, 96, 97, 101, 102, 107, 108, 109, 110, 111, 113, 114, 115, 116, 117, 118, 125, 127, 128, 129, 131, 135

Anacharsis 99, 100, 102

Anaximandro 17

Annales 20, 21, 26, 27, 29, 34, 44, 45, 49, 136, 145, 170, 178

Antigos e Modernos 108

Aquiles 65, 67, 68, 69, 70, 72, 78, 82, 86

Arendt, H. 22, 23, 75, 79, 86, 91, 138, 139, 146, 168, 260

Ariès, P. 149, 175, 178

arquivos 24, 37, 44, 126, 151, 152, 153, 158, 159, 171, 172, 179, 186, 205, 229, 238

Atenas 10, 70, 105, 106, 107, 116, 203, 219, 223, 228, 234, 235, 236

Auerbach, E. 66, 67, 77, 86

Augusto 205, 206, 209

B

Bainville, J. 178

Barrès, M. 175, 232, 233

Barthélémy, J.-J. 99

Benveniste, É. 38, 142

Benjamin, W. 21, 118, 143, 168

Berestycki, H. 258

Bergson, H. 159, 166, 167, 206

Berlim 19, 26, 29, 30, 95, 134, 157, 188, 238, 252

Biondo, F. 212, 214

Bloch, M. 10, 145, 170, 178, 179, 182

Bossuet 13, 31, 33

Bourdieu, P. 148, 149

Braudel, F. 10, 12, 34, 37, 135, 173, 174, 175, 181

brecha 19, 22, 23, 31, 83, 93, 111, 120, 121, 127, 138, 139, 168, 177, 178, 227, 230, 243, 248, 260

Burguière 182

C

Carta de Atenas 234, 235

Carta de Veneza 235

Centro Georges Pompidou 155

Certeau, M. de 15, 19, 26, 56, 78, 122

Char, R. 22

Chateaubriand, F.-R. 13, 31, 93, 94, 95, 96, 97, 98, 99, 101, 102, 103, 104, 105, 106, 107, 108, 109, 110, 111, 112, 113, 114, 115, 116, 117, 118, 119, 120, 121, 122, 125, 126, 127, 128, 129, 131, 133, 134, 135, 137, 138, 139, 140, 146, 147, 161, 187, 220, 230, 231, 247, 248, 249

Cícero 102, 165, 209, 210, 216, 221

citas 99, 100, 101, 102, 107, 118, 131

comemoração 136, 156, 157, 183, 184, 187, 195, 259

conservação 151, 195, 197, 201, 204, 208, 214, 223, 225, 229, 235, 240

Constantino 51, 91, 126, 198, 211, 216

Cook (capitão) 44, 56, 58, 59, 61, 105

D

Daniel 32

Demódoco 72, 73, 74, 77, 78, 82, 83, 86

Detienne, M. 28, 29, 66, 69

dívida 10, 107, 172, 247, 254, 255, 256, 258, 259, 260

Duby, G. 60, 179

Dupront, A. 217, 218

Dupuy, J.-P. 252, 255

E

ecomuseu 135, 195, 240, 241, 242

efêmero 148, 155, 206, 259

ego-historiador (historiador, lugar de memória) 122, 187

Ensaio histórico (Chateaubriand) 94, 95, 97, 98, 110, 123, 135

Environnement 196, 240

espera 33, 70, 85, 86, 88, 89, 91, 143, 176, 226, 237

esquecimento 19, 25, 29, 71, 80, 81, 82, 95, 135, 154, 178, 186, 203

Estudos históricos (Chateaubriand) 112, 126

evénement 31, 64, 160, 187

Ewald, F. 251, 255, 256

Êxodo 88, 89

F

Fabian, J. 62, 63

Fabre, D. 189, 194, 204, 237, 244

Febvre, L. 21, 121, 144, 145, 176, 177, 178, 180

Foucault, M. 18

Francisco I 208

Fukuyama, F. 36, 188,

Fustel de Coulanges, N.-D. 40, 173, 174

futurismo 14, 140, 141, 142, 144, 148, 150, 154, 155, 175, 190, 250, 252, 253

G

Gide, A. 144

Goethe, J. W. von 143, 218, 219

Guizot, F. 165, 203, 232

H

Halbwachs, M. 158, 159, 162, 166

Halévy, D. 161

Halles (Les) 154

herança 22, 57, 91, 162, 223, 225, 226, 229, 230, 236, 253

Heródoto 17, 18, 32, 40, 75, 82, 99, 101, 203

história da Europa 178, 190

história da Salvação (ou ordem cristã do tempo) 90, 260

história heroica 50, 52, 53, 54, 57, 59, 61

Historia magistra 61, 92, 102, 103, 119, 120, 124, 125, 129, 131, 132, 137, 138, 139, 145, 175, 178, 181, 201, 210, 216, 218, 227, 230, 243, 244, 248, 249

história nacional 133, 136, 163, 164, 170, 175, 176, 177, 178, 181, 185, 229, 232, 244, 249

Historiador, lugar de memória 187-188; ver ego-historiador

Histórias universais 31

I

identidade 41, 44, 78, 79, 87, 135, 151, 156, 162, 173, 174, 175, 181, 183, 189, 190, 195, 203, 234, 241

imitação 105, 106, 125, 221, 228, 243, 260

imprescritibilidade 257

J

Japão 199, 200, 201, 239, 250

Jesus Cristo 33, 88, 90, 91, 92, 143, 198, 211, 218, 219, 243

Jonas, H. 251, 252, 253, 254, 255

K

Koselleck, R. 12, 28, 33, 38, 39, 57, 60, 61, 62, 93, 94, 103, 127, 133, 137, 139, 150, 162

L

Lafitau, J.-F. 97, 98, 109

Lanzmann, C. 24, 134

Lavisse, E. 133, 161, 163, 164, 167, 168, 169, 176, 181, 184, 185, 190

Le Goff, J. 30, 55, 157, 158, 190

Lefort, C. 23, 47, 48, 54, 60, 64, 66

Lenclud, G. 28, 41

Lenoir, A. 227, 228, 229

Levi, P. 259

Lévi-Strauss 27, 28, 29, 34, 35, 44, 45, 46, 47, 48, 60, 64, 83, 84, 97, 146, 147, 239, 240

liberdade moderna 117, 118, 119, 131

Les Lieux de mémoire 132, 134, 135, 136, 138, 161, 165, 169, 170, 182, 183, 184, 185, 186, 189, 194, 197, 228, 232

M

Malraux, A. 146, 233, 236

maori 54, 55, 56, 57, 58, 84, 249

Marinetti, F. T. 141, 144, 193, 222, 259

meio ambiente 132, 151, 196, 235, 238, 239, 241, 242, 245, 251, 254

memória 12, 19, 24, 25, 26, 30, 31, 38, 41, 60, 70, 73, 80, 81, 83, 85, 86, 108, 111, 114, 117, 122, 132, 133, 134, 135, 136, 150, 151, 152, 153, 154, 156, 157, 158, 159, 160, 161, 162, 163, 164, 165, 166, 167,
178, 181, 183, 184, 185, 186, 187, 188, 189, 193, 194, 195, 198, 199, 201, 202, 203, 216, 217, 220, 222, 231, 232, 233, 236, 237, 238, 241, 242, 244, 245, 247, 249, 257, 258, 259, 260

memória coletiva 158, 159, 160, 161, 241

Michelet, J. 114, 135, 156, 158, 161, 167, 172, 173, 179, 186, 187, 228, 229, 238

Mitterrand, F. 150, 151, 155, 156

Monod, G. 175, 176, 186, 190

Montaigne, M. de 83, 93, 97, 140, 144, 216, 217, 218

monumento histórico 187, 193, 197, 202, 208, 209, 233, 234, 235, 236, 239, 244

Mortier, R. 202, 211

muro de Berlim 19, 134, 188, 238, 252

museu 24, 25, 135, 152, 154, 155, 156, 195, 215, 222, 224, 226, 227, 228, 229, 232, 234, 238, 241, 242

museu dos Monumentos franceses 222, 227, 228, 229

N

nação 88, 89, 109, 138, 152, 163, 169, 170, 171, 172, 173, 176, 177, 181, 182, 184, 185, 189, 191, 195, 199, 220, 224, 226, 227, 230, 244

Napoleão I 13, 137, 140, 227

Neirinck, D. 152

Neufchâteau, F. de 226

Nora, P. 24, 55, 64, 134, 135, 157, 158, 160, 161, 162, 163, 164, 165, 169, 176, 177, 180, 183, 184, 186, 187, 242

O

Odisseia 69, 70, 71, 73, 77, 80, 81, 82, 84, 86

P

Papon, M. 153, 257

paralelo 98, 101, 103, 105, 106, 107, 108, 109, 119, 125, 126, 127

Pascal, B. 143, 144

Patrimônio 24, 26, 31, 38, 46, 132, 135, 141, 150, 152, 154, 155, 156, 157, 183, 184, 187, 189, 193, 194, 195, 196, 197, 198, 199, 200, 201, 204, 220, 222, 223, 224, 226, 227, 229, 231, 232, 233, 234, 235, 236, 237, 238, 239, 240, 241, 242, 243, 244, 245, 249, 250, 251, 258

Paulo (São) 88, 211, 214

Pausânias 202, 203, 204

Péguy, C. 14, 166, 167, 168, 180, 183, 184, 248, 250, 251

Petrarca 93, 210, 211, 212, 213, 217

Plutarco 52, 96, 137, 140

Poggio 212, 213, 214, 215, 217, 220

Pomian, K. 18, 19, 31, 36, 197, 215

Pommier, É. 220, 223, 224, 226, 228

Pompidou, G. 153, 154, 155

presentismo 9, 11, 13, 14, 15, 26, 27, 40, 132, 140, 141, 142, 143, 144, 146, 148, 150, 155, 160, 168, 186, 187, 193, 242, 245, 247, 250, 251, 253, 256, 259, 260

princípio de precaução 251, 254, 255, 256

princípio de responsabilidade 251, 252, 258

progresso 10, 21, 23, 24, 33, 35, 39, 55, 92, 102, 103, 107, 119, 124, 125, 127, 132, 133, 135, 140, 141, 142, 146, 147, 169, 175, 176, 179, 181, 185, 189, 190, 218, 222, 238, 248, 250, 254

Proust, M. 166, 185, 232

Q

Quatremère de Quincy, A. C. 220, 221, 222, 223, 226, 227, 228, 229, 230

Querrien, M. 241, 242

R

Rafael 215

regeneração 223, 224, 225

regimes de historicidade 12, 17, 29, 31, 37, 40, 41, 45, 47, 56, 60, 83, 84, 111, 120, 123, 127, 128, 137, 168

relíquias 198, 199, 216

Renascimento 202, 204, 206, 210, 216, 217, 218, 219, 243

renovatio 211, 212, 214, 218, 221, 243, 251, 260

restaurar 200, 204, 206, 212, 228, 244

Revel, J. 26, 41, 43, 158, 182

Revolução Francesa 31, 40, 48, 103, 105, 134, 137, 171, 220

Ricœur, P. 12, 18, 19, 29, 78, 79, 87, 89, 134, 188, 253, 256

Riegl, A. 204, 205, 210, 214, 216, 233

Rolin, O. 23

Roma 91, 92, 93, 95, 106, 108, 117, 137, 190, 201, 202, 203, 205, 206, 207, 208, 209, 210, 211, 212, 214, 215, 216, 217, 218, 219, 220, 221, 222, 223, 229, 230, 243, 248, 251

Rousseau, J.-J. 45, 83, 93, 96, 97, 101, 106, 114, 119, 128, 146, 174

Rousso, H. 27, 134, 154, 187

ruínas 21, 27, 32, 99, 112, 114, 116, 122, 123, 124, 125, 126, 127, 128, 129, 131, 169, 177, 200, 202, 203, 207, 211, 212, 213, 216, 217, 218, 231, 236, 251

S

Sahlins, M. 27, 28, 30, 43, 44, 49, 50, 52, 53, 54, 55, 56, 57, 58, 59, 60, 61, 63, 64, 84

Sartre, J.-P. 43, 145

selvagem 44, 46, 96, 97, 99, 100, 101, 107, 108, 110, 114, 115, 116, 117, 118, 146, 147, 191, 196

sereias 80, 81

T

tempo cristão 92, 218

Teodorico 207

tesouro nacional vivo 200

testamento 22, 66, 90, 225, 226, 227

testemunha 24, 25, 31, 66, 74, 82, 90, 91, 98, 135, 177, 236, 257

Thierry, A. 133, 171, 176, 227

Thomas, N. 56, 63

Thomas, Y. 201, 207, 208, 214, 257

Tocqueville, A. de 127, 128, 129, 130, 131, 140

Touvier, P. 153, 154

Tucídides 54, 55, 158, 183

U

Ulisses 12, 30, 31, 41, 50, 65, 66, 67, 69, 70, 71, 72, 73, 74, 75, 76, 77, 78, 79, 80, 81, 82, 83, 84, 85, 86, 87, 93, 104, 113, 121, 249

Unesco 24, 34, 36, 46, 47, 194, 239, 240

V

Valéry, P. 20, 33, 34, 137, 144, 155, 177

Valla, L. 212

Varrão 209, 211, 214, 243

Versalhes 116, 231, 232

vestígio 29, 30, 98, 114, 162, 198, 199, 201, 214, 219, 243

Viagem à América (Chateaubriand) 94, 95, 97, 113

Viollet-le-Duc 200, 232

Volney 123, 124, 125, 131, 140, 169

W

Winckelmann 209, 218, 219, 220, 221, 223, 227, 228, 229

Y

Yerushalmi, Y. 24, 25, 89